中华传世藏书

【图文珍藏版】

儒家经典

刘凯⊙主编

线装书局

中华传世藏书

儒家经典

图文珍藏本

春秋穀梁传

[春秋] 穀梁赤 ◎ 著

导读

《春秋穀梁传》所记载的时间起于鲁隐公元年，终于鲁哀公十四年，体裁与《春秋公羊传》相似。其作者相传是子夏的弟子，战国时鲁人穀梁赤（赤或作喜、嘉、俶、寘）。起初也为口头传授，至西汉时才成书。《春秋穀梁传》着重宣扬儒家思想，务礼义教化和宗法情谊，为缓和统治集团的内部矛盾，稳定封建统治的长远利益服务，因而也受到统治阶级的极大重视。它是我们研究秦汉间及西汉初年儒家思想的重要资料。

《春秋穀梁传》解释《春秋》的用词和书法，体现出一种准确、凝练的文风。例如，《春秋穀梁传》庄公七年，对经文"夏四月辛卯，昔，恒星不见"，有细致的解释，反映了中国史学史上的好传统。在史实记载上，《春秋穀梁传》远不及《左传》丰富，但也具有重要的史料价值。是反映春秋时期社会情况的宝贵史料。其他可与《左传》相补充的史实还有不少，诸如：《春秋穀梁传》僖公二年记虞师晋师灭夏阳，僖公十九年记"梁伯湎于酒，淫于色，心昏，耳目塞"，最后导致梁亡，等等。

《春秋穀梁传》对于史学发展的意义，更重要的是在历史思想方面产生的影响。《春秋穀梁传》主张"著以传著，疑以传疑"，指出历史家应遵从忠实记载史实的原则，并能够将这一原则贯彻到自己的著作之中。如谴责宋襄公拘守成说，"失民"，"以其不教民战，则是弃其师也"等等，体现了上述忠实于历史的原则。

隐公卷第一(起元年尽三年)

隐公元年(公元前七百二十二年)

【原文】

经 元年,春,王正月。

【译文】

鲁隐公元年,春季,是周历正月。

【原文】

传 虽无事,必举正月,谨始也。公何以不言即位?成公志也。焉成之?言君之不取为公也。君之不取为公何也?将以让桓也。让桓正乎?曰:不正。春秋成人之美,不成人之恶。隐不正而成之,何也?将以恶桓也。其恶桓何也?隐将让而桓弑之,则桓恶矣。桓弑而隐让,则隐善矣。善则其不正何也?春秋贵义不贵惠,信道而不信邪。孝子扬父之美,不扬父之恶。先君之欲与桓,非正也,邪也。虽然,既胜其邪心以与隐矣,已探先君之邪志,而遂以与桓,则是成父之恶也。兄弟,天伦也,为子受之父;为诸侯受之君。已废天伦而忘君父,以行小惠,曰小道也。若隐者,可谓轻千乘之国,蹈道,则未也。

鲁隐公

【译文】

虽然没有重大事情值得记载,也一定记周历正月,是表示重视君王的开始。对隐公为何不记载登上君位呢?是为了成全隐公的心愿。为什么是成全隐公呢?是说隐公不想当国君的意思。隐公为什么不想当国君?因为想把君位让给桓公。让给桓公的做法合乎理道吗?回答说是不对的。春秋经都是成全人的好事,而不成全人的邪恶行为,隐公的做法不对,为什么成全他呢?是为显露桓公的坏,贬斥他。为什么要显露出桓公的坏呢?隐公将要让位给桓公,桓公却杀了他,就显出桓公的坏了。桓公杀害国君,隐公谦让君位,就是隐公好。隐公好,又认为他的做法不合乎理道,是为什么呢?因为春秋经崇尚礼义,不崇尚小恩小惠,伸张正义而不伸张邪恶的

行为。孝子应当显扬父亲的美名,不能显扬父亲的坏名声。惠公想把君位给桓公,是不对的,是邪恶的。尽管如此,他既然战胜了邪恶的想法把君位给了隐公,隐公已经预先知道到父亲的不正当的想法,却还把君位让给桓公,这就铸成了父亲的邪恶行为。兄弟是天然的亲属关系,隐公作为儿子从父亲那接受一切,如同当诸侯的从君王那里接受一切。隐公废弃了兄弟的长幼的顺序,忘记了君王和父亲的任命,来施行小恩小惠,这叫狭小的德义。像隐公这样的人,可算是轻视君位的人,至于说履行正当的大道公义,还没有做到。

【原文】

经 三月,公及邾仪父盟于眛。

【译文】

三月,鲁隐公与邾国国君仪父结盟,盟地叫作眛。

【原文】

传 及者何?内为志焉尔。仪,字也,父犹傅也,男子之美称也。其不言邾子何也?邾之上古微,未爵命于周也。不日,其盟渝也。眛,地名也。

【译文】

经文中用“及”是什么意思?强调这次结盟是出于鲁国的意愿。“仪”是一个人的字,“父”附著在“字”后,是对男子的美称。为什么不称邾子?因为邾在很久以前地位卑微,没有被天子封爵。不记载此次结盟日期,是因为鲁国后来变了,违背了盟约。眛是地名,当时接盟的盟地。

【原文】

经 夏,五月,郑伯克段于鄢。

【译文】

夏季,五月,郑伯在鄢这个地方大胜段。

【原文】

传 克者何?能也。何能也?能杀也。何以不言杀?见段之有徒众也。段,郑伯弟也。何以知其为弟也?杀世子,母弟目君,以其目君,知其为弟也。段弟也,而弗谓弟;公子也,而弗谓公子,贬之也。段失弟之道矣。贱段而甚郑伯也。何甚乎郑伯?甚郑伯之处心积虑,成于杀也。于鄢,远也。犹曰取之其母之怀中而杀之云尔,甚之也。然则为郑伯者宜奈何?缓追逸贼,亲亲之道也。

【译文】

克是什么意思？是能够的意思。能够干什么？能够杀死人。为什么不用杀字？是为了表现很多人追随段。段是郑伯的弟弟。怎么知道他是弟弟？因为太子被杀，一般都是同母弟想夺君位，他眼睛会一直盯着君王的宝座，以此知道他是弟弟。段是弟弟，却不称他为弟；段应当是公子，却不称呼他公子，这是对他贬斥。因为他失掉了“弟恭”之道。轻视段。而且认为郑伯太过分了？郑伯怎么过分了。他处心积虑置弟弟于死地。“于鄢”是强调郑伯把弟弟追到很远的地方，就好比从母亲怀中夺过婴儿来杀死一样，太过分了。既然这样，那么郑伯应该怎么办才最好呢？应当慢慢追，有意放跑弟弟，对亲弟弟讲点兄弟间相亲相敬的道德。

【原文】

经 秋，七月，天王使宰咺来归惠公仲子之赗。

【译文】

秋天七月，周国天子派宰官咺送来用于惠公仲子的助丧物品。

【原文】

传 母以子氏。仲子者何？惠公之母，孝公之妾也。礼，赗人之母则可，赗人之妾则不可，君子以其可辞受之。其志，不及事也。赗者何也？乘马曰赗，衣衾曰襚，贝玉曰含，钱财曰赙。

【译文】

母亲以儿子的谥号为氏。仲子是什么人？是惠公的母亲，孝公的姬妾，按照礼节，国君的母亲死了，送助丧物品是可以的。国君的妾死了，送助丧物品是不合乎礼仪的，君子可以按礼节规定辞谢不受。记载这件事，因为不是寻常事。赗是什么？是送给死者的助丧物，一辆车四匹马助葬的叫赗，衣服被褥一类的叫襚，珠宝、玉璧一类的叫含，钱财一类的叫赙。

【原文】

经 九月，及宋人盟于宿。

【译文】

九月，鲁国和宋国在宿邑缔结盟约。

【原文】

传 及者何？内卑者也。宋人，外卑者也。卑者之盟，不日。宿，邑名也。

【译文】

这里用及字是什么意思？表示鲁国参加会盟的是个地位卑微的人。称宋人是什么意思呢？说明宋国的参加者也是地位低的。这次是地位卑微的人会盟，不记载日期。宿是小城的名。

【原文】

经　冬，十二月，祭伯来。

【译文】

冬天的十二月，祭伯前来鲁国访问。

【原文】

传　来者，来朝也。其弗谓朝何也？寰内诸侯，非有天子之命，不得出会诸侯，不正其外交，故弗与朝也。聘弓鍭矢，不出竟場。束脩之肉，不行竟中。有至尊者，不贰之也。

【译文】

来的意思是来朝拜。不说朝拜是为什么？因为祭伯是周王京城以内的诸侯，没有天子的命令，不能随意出国拜会其他诸侯。祭伯的做法是不正当的外交行动，所以不记他朝拜鲁侯。聘问用的弓箭一类的礼物，不能私自随便拿出边境，干肉之类的礼物是私人间交往用的，国之间交往不能用。有天子在上，一切要听命于天子，不能存有二心。

【原文】

经　公子益师卒。

【译文】

公子益师死了。

【原文】

传　大夫日卒，正也。不日卒，恶也。

【译文】

大夫死了记载他死的日期是正确的。不记载益师死的日期，是因为他的行为有罪过。

隐公二年（公元前七百二十一年）

【原文】

经　二年春，公会戎于潜。

【译文】

隐公二年春天，隐公与戎国在潜地会盟。

【原文】

传　会者外为主焉尔。知者虑，义者行，仁者守，有此三者，然后可以出会。会戎，危公也。

【译文】

经文中用会字，表示的意思是外国主动找上门来的会盟。聪明人能深谋远虑考虑周全，正义的人处事果断，仁德的人能保住疆土，具备这三点的人才可以出国与人会盟。隐公和戎国的会盟，隐公的处境危险啊。

【原文】

经　夏，五月，莒人入向。

【译文】

夏天五月，莒国的人攻进向地。

【原文】

传　入者，内弗受也。向，我邑也。

【译文】

用入字的意思，是莒国强行进入，鲁国不能接受的意思。向是鲁国的城邑的名称。

【原文】

经　无侅帅师入极。

【译文】

无侅率领军队进入极国。

【原文】

传　入者，内弗受也。极，国也。苟焉以入人为志者，人亦入之矣。不称氏者，灭同姓，贬也。

【译文】

用入字表示强行进入别国的行为，人家不能接受。极是国家的名。假如谁想攻入别国，人家也将攻入它。不称无侅的姓氏，是因为他灭了同姓国，因而贬斥他的行为。

【原文】

经　秋，八月，庚辰，公及戎盟于唐。

【译文】

秋季，八月庚辰日，隐公和戎国在唐地订立盟约。

【原文】

经　九月，纪履緰来逆女。

【译文】

九月，纪大夫履緰来鲁国迎娶隐公女。

【原文】

传　逆女，亲者也，使大夫，非正也。以国氏者，为其来交接于我，故君子进之也。

【译文】

诸侯娶妻，礼应由娶妻的国君亲自出境迎娶，派大夫去接是不合乎礼节的。在履緰前面冠以国名“纪”，是因为他来和鲁国行交接之礼，所以君子要提高他的身份褒奖这件事。

【原文】

经　冬，十月，伯姬归于纪。

【译文】

冬天十月，伯姬出嫁到纪国。

【原文】

传　礼，妇人谓嫁曰归，反曰来归。妇从人者也，妇人在家制于父，既嫁制于夫，夫死，从长子。妇人不专行，必有从也。伯姬归于纪，此其如专行之辞，何也？曰：非专行也，吾伯姬归于纪，故志之。其不言使何也？逆之道微，无足道焉尔。

【译文】

根据礼节，女人出嫁叫归。反之，由婆家回娘家叫来归。女人要听从别人，在家受父亲管，出嫁被丈夫管，丈夫死了，要服从长子的语。女人不能独断专行，一定要听从别人的。“伯姬归于纪”这句话怎么有独自专行的意思？不是的，我们鲁国伯姬嫁到纪国去了，所以要记载这件事。为什么不提纪国派来的使节？是因为来迎的人官位卑微，不值得详细记录。

【原文】

经　纪子，伯莒子，盟于密。

【译文】

纪子，让莒子当伯长，在密地订立盟约。

【原文】

传　或曰：纪子伯，莒子，而与之盟。或曰：年同，爵同，故纪子以伯先也。

【译文】

有的说纪子是年纪大，而跟莒子订立盟约。有的说纪子和莒子年龄一般大，爵位相同，但纪子以伯长身份排在先。

【原文】

经　十有二月，乙卯，夫人子氏薨。

【译文】

十二月的乙卯日，隐公的夫人子氏离开人世。

【原文】

传　夫人薨，不地。夫人者，隐之妻也，卒而不书葬。夫人之义，从君者也。

【译文】

诸侯夫人死亡，不记载死的地方。这里的夫人，是隐公的妻子，去世而没记载安葬。是夫人之礼。要遵循君王的记法。

【原文】

经　郑人伐卫。

【译文】

郑国进攻卫国。

隐公三年（公元前七百二十年）

【原文】

经　三年春，王二月，己巳，日有食之。

【译文】

隐公三年，春季，周历二月初一，发生日食。

【原文】

传　言日不言朔，食晦日也。其日有食之何也？吐者外壤，食者内壤，阙然不见其壤

有食之者也。有内辞也,有外辞也。有食之者,内于日也。其不言食之者何也?知其不可知,知也。

【译文】

记　己巳日而不记朔,是因为日食在月底那天,日食是怎么回事?日食好比土地缺少了,吐是土地到了外人手里,食者是得到了土地。土地缺少不见了,就肯定有吞食得到它的。吞食的,得到了日头。为什么不说吞食日头的呢?知道自己无法弄清楚,所以不说,是明智的做法。

【原文】

经　三月,庚戌,天王崩。

【译文】

三月的庚戌日这天,周平王驾崩。

【原文】

传　高曰崩,厚曰崩,尊曰崩。天子之崩,以尊也。其崩之何也?以其在民上,故崩之。其不名何也?大上,故不名也。

【译文】

高高的天塌了叫崩,厚厚的地陷了叫崩,地位尊贵的人死了叫崩。天子死了称作崩,因为他尊贵。称天子死为崩是为什么?因为他在百姓之上,所以用崩来形容。不称呼天子的名是为何呢?因为天子是至高无上,所以不敢称呼天子的名字。

【原文】

经　夏,四月,辛卯,尹氏卒。

【译文】

夏季,四月辛卯日,尹氏去世。

【原文】

传　尹氏者何也,天子之大夫也。外大夫不卒,此何以卒之也?于天子之崩为鲁主,故隐而卒之。

【译文】

尹氏是什么人?是周天子的大夫。对鲁国外的大夫不称卒,尹氏去世为什么称卒呢?因为周天子驾崩时他赴鲁诏讣,所以痛惜他的故去,把他的死称为卒。

【原文】

经　秋,武氏子来求赙。

【译文】

秋季,武氏子来鲁国求取助丧的钱财。

【原文】

传　武氏子者何?天子之大夫也。天子之大夫,其称武氏子何也?未毕丧,孤未爵。未爵使之,非正也。其不言使何也?无君也。归死者曰赗,归生者曰赙。曰归之者,正也。求之者,非正也。周虽不求,鲁不可以不归;鲁虽不归,周不可以求。求之为言,得不得,未可知之辞也。交讥之。

【译文】

武氏子是什么样子的人?是周天子的大夫。天子的大夫,因为什么称武氏子呢?天子的丧事尚未结束,新王没继位不能封爵。没封为大夫就出使其他国,是不合乎礼制的。为什么不称他为使臣?因为没有君王。送给死人用的车马等物叫赗,送给活人用的钱财叫赙。说赠送助丧物是合乎礼制的,主动索要就不对了。即使周王室不索求,鲁国也不能不送;即使鲁馈赠,周也不该主动派人来要。用"求"这个词,就是得到与没得到,未可知的意思。对周、鲁的做法均加以讽刺。

【原文】

经　八月,庚辰,宋公和卒。

【译文】

八月的庚辰日,宋穆公故去。

【原文】

传　诸侯日卒,正也。

【译文】

诸侯的死亡记载日期,是合乎礼制的。

【原文】

经　冬,十有二月,齐侯、郑伯、盟于石门。

【译文】

冬天,十二月,齐侯和郑伯在石门缔结盟约。

【原文】

经　癸未,葬宋缪公。

【译文】

癸未日，安葬宋穆公。

【原文】

传　日葬，故也，危不得葬也。

【译文】

记载安葬的日期，是有缘故的，遇到危难不能及时安葬。

隐公卷第二(起四年尽十一年)

隐公四年(公元前七百一十九年)

【原文】

经　四年春，王二月，莒人伐杞，取牟娄。

【译文】

隐公四年，春季，周王二月，莒国讨伐杞国，占领城邑牟娄。

【原文】

传　传曰，言伐言取，所恶也。诸侯相伐，取地于是始，故谨而志之也。

【译文】

春秋经称伐字，取字，表明对所记的举动憎恶。诸侯之间互相攻伐，并抢占被伐国的城邑，就从是这时开始，所以慎重地记载这次攻伐。

【原文】

经　戊申，卫祝吁弑其君完。

【译文】

戊申日，卫国的祝吁杀了他的国君卫桓公。

【原文】

传　大夫杀其君，以国氏者，嫌也，弑而代之也。

【译文】

大夫杀死了自己国君，记载这件事时名字前冠以国名，表示有篡国篡位的嫌疑，想杀

了国君取而代之。

【原文】

经　夏，公及宋公遇于清。

【译文】

夏季，隐公和宋公在清地非正式会见。

【原文】

传　及者，内为志焉尔。遇者，志相得也。

【译文】

经文用及字的意思，表示这次会见是出于隐公的意愿。用遇字，表示会见的双方志趣相互投合。

【原文】

经　宋公、陈侯、蔡人、卫人伐郑。

【译文】

宋国、陈国、蔡国和卫国共同攻打郑国。

【原文】

经　秋，翚帅师会宋公、陈侯、蔡人、卫人伐郑。

【译文】

秋天，公子翚率领军队与宋、陈、蔡、卫四国会合去攻打郑国。

【原文】

传　翚者何也？公子翚也。其不称公子何也？贬之也。何为贬之也，与于弑公，故贬之也。

【译文】

翚是何人？是指公子翚。为什么不称他为公子？是贬斥他。为什么要贬斥他？因为他参与杀死隐公，所以贬斥他。

【原文】

经　九月，卫人杀祝吁于濮。

【译文】

九月，卫国在叫濮的地方杀死祝吁。

【原文】

传　称人以杀，杀有罪也。其月，谨之也。祝吁之挈，失嫌也。于濮者，讥失贼也。

【译文】

经文中凡是记载某人杀死某，杀的人就是有罪的人。记载杀的月份，是表示慎重对待这件事。直提祝吁之名，是为丢掉当国之嫌。记载在濮地杀的，是讥刺卫国放跑了在本国作乱的人。

【原文】

经　冬，十有二月，卫人立晋。

【译文】

冬天的十二月，卫国立公子晋为国君。

【原文】

传　卫人者，众辞也。立者，不宜立者也。晋之名，恶也。其称人以立之何也？得众也。得众则是贤也。贤则其曰不宜立何也？春秋之义，诸侯与正不与贤也。

【译文】

经文称卫人，是表示人数众多的意思。用立字，表示不合适立的意思。称公子的名，是憎恶他的意思。说卫人立他是什么意思？表示他得众人拥戴。得民心就是贤人。既然贤人还说不该立为君，为什么？因为春秋时的礼义，立诸侯要推举嫡长子，而不是推举贤人。

隐公五年（公元前七百一十八年）

【原文】

经　五年春，公观鱼于棠。

【译文】

隐公五年春，隐公到棠这个地方观看渔人捕鱼。

【原文】

传　传曰：常事曰视，非常曰观。礼，尊不亲小事，卑不尸大功。鱼，卑者之事也。公观之非正也。

【译文】

看平常的事称为视，仔细地看违反常规的事叫观。按礼制，尊者不必亲自做小事，卑者不能干大事。捕鱼是卑贱之人干的事，国君去观看捕鱼这件事不合于礼。

【原文】

经　夏，四月，葬卫桓公。

【译文】

夏天四月，安葬卫桓公。

【原文】

传　月葬，故也。

【译文】

记载安葬的月份，是有缘故的。

【原文】

经　秋，卫师入郕。

【译文】

秋天，卫国军队攻入郕国。

【原文】

传　入者，内弗受也。郕，国也。将卑师众曰师。

【译文】

经文用入字，表示强行攻入，而对方不能接受。郕是国家名。将领地位卑微、军队人数众多称作师。

【原文】

经　九月，考仲子之宫。初献六羽。

【译文】

九月，仲子的庙落成，举行祭礼。祭礼一开始，六行舞队跳起舞来。

【原文】

传　考者何也？考者成之也，成之为夫人也。礼，庶子为君，为其母筑宫，使公子主其祭也。于子祭，于孙止。仲子者，惠公之母，隐孙而修之，非隐也。初，始也。穀梁子曰："舞夏，天子八佾，诸公六佾，诸侯四佾。初献六羽，始僭乐矣。"尸子曰："舞夏，自天子至诸侯，皆用八佾。初献六羽，始厉乐矣。"

【译文】

考的意思是什么？考是指庙落成，庙建成就即将用夫人之礼祭祀了。按礼节，庶子

当国君，为自己的母亲修筑庙堂，让公子主持祭礼。儿子辈要举行庙落成的祭礼，孙子辈就停止举行了。仲子是惠公的母亲，隐公是孙子辈却举行祭礼，隐公不对。初是开始的意思。穀梁子认为："手执大而长的野鸡翎跳文舞，天子的舞队是八行，诸公的舞队是六行，一般的诸侯为四行队行。隐公用六行舞队，是超越礼的规定了。"但尸子说；"跳大夏之舞，从天子到诸侯都是八行舞队。隐公用六行舞队，是开始降低乐舞的规格。"

【原文】

经　邾人、郑人伐宋。

【译文】

邾国和郑国攻打宋国。

【原文】

经　螟。

【译文】

有螟蛾虫。

【原文】

传　虫灾也。甚则月，不甚则时。

【译文】

发生了虫灾，如果虫灾严重就记载发生的月份，不严重只要记载发生的季节就可以。

【原文】

经　冬，十有二月，辛巳，公子彄卒。

【译文】

冬季，十二月辛巳日，公子彄故去了。

【原文】

传　隐不爵命大夫，其曰公子彄，何也？先君之大夫也。

【译文】

隐公没有加爵命封过大夫，称公子彄是为什么？因为他是死去的前代君王的大夫。

【原文】

经　宋人伐郑，围长葛。

【译文】

宋国进攻郑国，围攻长葛城。

【原文】

传　伐国不言围邑，此其言围何也？久之也。伐不踰时，战不逐奔，诛不填服。苞人民，欧牛马曰侵，斩树木、坏宫室曰伐。

【译文】

攻伐一个国家不必说包围了某个城邑，这里强调包围长葛，是为什么呢？因为宋国用兵时间太长了。攻伐不能超过一个季节，作战不追击逃兵，不镇压降服的百姓。俘虏百胜、鞭打牵走马牛叫侵；砍伐树木、毁坏房屋称作伐。

隐公六年（公元前七百一十七年）

【原文】

经　六年春，郑人来输平。

【译文】

隐公六年春天，郑国派人来鲁国，改变以往的关系，归于和平友好。

【原文】

传　输者，坠也。平之为言以道成也。来输平者，不果成也。

【译文】

输是毁坏的意思。平是友好的意思。（郑国）来破坏两国间的友好关系，没达到友好和平目的。

【原文】

经　夏，五月，辛酉，公会齐侯，盟于艾。

【译文】

夏天，五月辛酉日，隐公和齐僖公在艾地缔结盟约。

【原文】

经　秋，七月。

【译文】

秋季，七月。

【原文】

经　冬，宋人取长葛。

【译文】

冬季,宋国夺取了长葛。

【原文】

传　外取邑不志,此其志何也?久之也。

【译文】

鲁国以外的国家诸侯小国攻取了城邑不予记载,这次记载是为什么?因为围攻的时间太久了。

隐公七年(公元前七百一十六年)

【原文】

经　七年春,王二月,叔姬归于纪。

【译文】

隐公七年春季,周王二月,叔姬嫁到了纪国。

【原文】

传　其不言逆何也?逆之道微,无足道焉尔。

【译文】

为什么不记载来迎娶的人?是因为来迎亲的人官职卑微,不值得记载罢了。

【原文】

经　滕侯卒。

【译文】

滕国国君驾崩。

【原文】

传　滕侯无名,少曰世子,长曰君,狄道也。其不正者名也。

【译文】

滕侯没有名字,小时候称他太子,长大了称国君,这是夷狄人的习俗。不是嫡妻生的儿子才称名。

【原文】

经　夏,城中丘。

【译文】

夏季,修筑中丘的城墙。

【原文】

传　城为保民为之也。民众城小则益城,益城无极。凡城之志,皆讥也。

【译文】

城池是为了保护百姓修筑的。百胜众多城狭小就扩建城墙,城墙的扩建没有穷尽,凡是有关修筑城墙均加以记载,都是代表讥刺的意思(讥刺不合时宜)。

【原文】

经　齐侯使其弟年来聘。

【译文】

齐僖公派他的弟弟夷仲年来访问鲁国。

【原文】

传　诸侯之尊,弟兄不得其属通。其弟云者,以其来接于我,举其贵者也。

【译文】

诸侯王至高无上,即使是同母弟也不能因有兄弟关系而相称。经文称年为齐侯为弟,是因为他来和鲁国盟约,所以要称呼他而显得高贵。

【原文】

经　秋,公伐邾。

【译文】

秋季,鲁隐公攻打邾国。

【原文】

经　冬,天王使凡伯来聘,戎伐凡伯于楚丘以归。

【译文】

冬季,周天子派遣凡伯来鲁国访问,戎人在楚丘袭击了凡伯,并俘虏回国去。

【原文】

传　凡伯者何也?天子之大夫也。国而曰伐,此一人而曰伐何也?大天子之命也。戎者卫也。戎卫者,为其伐天子之使,贬而戎之也。楚丘,卫之邑也。以归,犹愈于执也。

【译文】

凡伯是何人？是天子的大夫。对一个国家才叫攻伐，对一个人来说为什么也要说攻伐呢？是为了强调天子命臣的伟大。称卫为戎人，是因为它劫持了天子的大夫，贬斥卫国，称为戎人。楚丘这个地方是卫国的城邑。把凡伯带回国比说逮住他还严重。

隐公八年(公元前七百一十五年)

【原文】

经　八年春，宋公、卫侯遇于垂。

【译文】

隐公八年的春天，宋公和卫宣公在垂地非正式会见。

【原文】

传　不期而会曰遇。遇者，志相得也。

【译文】

在没有规定的日期临时性的非正式会见称作遇。非正式会见的，都是双方志趣相互投合。

【原文】

经　三月，郑伯使宛来归邴。庚寅，我入邴。

【译文】

三月，郑伯派大夫来鲁送交割取的邴地。庚寅日鲁国进入邴这个地方。

【原文】

传　名宛，所以贬郑伯，恶与地也。入者，内弗受也。日入，恶入者也。邴者，郑伯所受天子而祭泰山之邑也。

【译文】

称郑国使臣的名，用以贬斥郑庄公，因为他割给鲁国土地是耻辱的。鲁国进入邴地，邴地人民不情愿。记载鲁国进入的日期，是对进入者行为表示憎恨。因为邴地是郑伯接受天子的使命主祭泰山的地方。

【原文】

经　夏，六月，己亥，蔡侯考父卒。

【译文】

夏天六月己亥日，蔡宣侯考父故去了。

【原文】

传　诸侯日卒，正也。

【译文】

诸侯死亡记载日期是合乎礼制的。

【原文】

经　辛亥，宿男卒。

【译文】

辛亥日，宿国国君去世。

【原文】

传　宿，微国也，未能同盟，故男卒也。

【译文】

宿国是小国，没有和鲁国结盟，所以只记"男卒"来表示国君死亡。

【原文】

经　秋，七月，庚午，宋公、齐侯、卫侯盟于瓦屋。

【译文】

秋天，七月的庚午日，宋公、齐侯和卫侯在瓦屋订立盟约。

【原文】

传　外盟不日，此其日何也？诸侯之参盟于是始，故谨而日之也。诰誓不及五帝，盟诅不及三王，交质子不及二伯。

【译文】

鲁以外的国家结盟不记载日期，这里记下日期是因为为什么？三个（以前只有两国结盟）诸侯国会盟是从这次开始，所以要慎重地记载三国会盟日期的开始。五帝时不起誓，三代君王时不签盟，齐桓晋文时也不需要交换人质。

【原文】

经　八月，葬蔡宣公。

【译文】

八月,安葬蔡宣公。

【原文】

传　月葬,故也。

【译文】

记载安葬的月份,是因为提前的缘故。

【原文】

经　九月,辛卯,公及莒人盟于包来。

【译文】

九月辛卯日,隐公和莒国人在包来盟会。

【原文】

传　可言公及人,不可言公及大夫。

【译文】

可以说隐公和某国在某地会盟,不能说隐公和某大夫会盟(那就降低了身份)。

【原文】

经　螟。

【译文】

螟虫成灾。

【原文】

经　冬,十有二月,无侅卒。

【译文】

冬天,十二月,无侅离开了人世。

【原文】

传　无侅之名,未有闻焉。或曰,隐不爵大夫也。或曰,故贬之也。

【译文】

直接称无侅的名,没有听说姓氏。有的说,隐公没有加封任命他为大夫。还有的说,(直接称名)是故意贬斥他。

隐公九年(公元前七百一十四年)

【原文】

经 九年春,天王使南季来聘。

【译文】

隐公九年,春季,周朝的天子派南季到鲁来访问。

【原文】

传 南,氏姓也。季,字也。聘,问也。聘诸侯,非正也。

【译文】

南是姓氏。季是字。聘是访问的意思。天子访问诸侯是不合礼制的。

【原文】

经 三月,癸酉,大雨,震电。庚辰,大雨雪。

【译文】

三月的癸酉日,雷鸣电闪并且下大雨。到庚辰日,又下大雪。

【原文】

传 震,雷也。电,霆也。志疏数也,八日之间,再有大变,阴阳错行,故谨而日之也。雨月,志正也。

【译文】

震指雷,电指打闪。记载下雨下雪日期相隔的远近,说明八天之内,天象一再的大变,阴阳错行,所以慎重地记载日期。记载下雨降雪的月份是合乎常规的。

【原文】

经 侠卒。

【译文】

大夫侠死去了。

【原文】

传 侠者所侠也。弗大夫者,隐不爵大夫也。隐之不爵大夫何也?曰,不成为君也。

【译文】

侠是指所侠。不称他大夫,因为隐公没有加封他为大夫。隐公因为什么没加封他为

大夫？因为隐公没正式当上国君。

【原文】

经　夏，城郎。

【译文】

夏天，在郎地修筑城墙。

【原文】

经　秋，七月。

【译文】

秋天七月。

【原文】

传　无事焉，何以书？不遗时也。

【译文】

没有事，为什么也要记载？不能漏记每一个季节。

【原文】

经　冬，公会齐侯于防。

【译文】

冬季，隐公在防这个地方会见齐僖公。

【原文】

传　会者，外为主焉尔。

【译文】

经文用会字，强调是鲁国以外诸侯国主动要求的会见。

隐公十年（公元前七百一十三年）

【原文】

经　十年春，王二月，公会齐侯、郑伯于中丘。

【译文】

隐公十年春天，周历二月，隐公在中丘会见齐僖公和郑庄公。

【原文】

经　夏，翬帅师会齐人、郑人伐宋。

【译文】

夏季，公子翬率领军队与齐国、郑国会合攻打宋国。

【原文】

经　六月，壬戌，公败宋师于菅。辛未，取郜。辛巳，取防。

【译文】

六月壬戌日，隐公在菅地战败了宋国军队。辛未日，夺取郜地。辛巳日，又夺取了防地。

【原文】

传　内不言战，举其大者也。取邑不日，此其日何也？不正其乘败人而深为利，取二邑，故谨而日之也。

【译文】

对鲁国不记载作战，只记打胜的。攻占城邑是不记载日期。这次为什么却记载呢？因为鲁乘宋国战败时机，深入人家国内夺取土地是不合礼的。夺取了两座城邑，所以慎重地记载日期。

【原文】

经　秋，宋人、卫人入郑。宋人、蔡人、卫人伐载，郑伯伐取之。

【译文】

秋季，宋国、卫国侵入郑国。宋国、蔡国和卫国又共同攻伐载国，郑庄公攻伐夺得了载国。

【原文】

传　不正其因人之力而易取之，故主其事也。

【译文】

郑国借助别人力量轻易夺得载国是不对的，所以要记载这件事。

【原文】

经　冬，十月，壬午，齐人、郑人入郕。

【译文】

冬天，十月壬午日，齐国、郑国军队攻入郕国。

【原文】

传　入者,内弗受也。日入,恶入者也。郕,国也。

【译文】

用入字,表示郕国不愿接受。记载攻入的日期,是对攻入者的行为表示憎恨。郕是个国家的名字。

隐公十一年(公元前七百一十二年)

【原文】

经　十有一年春,滕侯、薛侯来朝。

【译文】

隐公十一年春天,滕侯和薛侯来朝见鲁隐公。

【原文】

传　天子无事,诸侯相朝,正也。考礼修德,所以尊天子也。诸侯来朝,时正也。犆言,同时也。累数,皆至也。

【译文】

天子没有事情,诸侯间互相朝见是符合礼节的。研求德行礼制,以便尊奉天子。诸侯前来朝见,记载季节是符合礼制的。分别说是同一天来;笼统说是都来了。

【原文】

经　夏,五月,公会郑伯于时来。

【译文】

夏天,五月,隐公和郑庄公在时来这个地方会见。

【原文】

经　秋七月,壬午,公及齐侯、郑伯入许。

【译文】

秋天,七月的壬午日,隐公和齐国国君、郑国国君带兵攻入许国。

【原文】

经　冬,十有一月,壬辰,公薨。

【译文】

冬天,十一月壬辰日,隐公去世。

【原文】

传　公薨不地,故也。隐之,不忍地也。其不言葬何也?君弑贼不讨,不书葬,以罪下也。隐十年无正,隐不自正也。元年有正,所以正隐也。

【译文】

隐公去世没记载死亡的地方,是有缘故的。因为痛惜他的死,不忍心记载地点。为什么不记载安葬呢?因为君王被杀,不讨伐杀人凶手,又不记载安葬,是下臣的罪过。隐公在位十一年,有十年没有记过正月,是因为他自己认为不是正式的君王(是摄政)。元年记正月,表示隐公当君王是正确的。

桓公卷第三(起元年尽七年)

桓公元年(公元前年七百一十一年)

【原文】

经　元年春,王正月,公即位。

【译文】

桓公的元年,春天,周王正月桓公即位。

【原文】

传　桓无王,其曰王何也?谨始也。其曰无王何也?桓弟弑兄,臣弑君,天子不能定诸侯,不能救百姓,不能去以为无王之道,遂可以至焉尔,元年有王,所以治桓也。继故不言即位,正也。继故不言即位之为正何也?曰先君不以其道终,则子弟不忍即位也。继故而言即位,则是与闻乎弑也。继故而言即位,是为与闻乎弑何也?曰先君不以其道终,已正即位之道而即位,是无恩于先君也。

【译文】

桓公没有得到周天子命封,却为何还记王呢?是为了要慎重记载新君的开始。为什么说没有王?桓公作为弟弟却杀了哥哥,臣杀君,周朝天子不能平定诸侯,不能救百姓,不能消除无视天子的行为,于是就到了弑兄弑君的地步。元年记王,用以惩处桓公。先

君意外不幸而死，继承这样的君位不能说即位，这是合礼的。因为什么呢？先君不是寿终正寝，儿子或弟弟不忍心即位。如果继承这样的君位说即位，那么这新君就是参与了弑君的阴谋。为什么呢？先君不是寿终正寝，自己改变了即位的礼节，这就表示对先君没有恩德。

【原文】

经 三月，公会郑伯于垂。郑伯以璧假许田。

【译文】

三月，桓公在垂地和郑庄公会见。郑庄公用璧玉交换许这个地方。

【原文】

传 会者，外为主焉尔。假不言以，言以，非假也。非假而曰假，讳易地也。礼，天子在上，诸侯不得以地相与也。无田则无许可知矣。不言许，不与许也。许田者，鲁朝宿之邑也。邴者，郑伯之所受命而祭泰山之邑也。用见鲁之不朝周，而郑之不祭泰山也。

【译文】

用会字，表示会盟是鲁国以外诸侯国主动要求的。借东西不用说用什么，说用什么就不是借。不是借却说是借，是隐讳说交换土地。根据礼，天子在上，诸侯不能私下拿土地互相给予交换。没了田也就没了许地，这是可想而知的。不讲许地，表明不赞同借许地。许地，是鲁国朝见周必经住宿的小城。邴地是郑国从天子那受命祭祀泰山的地方。由两国互相交换，可见鲁国不会去朝周了，郑国也不再去祭泰山了。

【原文】

经 夏，四月，丁未，公及郑伯盟于越。

【译文】

夏天，四月的丁未日，桓公和郑庄公在越地会盟。

【原文】

传 及者，内为志焉尔。越，盟地之名也。

【译文】

用及字，表明此次结盟是出自鲁国的意愿。越是会盟地点的地名。

【原文】

经 秋，大水。

【译文】

秋季发大水。

【原文】

传 高下有水灾曰大水。

【译文】

高处低处都有水灾称作大水。

【原文】

经 冬,十月。

【译文】

冬天,十月。

【原文】

传 无事焉,何以书?不遗时也。春秋编年,四时具而后为年。

【译文】

没有发生什么事,为什么还记载?不能遗漏掉每一个季节。春秋经是编年体的史书,每年四季都具备而后才成其为一年。

桓公二年(公元前七百一十年)

【原文】

经 二年春,王正月,戊申,宋督弑其君与夷及其大夫孔父。

【译文】

二年春,周王正月戊申日,宋国的华父督杀害君王与夷及大夫孔父。

【原文】

传 桓无王,其曰王何也?正与夷之卒也。孔父先死,其曰及何也?书尊及卑,春秋之义也。孔父之先死何也?督欲弑君而恐不立,于是乎先杀孔父,孔父闲也。何以知其先杀孔父也?曰,子既死,父不忍称其名,臣既死,君不忍称其名,以是知君之累之也。孔氏父字,谥也。或曰:其不称名,盖为祖讳也,孔子故宋也。

【译文】

桓公没得到周王命封,但还为什么称王呢?是为了给宋君正名。孔父先死,为什么却记载"及孔父"?记载的顺序是由尊到卑,这是春秋经的通例。孔父为什么先被杀害?华父督杀害君,又怕争君位不成功,于是就先杀害孔父,孔父是他的障碍。怎么知道先杀

孔父？儿子已死，父亲不忍心直呼他的名；臣已死，君不忍心称他的名。（称孔父）以此知道孔父先死，宋君跟著也死了。“孔”是氏，“父”是字，也是谥号。还有的说，不称呼孔父的名字，大概是为回避祖讳，孔子的祖先在宋国。

【原文】

经 滕子来朝。

【译文】

滕子来鲁国朝见鲁君。

【原文】

经 三月，公会齐侯、陈侯、郑伯于稷，以成宋乱。

【译文】

三月，桓公在稷地跟齐僖公、陈桓公和郑庄公会盟，致使宋国发生内乱。

【原文】

传 以者，内为志焉尔，公为志乎成是乱也。此成矣，取不成事之辞而加之也。于内之恶，而君子无遗焉尔。

【译文】

用以字，意思是桓公的意愿。桓公的意愿就是促成这场祸乱。这里用了“成”字，应该加给他破坏之类的词。对于桓公干的坏事，君子讥讽是毫无遗漏的了。

【原文】

经 夏，四月，取郜大鼎于宋。戊申，纳于太庙。

【译文】

夏天，四月，桓公从宋国取来郜国的大鼎。戊申日，将鼎安放在周公的太庙中。

【原文】

传 桓内弑其君，外成人之乱，受赂而退，以事其祖，非礼也。其道以周公为弗受也。郜鼎者，郜之所为也。曰宋，取之宋也。以是为讨之鼎也。孔子曰“名从主人，物从中国”，故曰郜大鼎也。

【译文】

桓公在国内杀害了自己的君王，在外促成了宋国的祸乱，接受了贿赂返回国，用以供奉自己的先祖，这都不合于礼。他的做法周公是不能接受的。郜鼎是郜国铸造的。说宋国，是因为从宋国取来的大鼎。根据郜鼎这件事就知道桓公制造宋乱是为了索取鼎。孔子说："名称随从主人，物随从中原国家传统的叫法"，所以叫部大鼎。

【原文】

经　秋，七月，纪侯来朝。

【译文】

秋天的七月，纪国国君前来朝见鲁桓公。

【原文】

传　朝时，此其月何也？桓内弑其君，外成人之乱，于是为齐侯、陈侯、郑伯讨，数日以赂。己即是事而朝之。恶之，故谨而月之也。

【译文】

诸侯前来觐见只需记载季节，这里为什么只记载了月份呢？桓公在国内杀害了君王，在国外促成了别国祸乱，又替齐侯、陈侯和郑伯索求财物，一连多少天向宋索取。纪国国君就部鼎这件事来拜见桓公。对他的此种行为憎恨，所以慎重地记载了此件事发生的月份。

【原文】

经　蔡侯、郑伯会于邓。

【译文】

蔡桓侯和郑庄公在邓地会面。

【原文】

经　九月，入杞。

【译文】

九月进入杞国。

【原文】

传　我入之也。

【译文】

鲁出兵攻入杞国。

【原文】

经　公及戎盟于唐。

【译文】

桓公和戎人在唐这个地方会盟。

【原文】

经　冬,公至自唐。

【译文】

冬季,桓公从唐地回到国内,祭拜祖庙。

【原文】

传　桓无会,而其致何也?远之也。

【译文】

桓公多次会盟没记载去唐地举行过祭告祖庙的活动,这次却为什么记载呢?因为他会盟的对象与鲁国很疏远。

桓公三年(公元前七百零九年)

【原文】

经　三年春,正月,公会齐侯于嬴。

【译文】

三年春天,周历,桓公和齐侯在嬴地缔结盟约。

【原文】

经　夏,齐侯、卫侯胥命于蒲。

【译文】

夏季,齐僖公和卫宣公在蒲地相见。

【原文】

传　胥之为言犹相也。相命而信谕,谨言而退,以是为近古也。是必一人先,其以相言之何也?不以齐侯命卫侯也。

【译文】

胥是相互的意思,互相真诚地发表意见,让对方理解承诺,谨慎地说完就各自返回,因为这样做接近古代的做法。这样做,肯定一人在先提出建议(一人在后),为什么还要说互相呢?因为不让齐侯"命令"卫侯的关系。

【原文】

经　六月,公会杞侯于郕。

【译文】

六月，桓公在郕这个地方会见杞国的国君。

【原文】

经　秋，七月，壬辰，朔，日有食之，既。

【译文】

秋季，七月的壬辰日，朔日，出现日全食，太阳完全被遮挡。

【原文】

传　言日言朔，食正朔也。既者，尽也，有继之辞也。

【译文】

即记载壬辰日又记载初一，因为日食的日期正发生在初一。即是被遮掩意思，表明此时太阳全部被食。

【原文】

经　公子翚如齐逆女。

【译文】

公子翚到齐国去迎娶女子。

【原文】

传　逆女，亲者也。使大夫，非正也。

【译文】

到境外去迎亲，应该君王亲自前往迎接。派大夫去，不符合正规的礼制。

【原文】

经　九月，齐侯送姜氏于欢。

【译文】

九月，齐侯把姜氏送到欢地。

【原文】

传　送女，父不下堂，母不出祭门，诸母兄弟不出阙门，父戒之曰："谨慎从尔舅之言。"母戒之曰："谨慎从尔姑之言。"诸母般申之曰："谨慎从尔父母之言。"送女踰竟，非礼也。

【译文】

送女儿出嫁,父亲不能走下堂,母亲不能送出家庙门,诸母和兄弟姊妹不能送出宫阙门。父亲告诫女儿说:“要谦恭谨训地遵从你公爹的话。”母亲同样告诫女儿说:“要谨慎遵从婆母的教诲。”诸母不断地重复说:“要谨慎地遵从你父母的话。”送女出嫁而出了国境,不合于礼。

【原文】

经　公会齐侯于欢。

【译文】

桓公在欢地与齐桓公见面。

【原文】

传　无讥乎？曰为礼也。齐侯来也,公之逆而会之可也。

【译文】

没有讥讽的意思吗？他是为履行礼仪,因为齐桓公来了。桓公不但迎娶好,又会见齐侯是可以被允许的。

【原文】

经　夫人姜氏至自齐。

【译文】

夫人姜氏从齐国来到鲁国。

【原文】

传　其不言翚之以来何也？公亲受之于齐侯也。子贡曰:“冕而亲迎,不已重乎？”孔子曰:“合二姓之好,以继万世之后,何谓已重乎？”

【译文】

为什么不说公子翚接来夫人姜氏？因为是桓公亲自从齐侯那接夫人过来。子贡说:“国君亲自迎娶女子,不太隆重了吗？”孔子说:“合二姓成婚好,以至延续到子孙万代,怎么能说太隆重了呢？”

【原文】

经　冬,齐侯使其弟年来聘。

【译文】

冬天,齐侯派他弟弟夷仲年来鲁国问候。

【原文】

经　有年。

【译文】

粮食丰收。

【原文】

传　五谷皆熟为有年。

【译文】

五谷都丰收就称作丰收年了。

桓公四年(公元前七百零八年)

【原文】

经　四年春,正月,公狩于郎。

【译文】

桓公四年春天,周历正月,桓公到郎地狩猎。

【原文】

传　四时之田,皆为宗庙之事也。春曰田,夏曰苗,秋曰搜,冬曰狩。四时之田用三焉。唯其所先得。一为乾豆,二为宾客,三为充君之庖。

【译文】

一年四季打猎,大多猎物用以宗庙祭祀活动。春天打猎叫田,夏天打猎叫苗,秋天打猎叫搜,冬天打猎叫狩。四季的猎物有三种用途,只要是先捕得的。一是用来作为祭祀,二是用来招待宾客,三是用来平常食用。

【原文】

经　夏,天王使宰渠伯纠来聘。

【译文】

夏天,周朝天子派宰官渠伯纠来鲁问候。

夏猎为苗

桓公五年(公元前七百零七年)

【原文】

经　五年春,正月,甲戌,己丑,陈侯鲍卒。

【译文】

桓公五年春季,周王正月甲戌日,己丑日,陈桓公鲍故去了。

【原文】

传　鲍卒何为以二日卒之?春秋之义,信以传信,疑以传疑。陈侯以甲戌之日出,己丑之日得,不知死之日,故举二日以包也。

【译文】

鲍君去世了,为什么用两个日子来记载陈侯的死?春秋经记事的原则,事件确实就记下确实的,有疑问就记下疑问。陈侯在甲戌日那天出去,己丑日发现死了,不知死的确切日期,所以记载两个日子,以便包容不漏。

【原文】

经　夏,齐侯、郑伯如纪。

【译文】

夏季,齐僖公和郑庄公到纪国去。

【原文】

经 天王使任叔之子来聘。

【译文】

周朝天子派遣任叔的儿子来鲁国问候。

【原文】

传 任叔之子者,录父以使子也,故微其君臣而著其父子,不正。父在子代仕之辞也。

【译文】

记“任叔之子”,这是记载父亲而表明使派的是此人儿子,轻视君臣关系而强调父子关系,不正确的。(任叔之子)这是父亲还健在,儿子代他聘问的意思。

【原文】

经 葬陈桓公。

【译文】

安葬陈桓公。

【原文】

经 城祝丘。

【译文】

在祝丘修筑城墙。

【原文】

经 秋,蔡人、卫人、陈人从王伐郑。

【译文】

秋天,蔡国、卫国、陈国跟随天子攻伐郑国。

【原文】

传 举从者之辞也。其举从者之辞何也?为天王讳伐郑也。郑,同姓之国也,在乎冀州,于是不服,为天子病矣。

【译文】

经文把随从的国家举在前,为什么把随从者记在前呢?是为了避讳提天子伐郑,替他隐藏。郑国是周王室的同姓诸侯,在冀州一带,此时不服从周朝统治,成为天子的危

害了。

【原文】

经　大雩。

【译文】

举行盛大规模求雨的雩祭。

【原文】

经　螽。

【译文】

闹蝗虫灾。

【原文】

传　虫灾也。甚则月,不甚则时。

【译文】

这是蝗虫成灾。严重就记载发生的月份,不严重就只记载发生的季节。

【原文】

经　冬,州公如曹。

【译文】

冬季,州国国君淳于来到曹国。

【原文】

传　外相如不书,此其书何也。过我也。

【译文】

鲁国与外国相互往来是不记载,但这次为什么记载呢?因为是州国国君经过鲁国。

【原文】

经　六年,春,正月,实来。

【译文】

六年,春天,周历正月,(州公)来鲁国。

【原文】

传　实来者,是来也。何谓是来?谓州公也。其谓之是来何也?以其画我,故简言之也。诸侯不以过相朝也。

【译文】

实来就是是来。什么是“是来”？指州公到来。为什么记载为“是来”？因为州公路过鲁国，所以用“是”简称记载他。诸侯之间不能凭借路过的机会进行朝见。

【原文】

经　夏，四月，公会纪侯于郕。

【译文】

夏天的四月，桓公在郕这个地方会见纪侯。

【原文】

经　秋，八月，壬午，大阅。

【译文】

秋天八月的壬午日，举行盛大的阅兵。

【原文】

传　大阅者何？阅兵车也。修教明谕，国道也。平而修戎事，非正也。其日以为崇武，故谨而日之，盖以观妇人也。

【译文】

什么是大阅？就是检阅车队、战车。修治政教并且，让百姓知礼，这是治国的方略。太平时修治兵事，是不符合常规的。阅兵那天表示崇尚武力，所以要慎重地记载检阅日子。大概是供夫人们观看。

【原文】

经　蔡人杀陈佗。

【译文】

陈国国君陈佗被蔡人杀害了。

【原文】

传　陈佗者，陈君也。其曰陈佗何也？匹夫行，故匹夫称之也。其匹夫行奈何？陈侯喜猎，淫猎于蔡，与蔡人争禽，蔡人不知其是陈君也，而杀之。何以知其是陈君也？两下相杀，不道。其不地于蔡也。

【译文】

陈佗是陈国国君。为什么直接称陈佗呢？因为他有平民行为，所以用平民的称呼。他平民的行为是什么样？陈侯喜欢打猎，在蔡国纵情射猎，和蔡国争夺猎获的物品，蔡人

不知他是陈国君王，就杀害了他。怎么知道他是陈国君王？（因为）两个平民互相厮杀，不予记载。蔡国不是他应该死亡的地方。

【原文】

经　九月，丁卯，子同生。

【译文】

九月的丁卯日，儿子同出生。

【原文】

传　疑，故志之。时曰同乎人也。

【译文】

怀疑是不是桓公的儿子，所以记载了这件事。当时人们说（孩子）长得与别人相像。

【原文】

经　冬，纪侯来朝。

【译文】

冬天，纪国国君来朝见鲁君。

桓公七年（公元前七百零五年）

【原文】

经　七年春，二月，己亥，焚咸丘。

【译文】

桓公七年春天，二月的己亥日，火攻咸丘。

【原文】

传　其不言邾咸丘何也？疾其以火攻也。

【译文】

为什么不记载是邾国的咸丘？厌恨它用火攻城的方法。

【原文】

经　夏，穀伯绥来朝。邓侯吾離来朝。

【译文】

夏季，穀国国君绥来朝见，邓国国君吾離来朝见。

【原文】

传 其名何也？失国也。失国则其以朝言之何也？尝以诸侯与之接矣。虽失国，弗损吾异日也。

【译文】

为什么直接称名？因为他们是失去了国家的国君。失去了国家为什么还说来朝访呢？因为曾经以诸侯礼节跟他们交往过，即使现在他们失去了国家，也不能降低往日接待的礼节。

桓公卷第四（起八年尽十八年）

桓公八年（公元前七百零四年）

【原文】

经 八年春，正月，己卯，烝。

【译文】

鲁桓公八年春季，正月己卯日举行烝祭。

【原文】

传 烝，冬事也。春兴之，志不时也。

【译文】

烝是冬天的祭祀活动，却在春天举行，记载它是因为违背了举行的时令。

【原文】

经 天王使家父来聘。

【译文】

周朝天子派家大夫父来鲁国朝访。

【原文】

经 夏，五月，丁丑，烝。

【译文】

夏天的五月丁丑日，举行烝祭。

【原文】

传　烝，冬事也。春夏兴之，黩祀也，志不敬也。

【译文】

烝是冬季举行的祭事。却在春夏两季举行，是对神圣祭祀的亵渎。记载是为了表明这轻慢不敬的祭祀。

【原文】

经　秋，伐邾。

【译文】

秋季，讨伐邾国。

【原文】

经　冬，十月，雨雪。

【译文】

冬季，十月，下雪。

【原文】

经　祭公来，遂逆王后于纪。

【译文】

祭公来鲁国，于是到纪国迎娶王后。

【原文】

传　其不言使焉何也？不正，其以宗庙之大事，即谋于我，故弗与使也。遂，继事之辞也。其曰遂逆王后，故略之也。或曰天子无外，王命之则成矣。

【译文】

为什么不称使臣？是因为他做得不对，他拿宗庙继主之类的事，前来鲁国和我们商量，所以不称他为使臣。遂是连接词，记“遂迎王后”，有意省略“使”字。有人说，对天子来说，没国界之分，只要天子一命令事情就成了。

桓公九年（公元前七百零三年）

【原文】

经　九年春，纪季姜归于京师。

【译文】

鲁桓公九年春天，纪国的季姜出嫁到京城。

【原文】

传　为之中者，归之也。

【译文】

鲁国由天子主持婚礼，纪国交姜出嫁。

【原文】

经　夏，四月。

【译文】

夏季，四月

【原文】

经　秋，七月。

【译文】

秋季，七月。

【原文】

经　冬，曹伯使其世子射姑来朝。

【译文】

冬季，曹桓公派遣他的太子射姑来朝会。

【原文】

传　朝不言使，言使非正也。使世子伉诸侯之礼而来朝，曹伯失正矣。诸侯相见曰朝。以待人父之道待人之子，以内为失正矣。内失正，曹伯失正，世子可以已矣。则是故命也。尸子曰："夫已，多乎道。"

【译文】

朝见不能说派遣，说派遣是不对的。让太子违背诸侯相等的礼节来朝见鲁君，这是曹伯失礼了。诸侯相见叫朝。用招待父亲的礼节招待儿子，鲁国就有失礼节了。鲁国失礼，曹伯亦失礼，太子可以不来朝见。这就是命令。尸子云："停止朝见，多方面合于礼节了。"

桓公十年(公元前七百零二年)

【原文】

经　十年春,王正月,庚申,曹伯终生卒。

【译文】

桓公十年的春天,周王正月的庚申日曹桓公故去了。

【原文】

传　桓无王,其曰王何也?正终生之卒也。

【译文】

鲁桓公没有得到周王封爵,这里为什么却称周王呢?是因为在曹伯死时正治他的罪。

【原文】

经　夏,五月,葬曹桓公。

【译文】

夏季,五月,安葬曹桓公。

【原文】

经　秋,公会卫侯于桃丘,弗遇。

【译文】

秋天,桓公约定在桃丘会见卫侯,但双方没能会见。

【原文】

传　弗遇者,志不相得也。弗,内辞也。

【译文】

弗遇,表示双方心意互相不投合。弗是内动词。

【原文】

经　冬,十有二月,丙午,齐侯、卫侯、郑伯来战于郎。

【译文】

冬天,十二月的丙午日,齐侯、卫侯、郑伯联合领兵前来郎地跟鲁国作战。

【原文】

传　来战者，前定之战也。内不言战，言战则败也。不言其人，以吾败也。不言及者，为内讳也。

【译文】

记载“来战”，表示先前已商定下作战的地点。对鲁国不能说战，说战就表明是鲁败了。没有提桓公，是因为鲁国败了。不说及，也是避讳说鲁国失败。

桓公十一年（公元前七百零一年）

【原文】

经　十有一年春，正月，齐人、卫人、郑人盟于恶曹。

【译文】

桓公十一年春季，周历正月，齐国、卫国和郑国在恶曹盟见。

【原文】

经　夏，五月，癸未，郑伯寤生卒。

【译文】

夏季，五月的癸未日，郑庄公寤生故去了。

【原文】

经　秋，七月，葬郑庄公。

【译文】

秋季，七月，安葬了郑国国君寤生。

【原文】

经　九月，宋人执祭仲。突归于郑。郑忽出奔卫。

【译文】

九月，宋国逮住郑国人祭仲。公子突回到郑国。郑太子忽逃亡到卫国。

【原文】

传　宋人者，宋公也。其曰人何也？贬之也。曰突，贱之也。曰归，易辞也。祭仲易其事，權在祭仲也。死君难，臣道也。今立恶而黜正，恶祭仲也。郑忽者，世子忽也。其名，失国也。

【译文】

宋人是指宋国国君。为什么称呼他为宋人,是为贬斥他。公子突回到郑国。直接称呼他突,是轻蔑视他。说回国,表示很容易的意思。是大夫祭仲让这件事很容易,决定权在祭仲。为国君有难而死,是臣子应该做的。如今立了坏人而废除了应立的人,错在祭仲。郑忽逃亡到卫国。郑忽是太子忽。直接称他名,因为他失去了国家。

【原文】

经　柔会宋公、陈侯、蔡叔,盟于折。

【译文】

鲁国的柔跟宋公、陈侯、蔡叔在折地会见。

【原文】

传　柔者何?吾大夫之未命者也。

【译文】

柔是什么人?是我们鲁国尚未任命加封的大夫。

【原文】

经　公会宋公于夫钟。

【译文】

桓公和宋公在叫作夫钟的地方会见。

【原文】

经　冬,十有二月,公会宋公于阚。

【译文】

冬季,十二月,桓公和宋公在阚地会面。

桓公十二年(公元前七百年)

【原文】

经　十有二年春,正月。

【译文】

桓公十二年,春,周历正月。

【原文】

经　夏，六月，壬寅，公会纪侯、莒子，盟于曲池。

【译文】

夏天，六月的壬寅日，桓公和纪国国君、莒国国君在曲池会见。

【原文】

经　秋，七月，丁亥，公会宋人、燕人，盟于穀丘。

【译文】

秋天，七月的丁亥日，桓公会见宋公、燕人，在穀丘订立盟约。

【原文】

经　八月，壬辰，陈侯跃卒。

【译文】

八月壬辰日，陈厉公跃故去了。

【原文】

经　公会宋公于虚。

【译文】

桓公和宋公在虚地会盟。

【原文】

经　冬，十有一月，公会宋公于龟。

【译文】

冬季的十一月，桓公在龟地会见宋国国君。

【原文】

经　丙戌，公会郑伯，盟于武父。

【译文】

十一月丙戌日，桓公和郑伯在武父订立盟约。

【原文】

经　丙戌，卫侯晋卒。

【译文】

十一月丙戌日，卫国国君去世。

【原文】

经　十有二月，及郑师伐宋。丁未，战于宋。

【译文】

十二月，鲁国军队和郑国军队联合攻打宋国，丁未日，在宋作战。

【原文】

传　非所与伐战也。不言与郑战，耻不和也。于伐与战，败也。内讳败，举其可道者也。

【译文】

不该和郑国一起出战。不提跟郑国一起攻伐于宋，是于两国联而不和感到耻辱。在这次伐宋之战中，鲁国被打败了。避讳说鲁国失败，就记下可以说得出的“战于宋”。

桓公十三年（公元前六百九十九年）

【原文】

经　十有三年春，二月，公会纪侯、郑伯。己巳，及齐侯、宋公、卫侯、燕人战。齐师、宋师、卫师、燕师败绩。

【译文】

十三年春季，周历二月，桓公与纪侯、郑伯会见。己巳日，跟齐僖公、宋庄公、卫惠公、燕人交战。齐、宋、卫、燕四国被击败。

【原文】

传　其言及者，由内及之也。其曰战者，由外言之也。战称人，败称师，重众也。其不地，于纪也。

【译文】

用及字，是说鲁国跟其他诸侯国怎么样。用战字，是强调应战的对方。提作战称卫人、燕人，提失败又称卫师、燕师，是因为反复称呼民众。不记载作战地点，是因为在鲁国自己境内。

【原文】

经　三月，葬卫宣公。

【译文】

三月，安葬卫宣公。

【原文】

经　夏,大水。

【译文】

夏季发大水。

【原文】

经　秋,七月。

【译文】

秋季,七月。

【原文】

经　冬,十月。

【译文】

冬季,十月。

桓公十四年(公元前六百九十八年)

【原文】

经　十有四年春,正月,公会郑伯于曹。

【译文】

十四年春季,正月,桓公在曹国与郑伯会面。

【原文】

经　无冰。

【译文】

没有结冰。

【原文】

传　无冰,时燠也。

【译文】

没有结冰,是因为此时气候变暖了。

【原文】

经　夏,五,郑伯使其弟御来盟。

【译文】

夏季，五月，郑伯派他的弟弟御来和鲁国缔结盟约。

【原文】

传 诸侯之尊，弟兄不得以属通。其弟云者，以其来我举其贵者也。来盟，前定也。不日，前定之盟不日。孔子曰："听远音者，闻其疾，而不闻其舒。望远者，察其貌，而不察其形。"立乎定哀，以指隐桓。隐桓之日远矣，夏五传疑也。

【译文】

诸侯地位尊贵，他的弟兄不能和他直接以弟兄相称。这里称"其弟"，因为他出使我们鲁国，所以要使他显得高贵。记"来盟"，表示是先前约定好的。不记结盟日期，因为先前约定好的结盟不记日子。孔子说："听远处的声音，能听到激扬的声音，听不到舒缓的。看远处的人，能看到大致形貌，看不到面色姿容。"站在定公、哀公时代，指望隐公、桓公时代的事。因为隐公、桓公时代离得遥远，对夏五月的传闻有疑虑。

【原文】

经 秋，八月，壬申，御廪灾。

【译文】

秋天，八月壬申日，(储存祭礼用的粮食)粮仓着火。

【原文】

传 御廪之灾不志，此其志何也？以为唯未易灾之余。

【译文】

祭祀谷物的粮仓着火不应当记载，这里为什么要记载呢？因为仍然用了没被火烧的剩余谷物举行祭祀。

【原文】

经 乙亥，尝。

【译文】

乙亥日，举行秋季的尝祭。

【原文】

传 而尝，可也，志不敬也。天子亲耕，以供粢盛。王后亲蚕，以共祭服。国非无良农工女也，以为人之所尽，事其祖祢，不若以己所自亲者也。何用见其未易灾之余而尝也？曰甸粟，而内之三宫。三宫米，而藏之御廪，夫尝必有兼甸之事焉。

【译文】

记载尝祭是可以的。但这里记下(用火灾剩余的谷物祭祀)是对神的不恭敬。天子亲自耕种田地,来供用祭祀的谷物。王后亲自养蚕,供用祭祀穿的衣服。国中不是没有良农巧女,因为用别人尽心尽意做的来供奉神祖,不如亲自动手做得好。怎么知道是用火灾剩余的谷物举行秋祭呢?掌管农田的官员将收缴的谷物,要交到三宫。三宫舂成米,收藏到储存祭祀谷物的粮仓。尝祭用的一定要有三宫夫人舂米这道工序。(没有,就说明用的是余谷)

【原文】

经　冬,十有二月,丁巳,齐侯禄父卒。

【译文】

冬季,十二月的丁巳日,齐僖公禄父去世。

【原文】

经　宋人以齐人、蔡人、卫人、陈人伐郑。

【译文】

宋国率领齐国、蔡国、卫国、陈国的军队共同攻打郑国。

【原文】

传　以者,不以者也。民者,君之本也。使人以其死,不正也。

【译文】

率领,是不应当率领的意思。民众是国君的根本。领人打仗去送死是不合正道的。

桓公十五年(公元前六百九十七年)

【原文】

经　十有五年春,二月,天王使家父来求车。

【译文】

桓公十五年春天的二月,天子派大夫家父来鲁国求取车辆。

【原文】

传　古者诸侯时献于天子,以其国之所有。故有辞让,而无征求。求车,非礼也,求金甚矣。

【译文】

古时诸侯按时献给天子自己国内出产的物品，所以天子应有辞让之礼，没有索要征求的行为。向诸侯索取车，不合于礼制，索要钱财就更加过分了。

【原文】

经　三月，乙未，天王崩。

【译文】

三月的乙未日，周朝桓王驾崩。

【原文】

经　四月，己巳，葬齐僖公。

【译文】

四月，己巳日，安葬齐僖公。

【原文】

经　五月，郑伯突出奔蔡。

【译文】

五月，郑厉公突逃亡到蔡国。

【原文】

传　讥夺正也。郑世子忽归于郑。反正也。

【译文】

讥刺（公子突）篡夺了君位。郑国太子忽重新回到郑国。他回国是合乎礼制的。

【原文】

经　许叔入于许。

【译文】

许叔回到许国。

【原文】

传　许叔，许之贵者也，莫宜乎许叔。其曰入何也？其归之道，非所以归也。

【译文】

许叔是许国地位尊贵的人，没有人比许叔更加适合（当国君）的了。为什么说返回许国？因为许叔回国的方式，不是正常的回国方式。

【原文】

经　公会齐侯于蒿。

【译文】

桓公在蒿这个地方会见齐襄公。

【原文】

经　邾人、牟人、葛人来朝。

【译文】

邾君、牟君和葛君来鲁国朝拜鲁桓公。

【原文】

经　秋，九月，郑伯突入于栎。

【译文】

秋季，九月，郑国国君突进入栎城。

【原文】

经　冬，十有一月，公会宋公、卫侯、陈侯于袲，伐郑。

【译文】

冬季，十一月，桓公在袲地与宋公、卫侯和陈侯会面，联合攻伐郑国。

【原文】

传　地而后伐，疑也，非其疑也。

【译文】

先记载会见地点再记讨伐郑国，是因为他们对伐郑有疑虑，同时也表示斥责他们的这种游移态度。

桓公十六年（公元前六百九十六年）

【原文】

经　十有六年春，正月，公会宋公、蔡侯、卫侯于曹。

【译文】

桓公十六年，春季，正月，桓公在曹国与宋公、蔡侯和卫侯会面。

【原文】

经　夏，四月，公会宋公、卫侯、陈侯、蔡侯伐郑。

【译文】

夏季，四月，桓公会同宋公、卫侯、陈侯和蔡侯，攻打郑厉公。

【原文】

经　秋，七月，公至自伐郑。

【译文】

秋季，七月，桓公讨伐郑后返回国，举行告祭祖庙的典礼。

【原文】

传　桓无会，其致何也？危之也。

【译文】

桓公实际没参加会师，为什么记归来时举行祭告祖庙的典礼呢？因为他这次出行是非常危险的。

【原文】

经　冬，城向。

【译文】

冬天，在向地修筑城墙。

【原文】

经　十有一月，卫侯朔出奔齐。

【译文】

十一月，卫侯朔逃亡跑到齐国。

【原文】

传　朔之名，恶也。天子召而不往也。

【译文】

直接称呼朔的名，是表示憎恨他的行为。天子召见，他同样拒绝前往。

桓公十七年(公元前六百九十五年)

【原文】

经 十有七年春,正月,丙辰,公会齐侯、纪侯盟于黄。

【译文】

桓公十七年春,正月的丙辰日,桓公在黄地与齐侯、纪侯结盟。

鲁桓公

【原文】

经 二月,丙午,公及邾仪父盟于趡。

【译文】

二月丙午日,桓公和邾君仪父在趡地盟会。

【原文】

经 夏,五月,丙午,及齐师战于郎。

【译文】

夏,五月丙午日,(鲁国)跟齐国军队在郎地交战。

【原文】

传 内讳败,举其可道者也。不言其人,以吾败也。不言及之者,为内讳也。

【译文】

对鲁国要掩饰说作战失败,只记下比较合适说得出的话。不提领兵的人,因为我们鲁国失败了。“及”前省略了主语,也是为鲁国掩饰失败。

【原文】

经 六月,丁丑,蔡侯封人卒。

【译文】

六月丁丑日,蔡国国君封人去世。

【原文】

经 秋,八月,蔡季自陈归于蔡。

【译文】

秋季八月，蔡季从陈国回到蔡国。

【原文】

传　蔡季，蔡之贵者也。自陈，陈有奉焉尔。

【译文】

蔡季，是蔡国地位尊贵的人。自陈，表示陈国在他回国时帮过他。

【原文】

经　癸巳，葬蔡桓侯。

【译文】

癸巳日，安葬蔡桓侯。

【原文】

经　及宋人、卫人伐邾。

【译文】

（鲁国）与宋国、卫国一起讨伐邾国。

【原文】

经　冬，十月，朔，日有食之。

【译文】

冬季，十月初一，出现日食。

【原文】

传　言朔不言日，食既朔也。

【译文】

虽然记明是在初一，却没有记干支日期，因为日全食都发生在朔日。

桓公十八年（公元前六百九十四年）

【原文】

经　十有八年春，王正月，公会齐侯于泺，公与夫人姜氏遂如齐。

【译文】

十八年春季，周历正月，鲁桓公在泺地会见齐国国君，桓公和姜氏一同到齐国。

【原文】

传　泺之会，不言及夫人何也？以夫人之伉，弗称数也。

【译文】

在泺地的这次会见，为什么不提夫人？因为她行为骄纵，没有将她列入参与会见人中。

【原文】

经　夏，四月，丙子，公死于齐。

【译文】

夏季，四月的丙子日，鲁桓公在齐国去世。

【原文】

传　其地，于外也。薨称公，举上也。

【译文】

记载桓公死亡的地点，因为死在外国。死了称公，是用上等爵位强调他的高贵。

【原文】

经　丁酉，公之丧至自齐。

【译文】

丁酉日，鲁桓公的灵柩从齐国送回鲁国。

【原文】

经　秋，七月。

【译文】

秋季，七月。

【原文】

经　冬，十有二月，己丑，葬我君桓公。

【译文】

冬天，十二月的己丑日，安葬了我国国君桓公。

【原文】

传　葬我君，接上下也。君弑，贼不讨，不书葬。此其言葬何也？不责逾国而讨于是也。桓公葬而后举谥，谥，所以成德也，于卒事乎加之矣。知者虑，义者行，仁者守，有此

三者备,然后可以会矣。

【译文】

葬我君,这是通国上下的用语。君王被人杀害,没讨伐凶手,按例不能记载安葬。这里为什么记载安葬呢?因为在这种情况下越过国界去讨伐齐国是不容易的。"桓公"是安葬后定的谥号。谥号是用来表彰美德的,在人死后加上。聪明人深谋远虑,正义的人做事果敢,仁德的人能保住国家。具备了这三点,然后国君才可以出外与别国会盟。

庄公卷第五(起元年尽十八年)

庄公元年(公元前六百九十三年)

【原文】

经　元年,王正月。

【译文】

鲁庄公元年,周历正月。

【原文】

传　继弑君不言即位,正也。继弑君不言即位之为正,何也?曰先君不以其道终,则子不忍即位也。

【译文】

(庄公)继承被杀害君王的君位不记"即位"是符合礼道的。为什么对呢?因为先君不是在正常情况下死去的,儿子就不忍心举行即位大典。

【原文】

经　三月,夫人孙于齐。

【译文】

三月,夫人姜氏逃亡到齐国去了。

【原文】

传　孙之为言犹逊也,讳奔也。接练时,录母之变,始人之也。不言氏姓,贬之也。人之于天也,以道受命;于人也,以言受命。不若于道者,天绝之也;不若于言者,人绝之也。臣子大受命。

【译文】

孙就是逊的意思,用“孙”是避讳逃奔的说法。开始时,根据人伦之道,记载母亲回鲁参加练祭。不记姜氏是贬斥她。人对于上天来说,要接受天命;对于人来说,要接受夫命。不顺从天道的人,天便会厌弃他;不顺从夫命,人厌弃他。庄公为人臣子就要接受天命。

【原文】

经 单伯逆王姬。

【译文】

单伯迎接周庄王女儿为王姬。

【原文】

传 单伯者何?吾大夫之命乎天子者也。命大夫,故不名也。其不言如何也?其义不可受于京师也。其义不可受于京师何也?曰躬君弑于齐,使之主婚,与齐为礼,其义固不可受也。

【译文】

单伯是什么人?他是天子任命的鲁国大夫,因为是天子命封的大夫,所以不能直接称呼名。为什么不说到周去迎娶?根据礼义,不可以到京师去接。为什么?我们鲁君被齐国人杀死,让我们鲁国主婚,跟齐国履行礼仪,按照道义,鲁国当然不可以接受。

【原文】

经 秋,筑王姬之馆于外。

【译文】

秋季在宫外为王姬建造行馆。

【原文】

传 筑,礼也。于外,非礼也。筑之为礼何也?主王姬者,必自公门出。于庙则已尊,于寝则已卑。为之筑,节矣。筑之外,变之正也。筑之外变之为正何也?仇仇之人,非所以接婚姻也。衰麻非所以接弁冕也。其不言齐侯之来逆何也。不使齐侯得与吾为礼也。

【译文】

为王姬建行馆合于礼,建在宫外不合于礼制。为什么建行馆合乎礼制呢?鲁为王姬

主婚，出嫁时必须从鲁君宫殿中门出去。建在宗庙旁就显得王姬地位太高了，建在寝宫旁又显得王姬地位太卑微了。建在宫外，就合适了。建在宫外是正确的变通做法，为什么呢？齐侯是鲁国的仇人，不能跟他承办婚姻大事。穿着丧服，不能接待迎亲的齐侯。为什么不记齐侯来迎亲？是不让齐侯能和我们鲁国进行礼节上交往。

【原文】

经 冬，十月，乙亥，陈侯林卒。

【译文】

冬天，十月的乙亥日，陈侯林去世。

【原文】

传 诸侯日卒，正也。

【译文】

诸侯死亡记载日期是对的。

【原文】

经 王使荣叔来锡桓公命。

【译文】

周朝天子派荣叔来鲁国追赐桓公为君。

【原文】

传 礼有受命，无来锡命。锡命，非正也。生服之，死行之，礼也。生不服，死追锡之，不正甚矣。

【译文】

据礼制，有诸侯主动前往接受周朝任命的，没有天子派人去赐予任命的。生前服事天子，死了才追加赐予，合于礼制的。如果生前不服事天子，死后追加赐予他，就更加不合礼制了。

【原文】

经 王姬归于齐。

【译文】

王姬嫁到齐国。

【原文】

传 为之中者归之也。

【译文】

因为鲁国做主婚者，所以把王姬嫁送到齐国。

【原文】

经　齐师迁纪、郱、鄑、郚。

【译文】

齐军迁移纪国、郱国、鄑国、郚国的百姓。

【原文】

传　郱、鄑、郚，国也。或曰："迁纪于郱、鄑、郚"。

【译文】

郱、鄑和郚是国名。也有的人说："把纪国百姓迁到郱、鄑和郚。"

庄公二年（公元前六百九十二年）

【原文】

经　二年，春，王二月，葬陈庄公。

【译文】

庄公二年，春季，周历二月，安葬陈庄公。

【原文】

经　夏，公子庆父帅师伐于余丘。

【译文】

夏季，公子庆父率军讨伐余丘。

【原文】

传　国而曰伐。于余丘，邾之邑也。其曰伐何也？公子贵矣，师重矣，而敌人之邑，公子病矣。病公子，所以讥乎公也。其一曰，君在而重之也。

鲁庄公

【译文】

攻国才能称伐。于余丘是邾国的一个小城，为什么称作伐呢？因为公子身份尊贵，所以对他率领的军队重提。攻打别人的城邑，公子累病了。说公子累病了，是讥刺庄公。另一种说法是，因为庄公在军中，才用语重了，来

表示对这个小城的重视。

【原文】

经　秋,七月,齐王姬卒。

【译文】

秋天的七月,齐襄公夫人故去了。

【原文】

传　为之主者,卒之也。

【译文】

鲁国是王姬的主持过婚礼,所以要记载王姬死亡这件事。

【原文】

经　冬,十有二月,夫人姜氏会齐侯于禚。

【译文】

冬季,十二月,夫人姜氏和齐襄公在禚地见面。

【原文】

传　妇人既嫁,不踰竟。踰竟,非正也。妇人不言会,言会,非正也。

【译文】

女人既然已经出嫁,就不能再越过国境。越过国境,不符合于礼制。女人不能说会见谁,说会见,不符合于礼。

【原文】

经　乙酉,宋公冯卒。

【译文】

乙酉日,宋庄公故去了。

庄公三年(公元前六百九十一年)

【原文】

经　三年春,王正月,溺会齐侯伐卫。

【译文】

庄公三年春,周历正月,鲁公子溺会同齐侯攻伐卫国。

【原文】

传 溺者何也?公子溺也。其不称公子何也?恶其会仇仇而伐同姓,故贬而名之也。

【译文】

溺是什么人?是公子溺。为什么不称呼溺为公子呢?因为憎恨他与仇人会盟而且攻伐与鲁国同姓的卫国,所以贬抑他,直接称他的名。

【原文】

经 夏,四月,葬宋庄公。

【译文】

夏季四月,安葬宋庄公。

【原文】

传 月葬,故也。

【译文】

记载安葬宋庄公的月份,是因为发生了变故。

【原文】

经 五月,葬桓王。

【译文】

五月安葬周桓王。

【原文】

传 传曰,改葬也。改葬之礼,缌,举下,缅也。或曰,郤尸以求诸侯。天子志崩不志葬,必其时也。何必焉?举天下而葬一人,其义不疑也。志葬,故也,危不得葬也。曰,近不失崩,不志崩,失天下也。独阴不生,独阳不生,独天不生,三合然后生。故曰,母之子也可,天之子也可。尊者,取尊称焉;卑者,取卑称焉。其曰王者,民之所归往也。

【译文】

解释说,是改葬。改葬的礼仪规定,穿缌麻丧服,用最轻一等的,表示缅怀死者的意思。还有一种说法,长时间停放尸体缓葬是为了诸侯们来会葬。记天子驾崩不记安葬,因为安葬肯定在规定的时间。为什么一定在规定的时间?因为普天下人都为天子送葬而哀悼他,那是不容置疑的。记载安葬的日期,就是有了缘故,遇到危难不能按时下葬了。鲁国离天子近,不会不知道天子驾崩的日子。如果不记载死的日期,是由于天子丢

了天下。单有阴不能生,单有阳不能生,单有天也不能生,阴、阳、天三者结合才能生。所以,说母亲的儿子,可以;说天的儿子,可以。尊贵的人,就取尊贵的称呼(称天子),卑贱的就取卑贱的称呼。称王,是普天下民众所归附、向往的意思。

【原文】

经　秋,纪季以携入于齐。

【译文】

秋天,纪季将携城这个地方送给了齐国。

【原文】

传　携,纪之邑也。入于齐者,以携事齐也。入者,内弗受也。

【译文】

携是纪国的小城。归入齐国,是说(纪季)拿携投奔齐国而事奉齐侯。入,表示齐不应该接受这种归附。

【原文】

经　冬,公次于郎。

【译文】

冬季,庄公临时驻扎郎这个地方。

【原文】

传　次,止也,有畏也,欲救纪而不能也。

【译文】

次是驻扎的意思。鲁畏惧齐国,想援救纪国但未成功。

庄公四年(公元前六百九十年)

【原文】

经　四年春,王二月,夫人姜氏飨齐侯于祝丘。

【译文】

庄公四年春季,周历二月,夫人姜氏在祝丘设宴款待请齐襄公。

【原文】

传　飨,甚矣。飨齐侯,所以病齐侯也。

【译文】

宴请，这种做法太过分了。经文记"飨齐侯"，是用以讥讽齐侯的可耻。

【原文】

经　三月，纪伯姬卒。

【译文】

三月嫁往纪的伯姬去世。

【原文】

传　外夫人不卒，此其言卒何也？吾女也。适诸侯则尊同，以吾为之变，卒之也。

【译文】

鲁国以外的诸侯夫人去世不予记载，这次为什么记呢？因为是我们鲁公女儿。她既然嫁给诸侯，地位就跟鲁君夫人同样尊贵了。因此我们为她改变记事的凡例，记载她去世的事情。

【原文】

经　夏，齐侯、陈侯、郑伯遇于垂。

【译文】

夏季，齐侯、陈侯和郑伯在垂这个地方临时见面。

【原文】

经　纪侯大去其国。

【译文】

纪侯带着臣民离开了国土永远失去了国家。

【原文】

传　大去者，不遗一人之辞也，言民之从者四年而后毕也。纪侯贤而齐灭之，不言灭而曰大去其国者，不使小人加乎君子。

【译文】

大去，是不留下一人的意思（指一个百姓也没有了），是说百姓迁走四年而后国家就灭亡了。纪侯贤德，但齐国却灭了纪国，不说被灭而说永远离开国家，是为了不让小人陵驾于君子之上。

【原文】

经　六月，乙丑，齐侯葬纪伯姬。

【译文】

六月乙丑日,齐襄公安葬纪伯姬。

【原文】

传　外夫人不书葬,此其书葬何也?吾女也。失国,故隐而葬之。

【译文】

鲁以外的诸侯国夫人死不记载安葬,这次为什么要记呢?因为伯姬是我们鲁公的女儿。现在又失去国家,所以痛惜她,记载下她的安葬日期。

【原文】

经　秋,七月。

【译文】

秋季,七月。

【原文】

经　冬,公及齐人狩于郜。

【译文】

冬季,庄公和齐侯在郜地一起狩猎。

【原文】

传　齐人者,齐侯也。其曰人何也?卑公之敌,所以卑公也。何为卑公也?不复仇而怨不释,刺释怨也。

【译文】

齐人是指齐侯。为什么称他齐人?是为鄙视庄公的敌人,用以贬抑庄公。为什么贬抑庄公?不报完仇就不能消除仇恨,讥刺庄公还没报父仇,就消除了仇恨。

庄公五年(公元前六百八十九年)

【原文】

经　五年春,王正月。

【译文】

庄公五年春,周王的正月。

【原文】

经　夏，夫人姜氏如齐师。

【译文】

夏季，夫人姜氏到齐国军队中。

【原文】

传　师而曰如，众也。妇人既嫁不足踰竟，踰竟，非礼也。

【译文】

“师”字前用“如”字，表示军队人数很多。女人出嫁后不能越过国境。越过国境，不合乎于礼制。

【原文】

经　秋，郳黎来来朝。

【译文】

秋天郳国之君黎来来朝拜鲁庄公。

【原文】

传　郳，国也。黎来，微国之君，未爵命者也。

【译文】

郳是诸侯国名。黎来是小国的君王，没有得到天子的任命加封爵位。

【原文】

经　冬，公会齐人，宋人、陈人、蔡人伐卫。

【译文】

冬季鲁庄公会合齐军、宋军、陈军、蔡军讨伐卫国。

【原文】

传　是齐侯宋公也。其曰人何也？人诸侯，所以人公也。其人公何也？逆天王之命也。

【译文】

这是指齐侯和宋公。为什么称他们为齐人、宋人？称诸侯为人，用以称鲁公为人。为什么呢？因为他们违背周天子的命令。

庄公六年(公元前六百八十八年)

【原文】

经　六年春,王三月,王人子突救卫。

【译文】

庄公六年春天,周王三月,周王的官员子突领兵救助卫国。

【原文】

传　王人,卑者也。称名,贵之也,善救卫也。救者善,则伐者不正矣。

【译文】

王人是个官位卑微的人。记载他的字,是尊敬他,因为他援助卫国是个好人。援救者受到赞许,那么,征伐的人就不对了。

【原文】

经　夏,六月,卫侯朔入于卫。

【译文】

夏天的六月,卫侯朔进入卫国。

【原文】

传　其不言伐卫纳朔何也?不逆天王之命也。入者,内弗受也。何用弗受也?为以王命绝之也。朔之名,恶也。朔入逆,则出顺矣。朔出入名,以王命绝之也。

【译文】

为什么不说讨伐卫国送朔回去呢?春秋经不记载违背天子命令的事。说入,是表示卫国不予接纳。为什么不接受呢?因为天子命令拒绝他。称朔的名,表示憎恶他。朔返回卫国是违天子命,那么出国就是顺应王命了。记朔出国回国都称名,是因为天子命令废弃他。

【原文】

经　秋,公至自伐卫。

【译文】

秋季,庄公伐卫后归国告祭祖庙。

【原文】

传 恶事不致,此其致何也?不致,则无用见公之恶,事之成也。

【译文】

做坏事归来的告祭祖庙不予记载,这次为什么记呢?因为如果不记载就看不到庄公干的坏事,就没有什么可以用来表示庄公所做的坏事了。

【原文】

经 螟。

【译文】

发生虫灾。

【原文】

经 冬,齐人来归卫宝。

【译文】

冬季,齐国送来在卫国获取的宝物。

【原文】

传 以齐首之,分恶于齐也。使之如下齐而来我然。恶战则杀矣。

【译文】

因为齐国是伐卫的首领,所以齐国应分得一些罪恶。记载这件事好像齐国在鲁国的下位,来给我们鲁国馈赠东西。(鲁国若)憎恶这次作战就减少了罪责。

庄公七年(公元前六百八十七年)

【原文】

经 七年春夫人姜氏会齐侯于防。

【译文】

鲁庄公七年春季,夫人姜氏到防地与齐侯见面。

【原文】

传 妇人不会,会非正也。

【译文】

女人不能私自和别人会见,会见不合于礼。

【原文】

经　夏,四月,辛卯,昔,恒星不见。夜中,星陨如雨。

【译文】

夏季,四月辛卯日,黄昏时,恒星看不见了。半夜时,星星坠落下来,犹如下雨一样。

【原文】

传　恒星者,经星也。日入至于星出谓之昔,不见者,可以见也。其陨也如雨,是夜中欤?春秋著以传著,疑以传疑。中之,几也。而曰夜中,著焉尔。何用见其中也?失变而录其时,则夜中矣。其不曰恒星之陨何也?我知恒星之不见而不知其陨也。我见其陨而接于地者,则是雨说也。著于上见于下谓之雨,著于下不见于上者谓之陨,岂雨说哉。

【译文】

恒星就是经常看得见的星星。太阳落山到星星出来这段时间叫夕。记"不见",是强调它可以看得见。星星落下来像下雨一样坠落,是在半夜时分吗?春秋经记事,明确就记下明确的,有疑问就记下疑问的事情。夜半,是微约难以辨察的时刻。记下半夜,就表示是明确的。根据什么知道是夜半时分呢?星象有了变化就检录漏刻,就知道是半夜。为什么不说恒星落下呢?我们只知道恒星看不见了,不知它落没落下。我们看见坠落到地上的,就是像下雨这种说法。上边看得清,下边也看得见的叫下雨;在下边看得清,上边看不见的称作陨。怎么可以说只下雨一种说法呢?

【原文】

经　秋,大水。

【译文】

秋季发生水灾。

【原文】

传　高下有水灾曰大水。

【译文】

高处低处都有水,泛滥成灾,称作大水。

【原文】

经　无麦、苗。

【译文】

没有麦子、没有秧苗。

【原文】

传　麦、苗同时也。

【译文】

麦子、小苗同时被大水冲走。

【原文】

经　夫人姜氏会齐侯于穀。

【译文】

夫人姜氏到穀地与齐侯见面。

【原文】

传　妇人不会，会非正也。

【译文】

女人不能私自会见别人，会见不合于正道。

庄公八年（公元前六百八十六年）

【原文】

经　八年春，王正月，师次于郎，以俟陈人、蔡人。

【译文】

鲁庄公八年春，周历正月，鲁军驻扎郎地，等待陈军、蔡军。

【原文】

传　次，止也。俟，待也。

【译文】

次是驻扎的意思。俟是等待的意思。

【原文】

经　甲午，治兵。

【译文】

甲午日训练军队。

【原文】

传　出曰治兵，习战也。入曰振旅，习战也。治兵而陈蔡不至矣。兵事以严终，故曰

善陈者不战,此之谓也。善为国者不师,善师者不陈,善陈者不战,善战者不死,善死者不亡。

【译文】

出到郊野叫练兵,是为演习作战。进入国都叫整军,也是演习作战。练兵,陈蔡就不敢来侵犯了。军队阵列始终严整才能取得胜利,所以说会练兵列阵的不用作战,就指的是这种情况。善于治国的不必将精力放在军队,善于用兵的不必演习阵列,善于列阵的不用作战,善于作战的极少伤亡,善于死的不做无谓的牺牲。

【原文】

经　夏,师及齐师围郕,郕降于齐师。

【译文】

夏天,郕城被鲁国军队和齐国军队包围,郕城百姓投降齐国军队。

【原文】

传　其曰降于齐师何?不使齐师加威于郕也。

【译文】

为什么说投降齐国军队呢?因为不必体现齐军对郕国施加武力。

【原文】

经　秋,师还。

【译文】

秋季,鲁国军队返回国。

【原文】

传　还者,事未毕也,遁也。

【译文】

鲁军回国,战事尚未结束,(鲁)回避了。

【原文】

经　冬,十有一月,癸未,齐无知弑其君诸儿。

【译文】

冬季,十一月的癸未日,齐国公孙无知,杀害了他的国君齐襄公。

【原文】

传　大夫弑其君,以国氏者,嫌也,弑而代之也。

【译文】

大夫杀害自己的国君，记载时名前冠以国名，表示有嫌疑，疑他弑君之后取而代之。

庄公九年（公元前六百八十五年）

【原文】

经　九年春，齐人杀无知。

【译文】

鲁庄公九年春季，齐国杀死公孙无知。

【原文】

传　无知之挈，失嫌也。称人以杀大夫，杀有罪也。

【译文】

直接称呼无知的名，表明他没当上国君。经文记某人杀害大夫，表示被杀的人是应该杀的有罪之人。

【原文】

经　公及齐大夫盟于暨。

【译文】

庄公和齐国大夫在暨地订立盟约。

【原文】

传　公不及大夫。大夫不名，无君也。盟纳子纠也。不日，其盟渝也。当齐无君，制在公矣。当可纳而不纳，故恶内也。

【译文】

鲁公不能同别国大夫签盟。签盟的大夫不记载名，因为齐国没有国君。约定送子纠回国即位，不记日期，因为约定的时间变了。在齐国没有国君时，控制齐国权力就在鲁公了。可以送子纠回国的时候，却没送回去，所以认为是鲁国的耻辱。

【原文】

经　夏，公伐齐，纳纠。齐小白入于齐。

【译文】

夏季，庄公攻打齐国，送公子纠回到齐国。齐公子小白先回到齐国。

【原文】

传　当可纳而不纳。齐变而后伐。故乾时之战，不讳败，恶内也。大夫出奔反，以好曰归，以恶曰入。齐公孙无知弑襄公，公子纠、公子小白不能存，出亡。齐人杀无知，而迎公子纠于鲁。公子小白不让公子纠先入，又杀之于鲁，故曰齐小白入于齐，恶之也。

【译文】

可以送纠回国的时候却没送成。齐国改变盟约后，就借此讨伐它。所以乾时一战，不避讳鲁国失败，认为是鲁的耻辱。大夫出国避难，后来返回自己的国家，如果认为他合乎礼制就记"归"，认为他采取不正当行为就记"入"。齐国的公孙无知杀了襄公，公子纠和公子小白无处容身，出逃国外。齐国杀了无知后，到鲁国迎公子纠。公子小白不让公子纠先回国，又在鲁国杀害了纠。所以经文记"齐小白入于齐"，是对他的行为表示憎恨。

【原文】

经　秋，七月，丁酉，葬齐襄公。

【译文】

秋季，七月的丁酉日，安葬齐襄公。

【原文】

经　八月，庚申，及齐师战于乾时，我师败绩。

【译文】

八月庚申日，鲁国跟齐军在乾时这个地方作战，鲁军被打败。

【原文】

经　九月，齐人取子纠杀之。

【译文】

九月，齐国得到公子纠并杀死公子纠。

【原文】

传　外不言取，言取，病内也。取，易辞也。犹曰取其子纠而杀之云尔。十室之邑可以逃难，百室之邑可以隐死，以千乘之鲁，不能存子纠，以公为病矣。

【译文】

鲁以外的国家不能说取，经文用"取"字，是有责备鲁国的意思。取，表示容易得到的意思，就像说拿来那子纠很容易就杀了。十户人家的小城尚且可以避难，百户人家的小城就能够藏匿死罪，凭着拥有千辆兵车的鲁国，却不能保住公子纠，因此鲁公要被责

备呵。

【原文】

经　冬，浚洙。

【译文】

冬天，疏浚洙河。

【原文】

传　浚洙者，深洙也，著力不足也。

【译文】

疏浚洙河，就是加深洙河河道，显出鲁国军队力量不足。

庄公十年（公元前六百八十四年）

【原文】

经　十年春，王正月，公败齐师于长勺。

【译文】

庄公十年春季，周历正月，庄公在长勺战败齐军。

【原文】

传　不日，疑战也。疑战而曰败，胜内也。

【译文】

没记载日子，因为两国交战时没约定作战日期。没约定作战而记失败，是鲁国打了胜仗。

【原文】

经　二月，公侵宋。

【译文】

二月，庄公领兵侵犯宋国。

【原文】

传　侵时，此其月何也？乃深其怨于齐，又退侵宋以众其敌，恶之，故谨而月之。

【译文】

凡是侵略只需记载季节。这次为什么记月份？因为已经跟齐结下很深的怨仇，又退

兵侵犯宋国,结果到处树敌。为斥责庄公,所以慎重地记下月份。

【原文】

经　三月,宋人迁宿。

【译文】

三月,宋国人迁移到宿国。

【原文】

传　迁,亡辞也。其不地,宿不复见也。迁者,犹未失其国家以往者也。

【译文】

迁走表示灭亡的意思。不记载迁到什么地方,是因为再也见不到有关宿国的记载了。用"迁"字,就好像没有失掉国家而迁往别处了。

【原文】

经　夏,六月,齐师、宋师次于郎,公败宋师于乘丘。

【译文】

夏季六月齐军、宋军驻扎在鲁国的郎地,庄公在乘丘击败了宋公。

【原文】

传　次,止也,畏我也。不日,疑战也。疑战而曰败,胜内也。

【译文】

次是驻留不前的意思,是因为惧怕我们鲁国。没记双方交战的日期,因为不是约定日期的作战。记(齐宋)败了,是鲁国取得了作战的胜利。

【原文】

经　秋,九月,荆败蔡师于莘,以蔡侯献舞归。

【译文】

秋天,九月,楚国在莘地打败蔡国军队,把蔡侯俘虏后带回楚国。

【原文】

传　荆者,楚也。何为谓之荆?狄之也。何为狄之?圣人立,必后至。天子弱,必先叛,故曰荆,狄之也。蔡侯何以名也?绝之也。何为绝之?获也。中国不言败,此其言败何也?中国不言败,蔡侯见其获乎?其言败何也?释蔡侯之获也。以归,犹愈乎执也。

【译文】

荆是指楚国。为什么称它荆?是把它视为野蛮的夷狄之邦。为什么视楚为夷狄?

(因为)每当天子即位,楚国总是迟迟不朝拜;天子如果软弱,楚肯定先生叛意。所以称它荆,把它视为夷狄。为什么称蔡侯的名?因为他绝了君位。为什么绝了君位?他被楚俘获了。对中原各诸侯国不能说败,这里为什么说败?不说败怎么表明蔡侯被俘获吗?为什么说败,为解释蔡侯被俘获。把蔡侯带回国,比捉住还严重。

【原文】

经　冬,十月,齐师灭谭,谭子奔莒。

【译文】

冬季,十月,齐军消灭谭国,谭子逃到莒国。

庄公十一年(公元前六百八十三年)

【原文】

经　十有一年春,王正月。

【译文】

庄公十一年春季,周历正月。

【原文】

经　夏,五月,戊寅,公败宋师于鄑。

【译文】

夏季,五月的戊寅日,庄公在鄑地攻败宋军。

【原文】

传　内事不言战,举其大者。其日,成败之也。宋万之获也。

【译文】

春秋经对鲁国作战一般不记载,只记重要的战役。记下日子,是因为完成了打败宋国的任务,并且还俘获了宋万。

【原文】

经　秋,宋大水。

【译文】

秋天,宋国发生大水灾。

【原文】

传　外灾不书,此何以书?王者之后。高下有水灾曰大水。

【译文】

鲁国之外诸侯国闹灾不记,这次为什么却记载?因为宋是殷商的后代。高处低处都泛滥成灾称大水。

【原文】

经　冬,王姬归于齐。

【译文】

冬季,王姬嫁到齐国。

【原文】

传　其志,过我也。

【译文】

记载王姬出嫁的事,是因为路过鲁国。

庄公十二年(公元前六百八十二年)

【原文】

经　十有二年春,王三月,纪叔姬归于酅。

【译文】

十二年春季,周历三月,纪叔姬回到酅城。

【原文】

传　国而曰归,此邑也,其曰归何也?吾女也。失国喜得其所,故言归焉尔。

【译文】

对一国而言才说归,酅是一座城,为什么还说归呢?因为叔姬是鲁公的女儿,庆幸她失去国家又得到安身地方,所以称归。

【原文】

经　夏,四月。

【译文】

夏季,四月。

【原文】

经　秋，八月，甲午，宋万弑其君捷，及其大夫仇牧。

【译文】

秋季，八月甲午日，宋万杀死了自己的国君捷和仇牧大夫。

【原文】

传　宋万，宋之卑者也，卑者以国氏。以尊及卑也。仇牧，闲也。

【译文】

宋万是个地位卑微的臣子，却用国名当氏。（宋万杀人）是由地位尊贵的到地位卑微的。仇牧被杀，是因为他抵制宋万杀害自己国君。

【原文】

经　冬，十月，宋万出奔陈。

【译文】

冬季，十月，宋万逃到陈国避难。

庄公十三年（公元前六百八十一年）

【原文】

经　十有三年春，齐人、宋人、陈人、蔡人、邾人会于北杏。

【译文】

庄公十三年春天，齐国、宋国、陈国、蔡国和邾国在北杏这个地方会面。

【原文】

传　是齐侯宋公也。其曰人何也？始疑之。何疑焉？桓非受命之伯也。将以事授之者也，曰可矣乎？未乎？举人众之辞也。

【译文】

这是齐桓公、宋桓公呵。为什么要称齐人？开始时还有所疑虑。疑虑什么？齐桓公还不是天子任命加封的霸主，将要把事授予于他，可以，还是不可以呢？称人表示众人授予他的意思。

【原文】

经　夏，六月，齐人灭遂。

【译文】

夏季六月,齐国人消灭了遂国。

【原文】

传 遂,国也。其不日,微国也。

【译文】

遂是国名。不记它灭亡的日期,因为是很弱小的一个国家。

【原文】

经 秋,七月。

【译文】

秋季,七月。

【原文】

经 冬,公会齐侯,盟于柯。

【译文】

冬季,庄公与齐侯见面,在柯地缔结盟约。

【原文】

传 曹刿之盟也,信齐侯也。桓盟虽内与,不日,信也。

【译文】

是曹刿去结的盟,因为齐桓公很讲信用。桓公这次虽然是跟鲁国结盟(也该记日期),却没有记载,是因为讲诚信。

庄公十四年(公元前六百八十年)

【原文】

经 十有四年春,齐人、陈人、曹人伐宋。

【译文】

庄公十四年春,齐国、陈国、曹国联合讨伐宋国。

【原文】

经 夏,单伯会伐宋。

【译文】

夏季,单伯来会见各方诸侯,议定攻伐宋国。

【原文】

传　会,事之成也。

【译文】

用会字,表示攻宋之事已经商定完结。

【原文】

经　秋,七月,荆入蔡。

【译文】

秋季七月,荆侵入蔡国。

【原文】

传　荆者,楚也。其曰荆何也?州举之也。州不如国,国不如名,名不如字。

【译文】

荆就是楚国。为什么称楚国为荆呢?是称州名。称州比不上称国,称国比不上称名,称名比不上称字。

【原文】

经　冬,单伯会齐侯、宋公、卫侯、郑伯于鄄。

【译文】

冬季,单伯在鄄地会见齐桓公、宋桓公、卫惠公和郑厉公。

【原文】

传　复同会也。

【译文】

诸侯再次共同会盟。

庄公十五年(公元前六百七十九年)

【原文】

经　十有五年春,齐侯、宋公、陈侯、卫侯、郑伯会于鄄。

【译文】

庄公十五年春季，齐侯、宋公、陈侯、卫侯和郑伯又一次在鄄这个地方会面。

【原文】

传　复同会也。

【译文】

诸侯再次共同会面。

【原文】

经　夏，夫人姜氏如齐。

【译文】

夏天，鲁公夫人姜氏到齐国。

【原文】

传　妇人既嫁不踰竟，踰竟非礼也。

牛纹铜罍

【译文】

女人已经出嫁就不能走出国境，走出国境是不符合礼制的。

【原文】

经　秋，宋人、齐人、邾人伐郳。

【译文】

秋季，宋国、齐国和邾国联合攻打郳国。

【原文】

经　郑人侵宋。

【译文】

郑国侵入宋国。

【原文】

经　冬，十月。

【译文】

冬季，十月。

庄公十六年(公元前六百七十八年)

【原文】

经　十有六年,春,王正月。

【译文】

庄公十六年,春天,周王正月。

【原文】

经　夏,宋人、齐人、卫人伐郑。

【译文】

夏季,宋国、齐国和卫国一起攻打郑国。

【原文】

经　秋,荆伐郑。

【译文】

秋天,楚国讨伐郑国。

【原文】

经　冬,十有二月,会齐侯、宋公、陈侯、卫侯、郑伯、许男、曹伯、滑伯、滕子同盟于幽。

【译文】

冬天,十二月,齐侯、宋公、陈侯、卫侯、郑伯、许男、曹伯、滑伯、滕子共九国国君在幽地举行会盟。

【原文】

传　同者,有同也,同尊周也。不言公,外内寮一,疑之也。

【译文】

经文用同字,表明各诸侯有共同的目的,共同事奉周天子。没有提庄公,是因为内外诸侯一致怀疑庄公会不会尊奉齐桓公为霸主。

【原文】

经　郳子克卒。

【译文】

郳国君克去世了。

【原文】

传　其曰子,进之也。

【译文】

称郳君克为子,因为周天子进封了爵位。

庄公十七年(公元前六百七十七年)

【原文】

经　十有七年春,齐人执郑詹。

【译文】

庄公十七年春,齐国抓获了郑詹。

【原文】

传　人者,众辞也。以人执,与之辞也。郑詹,郑之卑者也。卑者不志,此其志何也?以其逃来志之也。逃来则何志焉?将有其末,不得不录其本也。郑詹,郑之佞人也。

【译文】

经文称齐人,表示人数众多的意思。因为众人捉住詹,就用了这个词。郑詹,是郑国的一位小臣,地位卑微不予记载。这次为什么记呢?因为他逃到了我们鲁国。逃到鲁国为什么记呢?因为要记末尾,不能不记它的开头。郑詹,是郑国善于谄媚的奸佞小人的人。

【原文】

经　夏,齐人歼于遂。

【译文】

夏天,齐国驻在遂国的守军被歼灭。

【原文】

传　歼者,尽也。然则何为不言遂人尽齐人也?无遂之辞也。无遂则何为言遂?其犹存遂也。存遂奈何?曰齐人灭遂,使人戍之,遂之因氏饮戍者酒而杀之,齐人歼焉。此谓狎敌也。

【译文】

歼是杀尽的意思。如此,那么为什么不说遂人杀光了齐人呢?因为遂国已经不存在了。没有遂国为什么还说遂国？是为让人觉得遂国还存在。怎么让人觉得遂国还存在呢？齐人灭了遂，派人戍守遂。遂国的因氏家用酒食款待戍守的人，灌醉了后杀死他们，遂地的齐人全被杀尽。这就是所讲的轻敌。

【原文】

经 秋，郑詹自齐逃来。

【译文】

秋季，郑詹从齐国逃亡到鲁国。

【原文】

传 逃义曰逃。

【译文】

逃避正义行为称作逃。

【原文】

经 冬，多麋。

【译文】

冬季，麋鹿很多。

庄公十八年（公元前六百七十六年）

【原文】

经 十有八年春，王三月，日有食之。

【译文】

庄公十八年春季，周历三月，发生日食。

【原文】

传 不言日，不言朔，夜食也。何以知其夜食也？曰，王者朝日，故虽为天子，必有尊也。贵为诸侯，必有长也。故天子朝日，诸侯朝朔。

【译文】

不记日子，也没有写明朔，因日食发生在夜间。怎么知道发生在夜里？天子有朝日之礼（天子朝日时见日亏缺，故知夜裹发生日食）。所以，即使是天子，也肯定有他所尊崇的。即使是有地位的诸侯，也肯定有比他还大的。故而天子有朝日之礼，诸侯有朝朔

之礼。

【原文】

经　夏，公追戎于济西。

【译文】

夏季，庄公率领军队追击戎人到济水以西。

【原文】

传　其不言戎之伐我何也？以公之追之，不使戎迩于我也。于济西者，大之也。何大焉？为公之追之也。

【译文】

为什么不说戎人前来攻伐鲁国呢？因为庄公领兵追击戎人，不让戎人逼近鲁国。在济水以西，是强调地方大。为什么强调地方大呢？因为庄公在那追击戎人。

【原文】

经　秋，有蜮。

【译文】

秋天，发生了蜮灾。

【原文】

传　一有一亡曰有。蜮，射人者也。

【译文】

时有时无叫有。蜮是一种能含沙射人的动物。

【原文】

经　冬，十月。

【译文】

冬季，十月。

庄公卷第六(起十九年尽三十二年)

庄公十九年(公元前六百七十五年)

【原文】

经　十有九年春,王正月。

【译文】

庄公十九年春季,周历正月。

【原文】

经　夏,四月。

【译文】

夏季,四月。

【原文】

经　秋,公子结媵陈人之妇于鄄,遂及齐侯、宋公盟。

【译文】

秋天,公子结护送陈侯夫人的陪嫁女到鄄地,于是同齐侯宋公会盟。

【原文】

传　媵,浅事也,不志。此其志何也?辟要盟也。何以见其辟要盟也?媵,礼之轻者也。盟,国之重也,以轻事遂乎国重无说。其曰陈人之妇,略之也。其不日,数渝,恶之也。

【译文】

护送陪嫁女,是件很小的事,不予记载。这次为什么记呢?是为要避讳参加盟会的说法。怎么知道是这样呢?送陪嫁女,是礼仪中较轻的。盟会是国家的大事。用送女成全大事别国就没话了。经文记"陈人之妇",是一种省略说法。不记日期,是因为盟约多次发生变故,对此厌恶。

【原文】

经　夫人姜氏如莒。

【译文】

桓公夫人姜氏到莒国。

【原文】

传 妇人既嫁,不踰竟。踰竟非正也。

【译文】

女人已经出嫁,就不能越过国境。越过国境是不符合礼规的。

【原文】

经 冬,齐人、宋人、陈人伐我西鄙。

【译文】

冬季,齐国、宋国和陈国攻打鲁国西部边远地区。

【原文】

传 其曰鄙,远之也。其远之何也?不以难迩我国也。

【译文】

经文记边远地区,表明很远的地方。为什么说远呢?是为表明不让战事接近鲁的国都。

庄公二十年(公元前六百七十四年)

【原文】

经 二十年春,王二月,夫人姜氏如莒。

【译文】

庄公二十年春天,周历二月,夫人姜氏到莒国。

【原文】

传 妇人既嫁不踰竟,踰竟非正也。

【译文】

女人既然已经出嫁,就不能再越过国境。越过国境(去莒国)是不合礼的。

【原文】

经 夏,齐大灾。

【译文】

夏天，齐国发生大的灾害。

【原文】

传　其志，以甚也。

【译文】

记载齐国这次大灾害，因为此次灾害太严重。

【原文】

经　秋，七月。

【译文】

秋季，七月。

【原文】

经　冬，齐人伐我。

【译文】

冬季，齐国攻打鲁国。

庄公二十一年（公元前六百七十三年）

【原文】

经　二十有一年春，王正月。

【译文】

庄公二十一年春天，周历正月。

【原文】

经　夏，五月，辛酉，郑伯突卒。

【译文】

夏天，五月辛酉日，郑厉公故去了。

【原文】

经　秋，七月，戊戌，夫人姜氏薨。

【译文】

秋季，七月戊戌日，桓公夫人姜氏去世。

【原文】

传　妇人弗目也。

【译文】

女人死不记载地点是因为不明确死亡地点。

【原文】

经　冬,十有二月,葬郑厉公。

【译文】

冬季,十二月,安葬郑厉公。

庄公二十二年(公元前六百七十二年)

【原文】

经　二十有二年春,王正月,肆大眚。

【译文】

庄公二十二年春天,周历正月,实行大赦。

【原文】

传　肆,失也。眚,灾也。灾纪也,失故也,为嫌天子之葬也。

【译文】

肆是赦免的意思。眚是成灾有罪的意思。有罪就要加以惩治,赦免要有原因,可能是天子同意(大赦)安葬(文姜)吧。

【原文】

经　癸丑,葬我小君文姜。

【译文】

癸丑日,安葬鲁国国君夫人文姜。

【原文】

传　小君,非君也。其曰君何也?以其为公配,可以言小君也。

【译文】

小君,不是指国君。为什么称君?因为文姜是桓公的夫人,可以叫作小君。

【原文】

经　陈人杀其公子御寇。

【译文】

陈国杀了他们的公子御寇。

【原文】

传　言公子而不言大夫，公子未命为大夫也。其曰公子何也？公子之重视大夫，命以执公子。

【译文】

称公子而不称大夫，因为公子没正式命封为大夫。为什么称公子？因为大夫地位比公子尊贵，（可以）下命令逮住公子。

【原文】

经　夏，五月。

【译文】

夏季，五月。

【原文】

经　秋，七月，丙申，及齐高傒盟于防。

【译文】

秋季七月，丙申日，庄公跟齐卿高傒在防这个地方会面。

【原文】

传　不言公，高傒伉也。

【译文】

不提庄公，（是怕）高傒跟庄公相当。

【原文】

经　冬，公如齐纳币。

【译文】

冬季，庄公到齐国送订婚聘礼。

【原文】

传　纳币，大夫之事也。礼有纳采，有问名，有纳征，有告期。四者备，而后娶，礼也。

公之亲纳币，非礼也，故讥之。

【译文】

下订婚的聘礼，是大夫的事。古婚嫁之礼，有纳采，有问名，有纳征，有告期，这四点全都齐备以后，方才迎娶，才合乎礼。庄公亲自馈赠聘礼，不合于礼，所以讥讽他。

庄公二十三年（公元前六百七十一年）

【原文】

经　二十有三年春，公至自齐。

【译文】

庄公二十三年春季，庄公回到鲁国，告祭祖庙。

【原文】

经　祭叔来聘。

【译文】

祭叔来鲁国访问。

【原文】

传　其不言使何也？天子之内臣也。不正其外交，故不与使也。

【译文】

为什么不称派遣，因为他是天子王室内的属臣。外出搞不正当的外交活动不合礼制，所以不给他使臣称号。

【原文】

经　夏，公如齐观社。

【译文】

夏季，庄公到齐国观看祭祀社神之礼。

【原文】

传　常事曰视，非常曰观。观，无事之辞也，以是为尸女也。无事不出竟。

【译文】

看平常事叫视，看违反常规之事叫观。这里用观字，表示没有重要之事的意思，认为庄公这次主要为看齐女。没有什么重大的事不能出国境。

【原文】

经　公至自齐。

【译文】

庄公从齐国观社礼归来告祭祖庙。

【原文】

传　公如往时,正也。致月,故也。如往月,致月,有惧焉尔。

【译文】

国君出行记载出发季节,是正确的。归国记下月份,是老规矩了。如果出行记载月份,归来时也记月份,就表明情况危险而有所担忧。

【原文】

经　荆人来聘。

【译文】

楚王来鲁国行聘问之礼。

【原文】

传　善累而后进之。其曰人何也?举道不待再。

【译文】

积累善行,而后得到褒奖。为什么称人呢?褒奖行为不能二次表扬。

【原文】

经　公及齐侯遇于穀。

【译文】

庄公跟齐侯约定在穀地临时会见。

【原文】

传　及者,内为志焉尔。遇者,志相得也。

【译文】

用及字,表明(这次会见)是鲁国主动约请。用遇字,表示志趣相投。

【原文】

经　萧叔朝公。

【译文】

萧叔觐见鲁庄公。

【原文】

传 微国之君,未爵命者。其不言来,于外也。朝于庙,正也。于外,非正也。

【译文】

萧叔是小国的国君,没得到天子正式加封的爵号。不说来,是因为此次朝见在鲁都以外的地方。在祖庙进行拜会是对的。在国外进行,不合于礼。

【原文】

经 秋,丹桓宫楹。

【译文】

秋天,给桓公庙前楹柱漆成朱红色。

【原文】

传 礼,天子诸侯黝垩,大夫仓,士黈。丹楹,非礼也。

【译文】

按礼,天子诸侯庙前的楹柱应漆成淡黑色,壁上漆成白色。大夫庙前的楹柱刷成青色,士人庙前屋柱涂黄色。涂成朱红色是不合乎礼的。

【原文】

经 冬,十有一月,曹伯射姑卒。

【译文】

冬天,十一月,曹庄公故去了。

【原文】

经 十有二月,甲寅,公会齐侯于扈。

【译文】

十二月的甲寅日,庄公和齐侯在扈地结盟。

庄公二十四年(公元前六百七十年)

【原文】

经 二十有四年春,王三月,刻桓宫桷。

【译文】

庄公二十四年春季，周历三月，给桓公庙的桷木雕刻花纹。

【原文】

传　礼，天子之桷，斫之砻之，加密石焉。诸侯之桷，斫之砻之。大夫斫之。士斫本。刻桷，非正也。夫人，所以崇宗庙也。取非礼与非正，而加之于宗庙，以饰夫人，非正也。刻桓宫桷，丹桓宫楹，斥言桓宫以恶庄公也。

【译文】

按礼，天子庙的椽木，砍削后要打磨，还要用细石磨。诸侯庙的椽木，砍削后要磨光。大夫的砍削光滑就可以。士人的只消砍去树的根须就可以。椽木上刻花是不合乎礼的。人都重视宗庙建筑。如果用不合乎礼、不正确的做法修建宗庙，用装饰的宗庙迎亲娶妻，就更加不对了。给桓公庙椽木雕花刻纹，给桓公庙的楹柱涂上朱色，指言桓宫，是用以表示对庄公厌恶。

【原文】

经　葬曹庄公。

【译文】

安葬曹庄公。

【原文】

经　夏，公如齐迎女。

【译文】

庄公到齐国迎娶夫人。

【原文】

传　亲迎，恒事也，不志。此其志何也？不其正亲迎于齐也。

【译文】

亲自迎亲是经常性的事，不必记载。但这次为什么记载呢？认为（庄公）到与其结仇的齐国亲自迎娶是不对的。

【原文】

经　秋，公至自齐。

【译文】

秋天，庄公从齐回到鲁国，告祭祖庙。

【原文】

传　迎者,行见诸,舍见诸。先至,非正也。

【译文】

迎亲时,应该在行时看着女方的车,停下来时也看着女方的车。先行一个人回国告祭祖庙是不合礼的。

【原文】

经　八月,丁丑,夫人姜氏入。

【译文】

八月丁丑日,夫人姜氏进入鲁国。

【原文】

传　入者,内弗受也。日入,恶入者也。何用不受也?以宗庙弗受也。其以宗庙弗受何也?娶仇人子弟,以荐舍于前,其义不可受也。

【译文】

用入字,表示鲁国不愿接受姜氏。记下进入的日期,表示憎恶她进入。为什么不情愿接受进入呢?因为祖庙不接受。为什么祖庙不接受呢?娶仇人的女儿为妻子,把她进献的祭品放到祖庙前,从正义上讲是不可接受的。

【原文】

经　戊寅,大夫宗妇觌,用币。

【译文】

戊寅这天,同姓大夫的夫人和国君夫人见面,拿玉、帛等做礼物相互赠送。

【原文】

传　觌,见也。礼,大夫不见夫人,不言及不正。其行妇道,故列数之也。男子之贽,羔雁雉腒。妇人之贽,枣栗鍛脩。用币,非礼也。用者,不宜用者也。大夫,国体也,而行妇道,恶之,故谨而日之也。

【译文】

觌是双方见面的意思。礼规定,大夫不能够见君夫人。经文不用及字是不礼制的。既然大夫行妇人之礼道,就分别说说见面之礼。男人的初次见面礼,是羔羊、大雁、野鸡、鸟肉之类。女人的初次见面礼物,是枣、栗子、腊肉之类。用玉、帛做见面礼,显然不合于礼。用,是不适宜用的意思。大夫是国的一部分,却行妇人之礼道。厌恶这种做法,所以慎重地记下发生的日期。

【原文】

经　大水。

【译文】

发生水灾。

【原文】

经　冬，戎侵曹，曹羁出奔陈。

【译文】

冬天，戎人侵犯曹国，曹羁逃亡到陈国避难。

【原文】

经　赤归于曹。郭公。

【译文】

赤回到曹国。赤就是曹郭公。

【原文】

传　赤盖郭公也，何为名也？礼，诸侯无外归之义，外归，非正也。

【译文】

赤大概就是郭公。为什么称他名？按照礼制，诸侯没有依附于外国的道理，依附外国是不对的。

庄公二十五年(公元前六百六十九年)

【原文】

经　二十有五年春，陈侯使女叔来聘。

【译文】

庄公二十五年春季，陈侯派遣大夫女叔来鲁国问候。

【原文】

传　其不名何也？天子之命大夫也。

【译文】

为什么不记载他的名？因为是由天子任命加封的大夫。

【原文】

经　夏，五月，癸丑，卫侯朔卒。

【译文】

夏天，五月癸丑这天，卫惠公朔去世。

【原文】

经　六月，辛未，朔，日有食之。

【译文】

六月辛未日，是初一，发生日食。

【原文】

传　言日言朔，食正朔也。鼓，用牲于社。鼓，礼也。用牲，非礼也。天子救日，置五麾，陈五兵五鼓。诸侯置三麾，陈三鼓三兵。大夫击门，士击柝，言充其阳也。

【译文】

经文记日子记朔，证明日食正发生在朔日。敲鼓、杀牲祭土神。敲鼓，符合礼。用牲畜祭祀社神就不合礼了。天子举行救日仪式，立五面旌旗，陈列五种兵器，击五色鼓。诸侯立三面旌旗，陈列三种兵器、敲三色鼓。大夫救日头时敲击门扉，士人敲梆子。说是用这些充实阳气。

【原文】

经　伯姬归于杞。

【译文】

伯姬嫁到杞国。

【原文】

传　其不言逆何也？逆之道微，无足道焉尔。

【译文】

为什么没有提迎娶的人？迎娶的人说起来官位不尊重，不值得说罢了。

【原文】

经　秋，大水。鼓、用牲于社、于门。

【译文】

秋天，发生大水灾，在土地庙，在国都门口，击鼓、杀牲祭祀。

【原文】

传　高下有水灾曰大水。既戒鼓而骇众，用牲可以已矣。救日以鼓兵，救水以鼓众。

【译文】

高原和平地都有水灾叫大水。为警戒，击鼓惊起众人，好避开大水，杀牲祭祀仪式就不必了。用敲鼓敲兵器举行救日头仪式，用敲鼓聚集民众救水。

【原文】

经　冬，公子友如陈。

【译文】

冬季公子友前往陈国。

庄公二十六年（公元前六百六十八年）

【原文】

经　二十有六年春，公伐戎。

【译文】

庄公二十六年春天，庄公讨伐戎人。

【原文】

经　夏，公至自伐戎。

【译文】

夏天，庄公讨伐戎回国，行告祭祖庙之礼。

【原文】

经　曹杀其大夫。

【译文】

曹国杀了自己国家的大夫。

【原文】

传　言大夫而不称名姓，无命大夫也。无命大夫而曰大夫，贤也。为曹羁，崇也。

【译文】

称大夫不称姓名，是因为此人没得到天子加封的大夫。没得加封的大夫却称大夫，

是因为他贤德惠明。这样做是因为尊崇曹羁。

【原文】

经　秋,公会宋人、齐人伐徐。

【译文】

秋天,庄公会同宋国、齐国攻打徐国。

【原文】

经　冬,十有二月,癸亥,朔,日有食之。

【译文】

冬季,十二月癸亥这一天,初一,发生日食。

庄公二十七年(公元前六百六十七年)

【原文】

经　二十有七年春,公会杞伯姬于洮。

【译文】

庄公二十七年春天,庄公在洮地和嫁往杞国的伯姬会面。

【原文】

经　夏,六月,公会齐侯、宋公、陈侯、郑伯,同盟于幽。

【译文】

夏季,六月,庄公在幽地跟齐侯、宋公、陈侯、郑伯举行盟会。

【原文】

传　同者,有同也,同尊周也。于是而后授之诸侯也。其授之诸侯何也?齐侯得众也。桓会不致,安之也。桓盟不日,信之也。信其信,仁其仁。衣裳之会十有一,未尝有歃血之盟也,信厚也。兵车之会四,未尝有大战也,爱民也。

【译文】

用同字,表示有共同目的的意思。齐桓公率领诸侯共同尊奉周王室。这之后得到了诸侯盟主的称号。这是为什么?齐侯得到众诸侯拥戴。桓公会盟不必举行祭告祖庙活动,大家感到安全。桓公会盟不必记载日期,大家讲诚信。相信桓公的真诚,感戴桓公的仁德。齐桓公主持的衣裳之会十一次,没有歃血结盟,因为纯粹真诚。齐桓公主持兵车

之会四次，没有打过大战，因为爱戴百姓。

【原文】

经　秋，公子友如陈，葬原仲。

【译文】

秋季，公子友前往陈国，安葬原仲。

【原文】

传　言葬不言卒，不葬者也。不葬而曰葬，讳出奔也。

【译文】

记安葬日期没记死之日期，是因为（对外国大夫）不应当被记安葬。不该记安葬却记了，是避讳说鲁公子外出逃亡。

【原文】

经　冬，杞伯姬来。

【译文】

冬天，嫁到杞国的伯姬来到鲁国。

【原文】

经　莒庆来逆叔姬。

【译文】

莒国大夫庆来鲁国迎娶叔姬。

【原文】

传　诸侯之嫁子于大夫，主大夫以与之。来者接内也。不正其接内，故不与夫妇之称也。

【译文】

诸侯嫁女给其他诸侯国的大夫，要由主婚大夫把嫁女送到边境。迎亲的人前往鲁国迎娶，这是不符合礼制的，所以记述不以夫妇称呼。

【原文】

经　杞伯来朝。

【译文】

杞国国君来鲁朝会。

【原文】

经　公会齐侯于城濮。

【译文】

庄公在濮这个地方与齐侯会面。

庄公二十八年(公元前六百六十六年)

【原文】

经　二十有八年春,王三月,甲寅,齐人伐卫,卫人及齐人战,卫人败绩。

【译文】

庄公二十八年春天,周历三月,甲寅这一天,齐国讨伐卫国,齐卫双方交战,卫国被打败了。

【原文】

传　于战与伐,安战也?战卫。战则是师也,其曰人何也?微之也。何为微之也?

今授之诸侯,而后有侵伐之事,故微之也。其人卫何也?以其人齐,不可不人卫也。卫小齐大,其以卫及之何也?以其微之,可以言及也。其称人以败何也?不以师败于人也。

【译文】

攻伐与作战在什么地方?在卫国作战。作战就是军队,为什么称人呢?表示鄙视齐国。为什么要轻视齐国呢?

给了齐国诸侯之长的称号,随后就有齐国攻伐侵略别国的事,所以要对他表示轻视。为什么对卫国称人?因为称齐人,就不能不称卫人。卫国弱小齐国强大,那为什么记卫人及齐人?因为鄙视齐国,可以记"及齐人"。败了称人是为什么?不愿说军队被人打败,(所以败了不称师)。

【原文】

经　夏,丁未,邾子琐卒。

【译文】

夏天,四月的丁未这天,邾国国君子琐去世。

【原文】

经　秋,荆伐郑。公会齐人、宋人救郑。

【译文】

秋季，楚国攻打郑国，庄公会同齐国、宋国出兵援救郑国。

【原文】

传 荆者，楚也。其曰荆，州举之也。善救郑也。

【译文】

所谓荆就是楚国。称楚国为荆，是用州名直接称呼它。出兵援救郑国是好事。

【原文】

经 冬，筑微。

【译文】

冬季，在微地修筑城墙。

【原文】

传 山林薮泽之利，所以与民共也。虞之，非正也。

【译文】

山林湖泽中的物产，要跟民众同享用。设置专门的官员进行看管是不对的。

【原文】

经 大无麦、禾。臧孙辰告籴于齐。

【译文】

麦子与稻子严重歉收没有粮食。臧孙辰到齐国借粮。

【原文】

传 大者，有顾之辞也。于无禾及无麦也。国无三年之畜，曰国非其国也。一年不升，告籴诸侯。告，请也。籴，籴也，不正。故举臧孙辰以为私行也。国无九年之畜，曰不足。无六年之畜，曰急。无三年之畜，曰国非其国也。诸侯无粟，诸侯相归粟，正也。臧孙辰告籴于齐，告然后与之，言内之无外交也。古者税什一，丰年补败，不外求而上下皆足也。虽累凶年，民弗病也。一年不艾而百姓饥，君子非之。不言如，为内讳也。

【译文】

大是有所等待的意思。没有长苗，没收到麦子。一个国家如果没有三年的储备粮，就可以说不称其为国了。（鲁国）一年没有收成，就向诸侯请求借粮。告是请求的意思。籴是买粮的意思。这是不符合正道的。所以经文记臧孙辰以私人身份活动。如果一个国家没有九年的储备粮，叫不足。没有六年储备粮，叫危急。没有三年储备粮，就可以说

不叫个国家了。诸侯没有粮食,别的诸侯就馈赠给它粮,这是合礼的。臧孙辰向齐国请求借粮,然后齐国才给,这是说鲁国平素没搞好外交关系。古时抽十分之一的农业税,用丰年弥补饥荒之年,不必向外求助,上上下下就足够了。即使接连续荒年,百姓也不会因此受到困扰。(如今鲁国)一年歉收百姓就挨饿,君子认为这不对。经文不用"如"字,是避讳说鲁国到外国求救。

庄公二十九年(公元前六百六十五年)

【原文】

经　二十九年春,新延厩。

【译文】

庄公二十九年春季,翻盖新马厩。

【原文】

传　延厩者,法厩也。其言新,有故也。有故,则何为书也?古之君人者,必时视民之所勤。民勤于力,则功筑罕。民勤于财,则贡赋少。民勤于食,则百事废矣。冬,筑微。春,新延厩,以其用民力为已悉矣。

【译文】

延厩,是按规定建造的马棚。称其新,表明原来是旧的。有旧马棚,为什么这次还记?古时的人君,一定时时关注百姓的忧患。百姓在劳役上太苦了,就减少修筑之类的事。百姓在钱财方面太苦,就少收贡品和赋税。百姓在粮食的方面太苦,就废除一些礼仪。去年冬天,修微城。今春,盖新马棚,为此民力已经到精疲力尽的地步了。

【原文】

经　夏,郑人侵许。

【译文】

夏季,郑国侵犯许国。

【原文】

经　秋,有蜚。

【译文】

秋季,出现了蜚虫。

【原文】

传　一有一亡曰有。

【译文】

对时有时无的才强调有。

【原文】

经　冬，十有二月，纪叔姬卒。

【译文】

冬天，十二月，纪叔姬故去了。

【原文】

经　城诸及防。

【译文】

在诸邑和防邑两地修缮城墙。

【原文】

传　可城也，以大及小也。

【译文】

（在冬季）可以修筑城邑，因为在农事完毕之后，可以由大邑到小邑依次进行。

庄公三十年（公元前六百六十四年）

【原文】

经　三十年春，王正月。

【译文】

庄公三十年春季，周历正月。

【原文】

经　夏，师次于成。

【译文】

夏季，军队在成这个地方驻扎。

【原文】

传　次，止也，有畏也，欲救鄣而不能也。不言公，耻不能救鄣也。

【译文】

次是驻扎多天的意思,因为鲁国军队有所畏惧,想要援救郚邑却又不敢前去。没有提庄公,是为他不能援救郚邑而感到耻辱。

【原文】

经　秋,七月,齐人降鄣。

【译文】

秋季七月,齐国攻下了鄣城。

【原文】

传　降犹下也。鄣,纪之遗邑也。

【译文】

降,就是攻下的意思。鄣是纪国灭亡后保留下的城邑。

【原文】

经　八月,癸亥,葬纪叔姬。

【译文】

八月癸亥这一天安葬纪叔姬。

【原文】

传　不日卒而日葬,闵纪之亡也。

【译文】

没有记载(叔姬)死的具体日期,却记下安葬日期,是哀怜纪国的灭亡。

【原文】

经　九月,庚午,朔,日有食之,鼓、用牲于社。

【译文】

九月庚午这一天,初一,发生了日食。在土地庙里击鼓、杀牲祭神。

【原文】

经　冬,公及齐侯遇于鲁济。

【译文】

冬季,庄公跟齐侯在济水流经鲁国的地方临时会见。

【原文】

传　及者,内为志焉尔。遇者,志相得也。

【译文】

用及字,表示这次会见是出自鲁公的意愿。用遇字,表示双方心意相投,志趣一致。

【原文】

经　齐人伐山戎。

【译文】

齐国讨伐山戎。

【原文】

传　齐人者,齐侯也。其曰人何也?爱齐侯乎?山戎也。其爱之何也?桓内无因国,外无从诸侯,而越千里之险,北伐山戎,危之也。则非之乎?善之也。何善乎尔?燕,周之分子也。贡职不至,山戎为之伐矣。

【译文】

齐人指的是齐桓公。为什么称齐人呢?是爱怜他吗?在伐山戎这件事上,为什么爱怜他呢?桓公这次战役中,没有国家向他提供山戎内部的情况,外边也没有跟随他攻伐的,独自越过千里艰险,往北讨伐山戎,是很难的。那么,非难他吗?是因为认为他做得好。为什么说他做得好?燕是周的后裔建立的,山戎不向它纳贡称臣。山戎应该被齐国讨伐。

庄公三十一年(公元前六百六十三年)

【原文】

经　三十有一年春,筑台于郎。

【译文】

庄公三十一年春天,在郎地建造高台。

【原文】

经　夏,四月,薛伯卒。

【译文】

夏季,四月,薛国国君去世。

【原文】

经 筑台于薛。

【译文】

在薛地建造高台。

【原文】

经 六月，齐侯来献戎捷。

【译文】

六月，齐侯献上讨伐山戎俘获的战利品给鲁君。

【原文】

传 齐侯来献捷者，内齐侯也，不言使。内与同，不言使也。献戎捷。军得曰捷，戎菽也。

【译文】

齐桓公来鲁国献战利品，把齐侯看作是鲁国内部人，不用“使”字。对内部同一国的人，不用“使”字。献上攻伐山戎所俘获的战利品。打仗获得的叫战利品。（这次送来的）是胡豆。

【原文】

经 秋，筑台于秦。

【译文】

秋季，在秦地修建高台。

【原文】

传 不正。罢民三时，虞山林薮泽之利。且财尽则怨，力尽则对，君子危之，故谨而志之也。或曰，倚诸桓也，桓外无诸侯之变，内无国事，越千里之险，北伐山戎，为燕辟地。鲁外无诸侯之变，内无国事，一年罢民三时，虞山林薮泽之利。恶内也。

【译文】

（在秦地修高台）是不对的。一年三季让民疲惫地服劳役，又独享山林湖泽的物产。况且财货搜刮殆尽了，百姓会产生怨恨，体力用尽也会生愤，君子认为这很危险，所以郑重地记下这些事。有人说，鲁国靠拢齐国，齐桓公外没有诸侯骚扰，国内也太平无事，越过千里险途，往北讨伐山戎，为燕国开辟土地。而鲁国外边也没有诸侯骚扰，内部太平无事，一年三季让百姓疲惫不堪，还独享山林湖泽的物产。厌恶庄公呵。

【原文】

经　冬，不雨。

【译文】

冬季不下雨。

庄公三十二年（公元前六百六十二年）

【原文】

经　三十有二年春，城小穀。

【译文】

庄公三十二年春天，在小穀修建城墙。

【原文】

经　夏，宋公、齐侯遇于梁丘。

【译文】

夏季，宋公和齐侯在梁丘相遇。

【原文】

传　遇者，志相得也。梁丘在曹邾之间，去齐八百里，非不能从诸侯而往也。辞所遇，遇所不遇，大桓公也。

【译文】

遇字的意思，表示双方意见一致。梁丘在曹国和邾国中间，距离齐国八百里之遥。桓公不是不能让诸侯随同他前往。他辞谢了途中会面的，会见了宋公。因为齐桓公是诸侯的首领。

【原文】

经　秋，七月，癸巳，公子牙卒。

【译文】

秋天，七月癸巳这一天，公子牙故去了。

【原文】

经　八月，癸亥，公薨于路寝。

【译文】

八月癸亥日，庄公逝世于正寝。

【原文】

传　路寝，正寝也。寝疾居正寝，正也。男子不绝于妇人之手，以斋终也。

【译文】

路寝就是天子的正寝。天子病危时睡在正寝是对的。男人不能死于女色，要在身心洁净无暇情况下而死。

【原文】

经　冬，十月，乙未，子般卒。

【译文】

冬季的十月乙未这一天，太子子般去世。

【原文】

传　子卒日，正也。不日，故也，有所见则日。

【译文】

太子子般死了记日期是正确的。不记是发生了变故。这次为了有所显示就记载了日期。

【原文】

经　公子庆父如齐。

【译文】

公子庆父到达齐国。

【原文】

传　此奔也。其曰如何也？讳莫如深。深则隐。苟有所见，莫如深也。

【译文】

这是逃亡。为什么用“如”字？因为没有什么忌讳像这么严重。大就令人悲痛。如果有人看到这件事，（就知道）没有什么能比得上这么重大呵。

【原文】

经　狄伐邢。

【译文】

狄人讨伐邢国。

闵公元年(公元前六百六十一年)

【原文】

经　元年春,王正月。

【译文】

鲁闵公元年春天,周历正月。

【原文】

传　继弑君不言即位,正也。亲之非父也,尊之非君也,继之如君父也者,受国焉尔。

【译文】

继承被杀君王的王位,不记载举行即位典礼,是对的。论亲属关系,子般不是父,论尊卑关系,子般不是正式国君。闵公继承他就像继承父位君位一样,因为从他那接受了国家权力。

【原文】

经　齐人救邢。

【译文】

齐国救助邢国。

【原文】

传　善救邢也。

【译文】

认为齐桓公救助邢国是值得称赞的。

【原文】

经　夏,六月,辛酉,葬我君庄公。

【译文】

夏季的六月,辛酉这一天安葬鲁庄公。

【原文】

传　庄公葬而后举谥,谥所以成德也。于卒事乎加之矣。

【译文】

安葬庄公后才制定他的谥号，用来表彰他生平的功德。谥号是办完丧事之后追加的。

【原文】

经　秋，八月，公及齐侯盟于洛姑。季子来归。

【译文】

秋季，八月，闵公跟齐侯在洛姑会见，季子回鲁国。

【原文】

传　盟纳季子也。其曰季子，贵之也。其曰来归，喜之也。

【译文】

齐鲁结盟要接纳季子返回鲁。称季子是尊敬他。说来归，是他回国感到高兴。

【原文】

经　齐仲孙来。

【译文】

齐仲孙来鲁国。

【原文】

传　其曰齐仲孙，外之也。其不目而曰仲孙，疏之也。其言齐，以累桓也。

【译文】

称他齐仲孙，是把他排斥鲁国之外。不把他看作公子，而称他仲孙，是疏远他。用“齐”字，表示要通过此事来责备齐桓公。

闵公二年（公元前六百六十年）

【原文】

经　二年春，王正月，齐人迁阳。

【译文】

闵公二年春天，周历正月，齐国让阳国人迁走。

【原文】

经　夏，五月，乙酉，吉禘于庄公。

【译文】

鲁闵公

夏天，五月乙酉这一天，给庄公举行吉利的大祭。

【原文】

传　吉禘者，不吉者也。丧事未毕而举吉祭，故非之。

【译文】

吉利的大祭，就是还不到举行吉祭的时候，是因为丧事没完就举行大祭，所以指责这做法。

【原文】

经　秋，八月，辛丑，公薨。

【译文】

秋天，八月的辛丑日，闵公去世。

【原文】

传　不地，故也。其不书葬，不以讨母葬子也。

【译文】

没有记载闵公死的地点，是有缘故的。也不记载安葬，因为不能一边声讨母亲，一边安葬儿子。

【原文】

经　九月，夫人姜氏孙于邾。

【译文】

九月，夫人姜氏逃遁到邾国。

【原文】

传　孙之为言逊也，讳奔也。

【译文】

孙就是逊让的意思，忌讳用奔字是隐讳她逃遁国外。

【原文】

经　公子庆父出奔莒。

【译文】

公子庆父出逃到莒国避难。

【原文】

传 其曰出,绝之也,庆父不复见矣。

【译文】

说出奔,是表明永绝之义,表示他再不能回到鲁国了。

【原文】

经 冬,齐高子来盟。

【译文】

冬季,齐国高子来鲁国会盟。

【原文】

传 其曰来,喜之也。其曰高子,贵之也,盟立僖公也。不言使何也?不以齐侯使高子也。

【译文】

说来,是感到高兴的意思。称高子,是表示尊重他,因为来会盟,商定立僖公为国君的事。为什么不称他使臣?他是自己来,不是齐侯所派。

【原文】

经 十有二月,狄入卫。

【译文】

十二月,狄人进入卫国。

【原文】

经 郑弃其师。

【译文】

郑国抛弃了自己的军队。

【原文】

传 恶其长也,兼不反其众,则是弃其师也。

【译文】

厌弃那时间太长久,不让兵众返回都城,这就等于抛弃了自己的军队。

僖公卷第七(起元年尽五年)

僖公元年(公元前六百五十九年)

【原文】

经　元年春,王正月。

【译文】

僖公元年春季,周历正月。

【原文】

传　继弑君不言即位,正也。

【译文】

继承被杀害的国君的君位,不记载举行即位典礼,是对的。

【原文】

经　齐师、宋师、曹师次于聂北,救邢。

【译文】

齐军、宋军、曹军驻扎在聂北这个地方,援救邢国。

【原文】

传　救不言次,言次,非救也。非救而曰救何也?遂齐侯之意也。是齐侯与?齐侯也。何用见其是齐侯也?曹无师,曹师者,曹伯也。其不言曹伯何也?以其不言齐侯,不可言曹伯也。其不言齐侯何也?以其不足乎扬,不言齐侯也。

【译文】

说救就不能说驻扎,说驻扎,就不是援救。不是援救为什么说救?是顺应齐侯的心意。这次是齐侯率军吗?是齐侯。怎么看出是齐侯?曹国没有军队,曹师是指曹伯。为什么不称曹伯?因为也没称齐侯,就不能称曹伯。为什么不称齐侯?因为援救齐国不值得称赞宣扬,所以不称齐侯。

【原文】

经　夏,六月,刑迁于夷仪。

【译文】

夏季,六月,邢国迁到夷仪这个地方。

【原文】

传　迁者,犹得其国家以往者也。其地,邢复见也。

【译文】

迁,好像是得到了国家往那去的意思。记载迁往的地方,表示邢国又重新恢复了。

【原文】

经　齐师、宋师、曹师城邢。

【译文】

齐军、宋军、曹军帮助邢国修筑城墙。

【原文】

传　是向之师也。使之如改事然,美齐侯之功也。

【译文】

这些就是先前驻扎在聂北救援邢国的三国军队,让他们改做筑城的事。(记载下来)是赞美齐侯的功绩。

【原文】

经　秋,七月,戊辰,夫人姜氏薨于夷,齐人以归。

【译文】

秋季,七月戊辰这天,夫人姜氏死于夷地,齐国把它带回自己的国家。

【原文】

传　夫人薨不地。地,故也。不言以丧归,非以丧归也,加丧焉。讳以夫人归也,其以归,薨之也。

【译文】

诸侯夫人死不记载地点,这次记夷地是有缘故的。不说把遗体送回国都,因为没把遗体送回国,是接哀姜回齐国,然后杀死的。忌讳齐人把夫人的遗体带回国。回国后杀死的。

【原文】

经　楚人伐郑。

【译文】

楚国攻打郑国。

【原文】

经　八月,公会齐侯、宋公、郑伯、邾人于柽。

【译文】

八月,僖公和齐侯、宋公、郑伯、邾人在柽地举行盟会。

【原文】

经　九月,公败邾师于偃。

【译文】

九月,僖公在偃地攻败了邾国军队。

【原文】

传　不日,疑战也。疑战而曰败,胜内也。

【译文】

不记载双方交战的日期,因为是没有确定日期的作战。疑战仍然说败,确实鲁国取胜了。

【原文】

经　十月,壬午,公子友帅师败莒师于丽,获莒挐。

【译文】

十月壬午日,公子季友率兵在丽地大胜莒国军队,活捉了莒挐。

【原文】

传　莒无大夫,其曰莒挐何也?以吾获之目之也。内不言获,此其言获何也?恶公子之绐。绐者奈何?公子友谓莒挐曰:"吾二人不相说,士卒何罪?"屏左右而相搏。公子友处下,左右曰:"孟劳。"孟劳者,鲁之宝刀也。公子友以杀之。然则何以恶乎绐也?曰弃师之道也。

【译文】

莒国没有天子正式命封大夫。为什么称他莒挐?是从我们鲁国俘获他的角度来看他。鲁国征战不记俘获,这次为什么记?是憎恨公子友的欺诈行为。怎么欺诈?公子友对莒挐说:"我二人打仗,士卒有什么罪?"就叫左右随从退下。二人搏斗,公子友处于下风。身边的人说:"孟劳。"孟劳是鲁国的宝刀。公子友用这把宝刀杀死莒挐。如此,那么

为什么厌恶欺骗呢？说是违背了打仗的套路。

【原文】

经　十有二月，丁巳，夫人氏之丧至自齐。

【译文】

十二月丁巳这天，夫人姜氏的遗体运回齐国。

【原文】

传　其不言姜，以其杀二子，贬之也。或曰："为齐桓讳杀同姓也。"

【译文】

不用姜字，是因为姜氏杀了两个儿子，（不称她的姓）为贬斥她。还有的人说，是隐瞒说齐桓公杀了同姓姊妹的行为。

僖公二年（公元前六百五十八年）

【原文】

经　二年春，王正月，城楚丘。

【译文】

僖公二年春天，周王的正月，在楚丘修缮城墙。

【原文】

传　楚丘者何？卫邑也。国而曰城，此邑也，其曰城何也？封卫也。则其不言城卫何也？卫未迁也。其不言卫之迁焉何也？不与齐侯专封也。其言城之者，专辞也。故非天子不得专封诸侯，诸侯不得专封诸侯。虽通其仁，以义而不与也。故曰，仁不胜道。

【译文】

楚丘是什么？是卫国的一个小城。对国家来说是修城，这是小邑，怎么说修城呢？是把卫国重新建在那里。那为啥不说在卫修城？卫国并没有迁移。为什么不说卫国迁移？不赞许齐桓公擅自封诸侯。说修城，是擅自的意思。不是天子不能擅自分封诸侯，诸侯不能擅自分封其他的诸侯。（齐桓公）即使有仁爱之心，根据义就不赞许他的做法。所以说，行仁不能违背道义和礼法。

【原文】

经　夏，五月，辛巳，葬我小君哀姜。

【译文】

夏天，五月的辛巳日，安葬君夫人哀姜。

【原文】

经 虞师、晋师灭夏阳。

【译文】

虞军和晋军灭了虢国的夏阳。

【原文】

传 非国而曰灭，重夏阳也。虞无师，其曰师何也？以其先晋，不可以不言师也。其先者何也？为主乎灭夏阳也。夏阳者，虞虢之塞邑也，灭夏阳而虞虢举矣。虞之为主乎灭夏阳何也？晋献公欲伐虢，荀息曰："君何不以屈产之乘，垂棘之璧而借道乎虞乎？"公曰："此晋国之宝也。如受吾币而不借吾道，则如之何？"荀息曰："以小国之所以事大国也。彼不借吾道，必不敢受吾币。如受吾币而借吾道，则是我取之中府而藏之外府，取之中厩而置之外厩也。"公曰："宫之奇存焉，必不使受之也。"荀息曰："宫之奇之为人也，达心而懦，又少长于君。达心则其言略，懦则不能强谏，少长于君，则君轻之。且夫玩好在耳目之前，而患在一国之后，此中知以上乃能虑之。臣料虞君，中知以下也。"公遂借道而伐虢。宫之奇谏曰："晋国之使者，其辞卑而币重，必不便于虞。"虞公弗听，遂受其币而借之道。宫之奇谏曰："语曰'唇亡则齿寒'，其斯之谓与。"挈其妻子以奔曹。献公亡虢，五年而后举虞。荀息牵马操璧而前曰："璧则犹是也，而马齿加长矣。"

【译文】

所灭的不是国家而称灭，是认为夏阳比较重要。虞国没有军队（攻打夏阳），为什么称虞师？因为它排在晋师之先，所以不能不称虞师。为什么排在晋师前边？因为它是灭夏阳的主要军队。夏阳，是虞虢交界处的一座城。夏阳被灭后，虞虢二国也就被攻克了。为什么说虞是灭夏阳的主要因素？晋献公准备攻打虢国。荀息说："国君为什么不用屈地的马和垂棘的玉向虞国借道？"献公说："这些是我们晋国的宝物。如果虞接受了礼物，却不借给我们道，那怎么办？"荀息说："这有个小国供奉大国的道理。它不借给我们道，肯定不能接受我们的礼物。如果接受了我们的礼物，借给我们道，这就像我们从国内的府库取出璧玉，放到国外的府库，从国内马棚牵出良马，放到国外马棚一样。"晋献公说："宫之奇在虞国。"荀息说："宫之奇这个人，心性明达，可是懦弱，又和国君从小在一起，一块长大。心性明达说话就简约；性格懦弱就不能坚决进谏；从小和君王一起长大，君王就会轻视他。再说好东西就放在眼前，祸患是以后的事，这种情况，中等智慧以上的人才能考虑周全。我估计虞君是中等智慧以下的人。"献公借道攻打虢国。宫之奇劝谏虞公说：

“晋国派来的使臣，言语谦卑，可带的礼物厚重，这肯定对虞国不利。”虞公不听，接受了礼物，借路给晋国。宫之奇又劝谏说：“俗话说‘唇亡齿寒’，指的就是这种情况呵。”他带着妻子儿女逃到曹国避难。晋献公灭了虢国，五年后又占领了虞国。荀息牵着良马，拿着璧玉走到献公面前说：“璧玉还是这样子，马的年龄却增长了。”

【原文】

经 秋，九月，齐侯、宋公、江人、黄人盟于贯。

【译文】

秋季，九月，齐侯和宋公、江、黄二国国君在贯地缔结盟约。

【原文】

传 贯之盟，不期而至者江人黄人也。江人黄人者，远国之辞也。中国称齐宋，远国称江黄，以为诸侯皆来至也。

【译文】

贯地举行的盟会，没约请就来的是江人黄人。记载江黄，表示边远国家参加了。中原一带的诸侯只举齐宋，边远的举出江黄二国，以此表示诸侯来参加盟会了。

【原文】

经 冬，十月，不雨。

【译文】

冬天，十月，没下雨。

【原文】

传 不雨者，勤雨也。

【译文】

记“不雨”，表示殷切祈望下雨的意思。

【原文】

经 楚人侵郑。

【译文】

楚国侵犯郑国。

僖公三年(公元前六百五十七年)

【原文】

经 三年春,王正月,不雨。

【译文】

僖公三年春季,周历正月,没下雨。

【原文】

传 不雨者,勤雨也。

【译文】

记“不雨”,是迫切祈望下雨的意思。

【原文】

经 夏,四月,不雨。

【译文】

夏季四月,没下雨。

【原文】

传 一时言不雨者,闵雨也。闵雨者,有志乎民者也。

【译文】

记载一个季节不下雨,这是为缺雨而担忧哪。为缺雨而忧心,是体恤民情呵。

【原文】

经 徐人取舒。

【译文】

徐国攻取了舒国的土地。

【原文】

经 六月,雨。

【译文】

六月,下雨。

【原文】

传 雨云者,喜雨也。喜雨者,有志乎民者也。

【译文】

记下“雨”，是表示得雨而感到高兴。为下雨而心喜，是体恤民情呵。

【原文】

经　秋，齐侯、宋公、江人、黄人会于阳谷。

【译文】

秋天，齐侯、宋公和江、黄二国国君在阳谷这个地方会面。

【原文】

传　阳谷之会，桓公委端搢笏而朝诸侯。诸侯皆谕乎桓公之志。

【译文】

阳谷这次盟会，齐桓公身着礼服、头戴礼帽、手持笏板接受诸侯的朝拜。诸侯们都知晓他的志向。

【原文】

经　冬，公子季友如齐莅盟。

【译文】

冬季，公子季友到齐国参加事先约定的会盟。

【原文】

传　莅者位也。其不日，前定也。不言及者，以国与之也。不言其人，亦以国与之也。

【译文】

莅是临位的意思。不记会盟的日期，因为是先前约定的。不记“及”，因为是以鲁国的名义参加的，不记参加会盟的人，也因为是以本国的名义参加的。

【原文】

经　楚人伐郑。

【译文】

楚国讨伐郑国。

僖公四年(公元前六百五十六年)

【原文】

经　四年春,王正月,公会齐侯、宋公、陈侯、卫侯、郑伯、许男、曹伯侵蔡。蔡溃。遂伐楚,次于陉。

【译文】

僖公四年春天,周历正月,僖公会同齐宋陈卫郑许曹诸军进攻蔡国。蔡国溃败,于是就攻伐楚国,驻扎在陉地。

鲁僖公

【原文】

传　溃之为言上下不相得也。侵,浅事也。侵蔡而蔡溃。以桓公为知所侵也,不土其地,不分其民,明正也。遂,继事也,次,止也。

【译文】

溃是指君民上下心意不相互沟通。侵略,是规模较小的军事行动。齐侵蔡,蔡军溃败。因为桓公是为蔡姬侵犯蔡,不占领蔡的土地,不要蔡的百姓,是光明正大的行动。遂是承接下一事的词。次是停止驻留的意思。

【原文】

经　夏,许男新臣卒。

【译文】

夏季,许君新臣逝世。

【原文】

传　诸侯死于国,不地。死于外,地。死于师何为不地?内桓师。

【译文】

诸侯在国内去世,不记载死的地方。如果在国外去世,就记载死的地方。(许男)死在军旅中为什么不记载地点?是在桓公率领的军队中去世,把桓公的军队看作国内了。

【原文】

经　楚屈完来盟于师,盟于召陵。

【译文】

楚国的屈完来到军中谈判立盟的事,在召陵签订盟约。

【原文】

传 楚无大夫,其曰屈完何也?以其来会桓,成之为大夫也。其不言使,权在屈完也。则是正乎?曰非正也。以其来会诸侯,重之也。来者何?内桓师也。于师,前定也。于召陵,得志乎桓公也。得志者,不得志也,以桓公得志为仅矣。屈完曰:"大国之以兵向楚何也?"桓公曰:"昭王南征不反,菁茅之贡不至,故周室不祭。"屈完曰:"菁茅之贡不至,则诺。昭王南征不反,我将问诸江。"

【译文】

楚国没有(天子命封的)大夫。称他屈完是什么意思?因为他来和桓公会盟,把他视为大夫。不称他使臣,因为谈判大权在他这儿。那么,这对吗?不对。因为他来会盟诸侯,所以尊重他。来是什么意思?是把他视为桓公军队内的人。作战,是预先约定的。在召陵会盟,桓公达到了(一定的)目的。达到目的,(实际)是没达到目的,因为桓公仅达到了会盟议和一小部分目的。屈完说:"贵国为什么对楚用武力呢?"桓公说:"周昭王南行没返回,楚地的贡品菁茅草没有贡献,致使周王室不能祭神。"屈完说:"菁茅草不送到,就答应送上。昭王南行没返回,我们责问长江。"

【原文】

经 齐人执陈袁涛涂。

【译文】

齐国拘押陈国的袁涛涂。

【原文】

传 齐人者,齐侯也。其人之何也?于是哆然外齐侯也,不正其踰国而执也。

【译文】

齐人,指的是齐侯。为什么称他齐人?因为陈国人纷纷贬斥他,认为他越过国界抓人是不合于礼的。

【原文】

经 秋,及江人、黄人伐陈。

【译文】

秋天,鲁国和江、黄一起讨伐陈国。

【原文】

传　不言其人及之者何？内师也。

【译文】

为什么不说“及”字前是什么人？是鲁国军队。

【原文】

经　公至自伐楚。

【译文】

僖公从楚回国，向祖庙行告祭之礼。

【原文】

传　有二事偶，则以后事致。后事小，则以先事致。其以伐楚致，大伐楚也。

【译文】

有两件同等重要的事，就拿后一件告祭祖庙。如果后一件事不重要，就拿前一件事祭告祖庙。（僖公）拿讨伐楚这件事告祭祖庙，表示伐楚行动是大事。

【原文】

经　葬许穆公。

【译文】

安葬许穆公。

【原文】

经　冬，十有二月，公孙兹帅师会齐人、宋人、卫人、郑人、许人、曹人侵陈。

【译文】

冬天，十二月，公孙兹率领军队会合齐、宋、卫、郑、许、曹六国攻略陈国。

僖公五年（公元前六百五十五年）

【原文】

经　五年春，晋侯杀其世子申生。

【译文】

僖公五年春季，晋献公杀害了自己的太子申生。

【原文】

传　目晋侯斥杀,恶晋侯也。

【译文】

指斥晋侯杀害自己的太子,愤恨晋侯。

【原文】

经　杞伯姬来朝其子。

【译文】

杞伯姬回鲁,让自己儿子来鲁朝见僖公。

【原文】

传　妇人既嫁不逾竟,逾竟非礼也。诸侯相见曰朝。伯姬为志乎朝其子也。伯姬为志乎朝其子,则是杞伯失夫之道矣。诸侯相见曰朝,以待人父之道,待人之子,非正也。故曰,杞伯姬来朝其子,参讥也。

【译文】

女子已经出嫁,不能再随便走出国境,越境是违礼的。诸侯互相会见称作朝。伯姬想让儿子朝见鲁。让儿子朝鲁是伯姬的愿望,这就表明杞伯失去了为夫的职责。诸侯相见叫朝,(僖公)用招待杞伯之礼,招待他的儿子,是不合礼制的。所以说,记“杞伯姬来朝其子”讥刺了三个人。

【原文】

经　夏,公孙兹如牟。

【译文】

夏季,公孙兹前往牟国。

【原文】

经　公及齐侯、宋公、陈侯、卫侯、郑伯、许男、曹伯会王世子于首戴。

【译文】

僖公与齐侯、宋公、陈侯、卫侯、郑伯、许男、曹伯共同在首戴这个地方会见周王的太子。

【原文】

传　及以会,尊之也。何尊焉?王世子云者,唯王之贰也。云可以重之存焉,尊之也。何重焉?天子世子世天下也。

【译文】

经文用“及”和“会”，是尊重周王的太子。为什么尊敬他？周王世子的称呼，表示他是天子的继承人，应该重任他，尊重他。为什么重任他？天子的太子是要继承天下的人。

【原文】

经 秋，八月，诸侯盟于首戴。

【译文】

秋天，八月，诸侯在首戴订立盟约。

【原文】

传 无中事而复举诸侯何也？尊王世子，而不敢与盟也。尊则其不敢与盟何也？盟者，不相信也，故谨信也。不敢以所不信而加之尊者。桓，诸侯也，不能朝天子，是不臣也。王世子，子也，块然受诸侯之尊己，而立乎其位，是不子也。桓不臣，王世子不子，则其所善焉何也？是则变之正也。天子微，诸侯不享觐。桓控大国，扶小国，统诸侯不能以朝天子，亦不敢致天王，尊王世子于首戴，乃所以尊天王之命也。世子含王命会齐桓，亦所以尊天王之命也。世子受之可乎，是亦变之正也。天子微，诸侯不享觐，世子受诸侯之尊己，而天子尊矣，世子受之可也。

【译文】

会见与结盟中间没发生什么事，为什么记结盟时加上诸侯二字呢？是尊重周王太子，不敢记载太子参加结盟。为什么不敢记太子参加结盟？结盟，是因为互相不讲信用才慎重地签盟约束盟者守信。所以不敢让这种出于不信任的事加到尊者头上。齐桓公是诸侯，不朝见天子，也就不像是臣了。王世子，是周朝天子的儿子，安然地让诸侯拥戴自己，坐在尊位，这也就不像天子的儿子了。桓公不像臣，王太子不像太子，那么他们好在什么地方？这就是变通地看，他们又是对的。天子地位逐渐衰微，诸侯不进贡不朝拜。齐桓公控制大国，扶助小国，统率诸侯而不去朝拜天子，能在首戴尊敬周王太子，这也就是尊敬天子命令的一种方式。太子带着天子的命令会见桓公，这也是尊敬天子的命令一种方式。太子可以接受诸侯的尊崇，这也是变通地看，是对的。天子地位衰微，诸侯不纳贡、不朝拜，太子能受到诸侯的拥戴，也就等于天子受到尊崇了，所以太子接受诸侯的尊戴是允许的。

【原文】

经 郑伯逃归不盟。

【译文】

郑伯逃回国不参加诸侯之间的结盟。

【原文】

传 以其法诸侯,故逃之也。

【译文】

因为齐桓公用礼法控制诸侯,所以郑伯逃回国。

【原文】

经 楚人灭弦,弦子奔黄。

【译文】

楚国灭掉弦国,弦国国君出逃到黄国。

【原文】

传 弦,国也。其不日,微国也。

【译文】

弦是诸侯国名,没提它,因为是小国。

【原文】

经 九月,戊申,朔,日有食之。

【译文】

九月,戊申这天,初一,发生日食。

【原文】

经 冬,晋人执虞公。

【译文】

冬天,晋国抓获虞国国君。

【原文】

传 执不言所于地,缊于晋也。其曰公何也?犹曰其下执之之辞也。其犹下执之之辞何也?晋命行乎虞民矣。虞虢之相救,非相为赐也。今日亡虢而明日亡虞矣。

【译文】

抓人不记所在地点,因为包容在晋国境内了。称虞公是什么意思?像是说他的下臣抓住他。为什么像是他的下臣抓住他?是晋国命令虞人抓的。虞虢两国互相救助,其实谁也没给谁好处,今天虢国灭亡,第二天虞国也灭亡了。

僖公卷第八(起六年尽十八年)

僖公六年(公元前六百五十四年)

【原文】

经　六年春,王正月。

【译文】

僖公六年春季,周历正月。

【原文】

经　夏,公会齐侯、宋公、陈侯、卫侯、曹伯伐郑,围新城。

【译文】

夏天,僖公会同齐侯、宋公、陈侯、卫侯、曹伯讨伐郑国,围攻新城。

【原文】

传　伐国不言围邑,此其言围何也?病郑也,著郑伯之罪也。

【译文】

攻伐别国,不记包围了城邑。这次为什么记围攻新城?是对郑国不满,显露郑伯的罪过。

【原文】

经　秋,楚人围许,诸侯遂救许。

【译文】

秋天,楚国包围许国,诸侯们出兵援救许国。

【原文】

传　善救许也。

【译文】

称赞救许的办法好。

【原文】

经　冬,公至自伐郑。

【译文】

冬天,僖公从伐郑前线回国,行告祭祖庙之礼。

【原文】

传　其不以救许致何也?大救郑也。

【译文】

为什么不拿援救许这件事祭祖?因为讨伐郑是大事。

僖公七年(公元前六百五十三年)

【原文】

经　七年春,齐人伐郑。

【译文】

七年春天,齐国进攻郑国。

【原文】

经　夏,小邾子来朝。

【译文】

夏季,小邾子来朝访鲁公。

【原文】

经　郑杀其大夫申侯。

【译文】

郑国杀害了自己的大夫申侯。

【原文】

传　称国以杀大夫,杀无罪也。

【译文】

举出国名(郑),记载杀某某大夫,被杀的是无罪的人。

【原文】

经　秋,七月,公会齐侯、宋公、陈世子款、郑世子华盟于宁母。

【译文】

秋季,七月,僖公会同齐侯、宋公、陈国太子款、郑国太子华在宁母这个地方结盟。

【原文】

传 衣裳之会也。

【译文】

是友好性的盟会。

【原文】

经 曹伯班卒。

【译文】

曹伯班故去了。

【原文】

经 公子友如齐。

【译文】

公子友前往齐国。

【原文】

经 冬,葬曹昭公。

【译文】

冬天,安葬曹昭公。

僖公八年(公元前六百五十二年)

【原文】

经 八年春,王正月,公会王人、齐侯、宋公、卫侯、许男、曹伯、陈世子款盟于洮。郑伯乞盟。

【译文】

僖公八年春,周历正月,僖公会合周天子使臣、齐侯、宋公、卫侯、许男、曹伯、陈国太子款等人在洮地举行盟会,郑伯要求加盟。

【原文】

传 王人之先诸侯何也?贵王命也。朝服虽敝,必加于上。弁冕虽旧,必加于首。周室虽衰,必先诸侯。兵车之会也。以向之逃归乞之也。乞者,重辞也,重是盟也。乞者,处其所而请与之也。盖汋之也。

【译文】

周王的人为什么排在诸侯前面？是尊重天子的命令。朝服虽然破了，但也要穿在其他衣服的上面。帽子尽管旧了，也要戴在头上。周王朝势力虽然衰微，一定排在诸侯前面。这是兵车之会。郑伯因为以前逃避盟会回国，这次请求参加会盟。乞求，表示重视的意思，重视这次盟会。用乞字，表示郑伯在自己住处乞请参加。大概让他喝了血（同意他与盟）。

【原文】

经 夏，狄伐晋。

【译文】

夏季，狄人攻打晋国。

【原文】

经 秋，七月，禘于大庙，用致夫人。

【译文】

秋季七月，在周公太庙举行禘祭，僖公祭告祖庙，要把母亲由妾升为夫人。

【原文】

传 用者，不宜用者也。致者，不宜致者也。言夫人必以其氏姓。言夫人而不以氏姓，非夫人也，立妾之辞也，非正也。夫人之，我可以不夫人之乎？夫人卒葬之，我可以不卒葬之乎？一则以宗庙临之而后贬焉，一则以外之弗夫人而见正焉。

【译文】

用，是不该用的意思。告祖，是不该告祖的意思。称夫人一定要加上姓氏，不加上姓氏，就表明不是夫人，是立妾为夫人的意思，这不符合礼制。僖公把她当作夫人，记载时可以不称她为夫人吗？死了以夫人之礼安葬，记载时可以不如实吗？一是在祖庙前去掉夫人的姓氏，以贬斥她，一是其他国家不把她看作夫人事实是对的。

【原文】

经 冬，十有二月，丁未，天王崩。

【译文】

冬天，十二月丁未这天，周惠王驾崩。

僖公九年(公元前六百五十一年)

【原文】

经　九年春,王三月,丁丑,宋公御说卒。

【译文】

僖公九年春,周王的三月,丁丑日,宋桓公御说去世。

【原文】

经　夏,公会宰周公、齐侯、宋子、卫侯、郑伯、许男、曹伯于葵丘。

【译文】

夏天,僖公在葵丘与周朝太宰周公、齐侯、宋子、卫侯、郑伯、许男、曹伯盟见。

【原文】

传　天子之宰,通于四海。宋其称子何也?未葬之辞也。礼,柩在堂,孤无外事。今背殡而出会,以宋子为无哀也。

【译文】

天子的宰官,通达天下。为什么称宋君为宋子?因君父还没安葬。据礼制规定,父灵柩在停放堂(指没安葬),儿子不参与外事各种活动。现在宋子不顾灵柩外出开会,认为宋子对父亲的故去没有哀痛之情。

【原文】

经　秋,七月,乙酉,伯姬卒。

【译文】

秋天,七月的乙酉之日,伯姬逝世。

【原文】

传　内女也。未适人不卒,此何以卒也?许嫁笄而字之,死则以成人之丧治之。

【译文】

伯姬是鲁国姑娘。女子没出嫁死了不予记载是惯例,这次为什么记载?因为伯姬已经定婚,举行了成年之礼,称她的字了,死了就可以用成年人的丧礼办理丧事。

【原文】

经　九月,戊辰,诸侯盟于葵丘。

【译文】

九月戊辰这天,诸侯们在葵丘订立盟约。

【原文】

传　桓盟不日,此何以日?美之也。为见天子之禁,故备之也。葵丘之会,陈牲而不杀,读书加于牲上,壹明天子之禁。曰毋雍泉,毋讫籴,毋易树子,毋以妾为妻,毋使妇女与国事。

【译文】

齐桓公主持的会盟不记载确切日期,这次为什么记?是称赞他。他宣布天子的禁令,所以完备地记载下来。葵丘这次会,只把牛捆起来却不杀,宣读完盟辞放在牛身上。盟辞上写明天子的禁令,上边说:不许修筑堤防,不许阻止邻国来买粮,不许随意撤换太子,不许立妾为正妻,不许女人参与国事。

【原文】

经　甲子,晋侯诡诸卒。

【译文】

甲子日,晋献公诡诸故去了。

【原文】

经　冬,晋里克杀其君之子奚齐。

【译文】

冬季,晋国的里克杀死了自己国君的儿子奚齐。

【原文】

传　其君之子云者,国人不子也。国人不子何也?不正其杀世子申生而立之也。

【译文】

称他君王的儿子,是表明国人不把奚齐看作是晋国新君。为什么?认为他杀掉太子申生而改立奚齐是不对的。

僖公十年(公元前六百五十年)

【原文】

经　十年,春,王正月,公如齐。

【译文】

僖公十年春季，周历正月，僖公前往齐国。

【原文】

经　狄灭温，温子奔卫。

【译文】

狄人灭亡了温国，温子逃到卫国。

【原文】

经　晋里克杀其君卓及其大夫荀息。

【译文】

晋国的里克又杀了自己国君卓及其大夫荀息。

【原文】

传　以尊及卑也，荀息闲也。

【译文】

由尊者提及卑者，荀息与此件事无关。

【原文】

经　夏，齐侯、许男伐北戎。

【译文】

夏季，齐国和许国讨伐北戎。

【原文】

经　晋杀其大夫里克。

【译文】

晋国杀了自己的大夫里克。

【原文】

传　称国以杀，罪累上也。里克杀二君与一大夫，其以累上之辞言之何也？其杀之不以其罪也。其杀之不以其罪奈何？里克所为杀者，为重耳也。夷吾曰："是又将杀我乎，"故杀之，不以其罪也。其为重耳弑奈何？晋献公伐虢，得骊姬，献公私之，有二子，长曰奚齐，稚曰卓子。骊姬欲为乱，故谓君曰："吾夜梦夫人趋而来曰：'吾苦畏。'胡不使大夫将卫士而卫冢乎。"公曰："孰可使？"曰："臣莫尊于世子，则世子可。"故君谓世子曰：

“骊姬梦夫人趋而来曰：‘吾苦畏，’女其将卫士而往卫冢乎。”世子曰：“敬诺。”筑宫，宫成。骊姬又曰：“吾夜梦夫人趋而来曰：‘吾苦饥，’世子之宫已成，则何为不使祠也？”故献公谓世子曰：“其祠。”世子祠。已祠，致福于君。君田而不在。骊姬以酖为酒，药脯以毒。献公田来。骊姬曰：“世子已祠，故致福于君。”君将食，骊姬跪曰：“食自外来者，不可不试也。”覆酒于地而地坟，以脯与犬，犬死。骊姬下堂而啼，呼曰：“天乎！天乎！国，子之国也，子何迟于为君？”君喟然叹曰：“吾与女未有过切，是何与我之深也？”使人谓世子曰：“尔其图之。”世子之傅里克谓世子曰：“入自明。入自明，则可以生。不入自明，则不可以生。”世子曰：“吾君已老矣，已昏矣。吾若此而入自明，则骊姬必死，骊姬死，则吾君不安。所以使吾君不安者，吾不若自死。吾宁自杀以安吾君，以重耳为寄矣。”刎脰而死。故里克所为弑者，为重耳也。夷吾曰：“是又将杀我也。”

【译文】

举出国名说杀了某某，是涉及谁为君的问题。里克杀了两位国君和一位大夫，为什么说牵扯到君王？杀里克不是根据他有罪。怎么说杀他不是因为有罪？里克被杀，是为重耳缘故。夷吾说：“这人（指里克）又将杀我吧，”就杀了里克。不是因为他有罪。里克为重耳被杀是怎么回事？晋献公攻打虢国，得到骊姬，私自娶她为妾，生了两个儿子，长子的叫奚齐，幼子的叫卓子。骊姬想夺太子权，对献公说：“我夜里梦见夫人快步走到我跟前说：‘我怕得很。’为什么不派大夫带兵去守护坟墓？”公说：“谁可以派？”回答说：“没有哪个比太子地位尊贵，太子可以。”献公对太子说：“骊姬夜里梦见夫人快步来说：‘我怕得很，’你带兵去守墓吧。”太子说：“遵命。”建守墓住的房子，建好了。骊姬又说：“我夜里梦见夫人快步走来说：‘我饥饿得很，’何不派人去举行祭祀。”献公对太子说：“去祭祀。”太子祭祀完，把祭肉和酒送给父亲。献公打猎没在宫里。骊姬把毒酒掺入到酒里，肉里放上毒药。献公回来，骊姬说：“太子祭完了，把祭肉送给你。”献公刚要吃，骊姬跪下说道：“食物从外边拿来，不能不试试。”把酒倒在地，地鼓起来。把肉给狗吃，狗死了。骊姬走下堂号哭，喊道：“天哪！天哪！国是你太子的国，为什么晚一点儿当国君就这么样。”献公长叹道：“我对你从未有过责备，怎么对我的怨恨这么深呢！”派人对太子说：“你自己考虑吧。”太子的保傅里克对太子说：“进宫去，自己解释明白。说明白就可以免死，不说明白就得死。”太子说：“我们国君年岁老了，糊涂了。我进宫说明白，骊姬必死无疑。骊姬死，国君就不能安生。假如国君不得安生，我不如自己死。我宁自己死，来让国君安生。我把弟弟重耳拜托给你了。”割掉脑袋就死了，所以里克被杀害，是因为重耳。夷吾说：“这个人又要杀我。”

【原文】

经　秋，七月。

【译文】

秋季，七月。

【原文】

经　冬，大雨雪。

【译文】

冬季，下了大雪。

僖公十一年（公元前六百四十九年）

【原文】

经　十有一年春，晋杀其大夫丕郑父。

【译文】

僖公十一年春，晋国杀害了它的大夫丕郑父。

【原文】

传　称国以杀，罪累上也。

【译文】

提到国名说杀害某某，表明罪过牵扯到君王的问题。

【原文】

经　夏，公及夫人姜氏会齐侯于阳谷。

【译文】

夏天，僖公和夫人姜氏在阳谷与齐侯会面。

【原文】

经　秋，八月，大雩。

【译文】

秋季，八月，举行大规模的雩祭求雨。

【原文】

传　雩，月，正也。雩得雨曰雩，不得雨曰旱。

【译文】

为求雨举行祭祀，记下月份是符合礼制的。求雨得雨叫雩，求雨没得雨叫旱。

【原文】

经　冬,楚人伐黄。

【译文】

冬季,楚国讨伐黄国。

僖公十二年(公元前六百四十八年)

【原文】

经　十有二年春,王正月,庚午,日有食之。

【译文】

僖公十二年春,周历正月,庚午这天,出现日食。

【原文】

经　夏,楚人灭黄。

【译文】

夏天,楚国使黄国灭亡。

【原文】

传　贯之盟,管仲曰:"江黄远齐而近楚。楚,为利之国也。若伐而不能救,则无以宗诸侯矣。"桓公不听,遂与之盟。管仲死,楚伐江灭黄,桓公不能救,故君子闵之也。

【译文】

在贯地那次盟会上,管仲说:"江国黄国疏远齐国而靠近楚国。楚国是个贪利的国家。如果江黄被楚讨伐,我们却不能援的,那么就没有办法让诸侯尊崇我们了。"齐桓公不听,就和江国黄国签了盟约。管仲去世后,楚国攻打江国,消灭了黄国。桓公不能救助。所以君子让为桓公糊涂。

【原文】

经　秋,七月。

【译文】

秋季,七月。

【原文】

经　冬,十有二月,丁丑,陈侯杵臼卒。

【译文】

冬季，十二月丁丑这天，陈宣公逝世。

僖公十三年（公元前六百四十七年）

【原文】

经　十有三年春，狄侵卫。

【译文】

僖公十三年春季，狄人侵犯卫国。

【原文】

经　夏，四月，葬陈宣公。

【译文】

夏季，四月，安葬陈宣公。

【原文】

经　公会齐侯、宋公、陈侯、卫侯、郑伯、许男、曹伯于咸。

【译文】

僖公在咸地会见齐侯、宋公、陈侯、卫侯、郑伯、许男和曹伯。

【原文】

传　兵车之会也。

【译文】

是一次带领军队的会盟。

【原文】

经　秋，九月，大雩。

【译文】

秋季，九月，举行大规模求雨祭祀。

【原文】

经　冬，公子友如齐。

【译文】

冬季，公子友前往齐国。

僖公十四年(公元前六百四十六年)

【原文】

经 十有四年春,诸侯城缘陵。

【译文】

僖公十四年春天,诸侯在缘陵修筑城墙。

【原文】

传 其曰诸侯,散辞也,聚而曰散何也?诸侯城,有散辞也,桓德衰矣。

【译文】

经文统称诸侯,表明是诸侯分散而至。聚集在一起修筑城墙,为什么分散而至呢?说诸侯筑城,就有散漫的意思,表明齐桓公德行开始衰微了。

【原文】

经 夏,六月,季姬及缯子遇于防,使缯子来朝。

【译文】

夏季,六月,季姬和缯子在防地临时会见,让缯子来朝访鲁公。

【原文】

传 遇者,同谋也。来朝者,来请己也。朝不言使,言使,非正也,以病缯子也。

【译文】

临时会见,是为共同商量事情。来鲁朝访,主要是来为自己请求。朝访不能说让,说让(某某朝见)是不对的,用以指责缯子不朝鲁。

【原文】

经 秋,八月,辛卯,沙鹿崩。

【译文】

秋季,八月辛卯这天,沙山脚崩塌了。

【原文】

传 林属于山为鹿。沙,山名也。无崩道而崩,故志之也。其日,重其变也。

【译文】

树林和山相连的部方叫山麓。沙是山名。没有崩陷的道理(山脚一般不会崩的)却

崩了，所以记载这件事。记下日期，表示重视这种异常的现象。

【原文】

经　狄侵郑。

【译文】

狄人侵犯郑国。

【原文】

经　冬蔡侯肸卒。

【译文】

冬季，蔡侯肸故去了。

【原文】

传　诸侯时卒，恶之也。

【译文】

诸侯死，只记载死亡的季节，是认为他行为恶毒。

僖公十五年（公元前六百四十五年）

【原文】

经　十有五年春，王正月，公如齐。

【译文】

僖公十五年春天，周历正月，僖公到齐国去。

【原文】

经　楚人伐徐。

【译文】

楚国讨伐徐国。

【原文】

经　三月，公会齐侯、宋公、陈侯、卫侯、郑伯、许男、曹伯盟于牡丘。遂次于匡。公孙敖帅师及诸侯之大夫救徐。

【译文】

三月，僖公在牡丘会盟齐侯、宋公、陈侯、卫侯、郑伯、许男、曹伯，临时驻扎在匡这个

地方。公孙敖率领军队和众诸侯一同援救徐国。

【原文】

传　兵车之会也。遂,继事也。次,止也,有畏也。善救徐也。

【译文】

这是带领军队的盟会。遂是表承接的连词。次是驻扎的意思,因为有所畏惧。援助徐是好事。

【原文】

经　夏,五月,日有食之。

【译文】

夏季,五月,出现日食。

【原文】

经　秋,七月,齐师、曹师伐厉。

【译文】

秋季,七月,齐国和曹国攻伐厉国。

【原文】

经　八月,螽。

【译文】

八月,闹蝗虫。

【原文】

传　螽,虫灾也。甚则月,不甚则时。

【译文】

蝗虫,造成虫灾。严重就记载月份,不严重就只记载季节。

【原文】

经　九月,公至自会。

【译文】

九月,僖公从盟会处回国,举行告祭祖庙之礼。

【原文】

经　季姬归于缯。

【译文】

委姬返回缯国。

【原文】

经　己卯，晦，震夷伯之庙。

【译文】

己卯日，是九月三十。夷伯祭庙遭雷震。

【原文】

传　晦，冥也。震，雷也。夷伯，鲁大夫也。因此以见天子至于士皆有庙。天子七庙，诸侯五，大夫三，士二。故德厚者流光，德薄者流卑。是以贵始，德之本也。始封必为祖。

【译文】

晦指夜里，震是雷击的意思。夷伯是鲁国大夫。由此可知从天子到士人都有宗庙。天子有七庙，诸侯五庙，大夫三庙，士人二庙。德高的人可以远祭世祖，德差的人只能近祭父庙。因此，始受封的君王地位尊贵，他就是祖先。

【原文】

经　冬，宋人伐曹。

【译文】

冬天，宋国攻打曹国。

【原文】

经　楚人败徐于娄林。

【译文】

楚国在娄林战败了徐国。

【原文】

传　夷狄相败，志也。

【译文】

夷狄之间相互胜败的情况，要记载下来。

【原文】

经　十有一月，壬戌，晋侯及秦伯战于韩，获晋侯。

【译文】

十一月壬戌这一天，晋侯和秦伯在韩地交战，晋侯被俘获

【原文】

传　韩之战，晋侯失民矣，以其民未败而君获也。

【译文】

韩地之战，晋侯失掉了民众的信任。因为他的百姓没有被打败，君王却被秦国俘获了。

僖公十六年（公元前六百四十四年）

【原文】

经　十有六年春，王正月，戊申，朔，陨石于宋，五。是月，六鹢退飞，过宋都。

【译文】

僖公十六年春季，周历正月，戊申日，是初一，在宋国落下五块陨石。这一月六只鹢鸟倒退着飞，飞过宋都。

【原文】

传　先陨而后石何也，陨而后石也。于宋，四竟之内曰宋。后数，散辞也，耳治也。是月也，决不日而月也。六鶂退飞过宋都，先数，聚辞也，目治也。子曰："石，无知之物，鶂微有知之物。石无知，故日之。鶂微有知之物，故月之。君子之于物，无所苟而已。"石鶂且犹尽其辞，而况于人乎。故五石六鶂之辞，不设，则王道不亢矣。民所聚曰都。

【译文】

为什么陨字在先而石字在后？因为落下以后才知是石头。落在宋国，四方边境之内都归属宋。石头落下后才数，表明是分散而坠。耳朵听到落地声。经文记"是月"，是强调鸟倒退着飞与陨石绝不是发生在同一天，而是同一月。六只鸟倒退着飞经过宋国都城。先记数字"六"，表明鸟是聚在一起飞，用眼看到的。孔子说："石头是无知之物，鶂鸟是稍有灵性的动物。石头无知，所以记载日期。鶂鸟稍有灵知，所以记载月份。君子对于万物，没有随随便便的。"对石头和鶂鸟尚且详尽记载，何况对人呢！所以说对五石六鶂记载，不深入考虑，治国的办法就不会高明。民众聚居的地方叫都。

【原文】

经　三月，壬申，公子季友卒。

【译文】

三月壬申这天，公子季友故去。

【原文】

传　大夫日卒，正也。称公弟叔仲，贤也。大夫不言公子公孙，疏之也。

【译文】

大夫死记载日期是正确的。称庄公弟弟的字，是因为他有贤德。对大夫如果不称公子或公孙，是表示疏远的意思。

【原文】

经　夏，四月，丙申，缯季姬卒。

【译文】

夏季，四月丙申这天，缯季姬逝世。

【原文】

经　秋，七月，甲子，公孙兹卒。

【译文】

秋季，七月甲子日，公孙兹去世。

【原文】

传　大夫日卒，正也。

【译文】

大夫死记载日期是合乎礼制的。

【原文】

经　冬，十有二月，公会齐侯、宋公、陈侯、卫侯、郑伯、许男、邢侯、曹伯于淮。

【译文】

冬季十二月，僖公在淮地会盟齐侯、宋公、陈侯、卫侯、郑伯、许男、邢侯和曹伯。

【原文】

传　兵车之会也。

【译文】

（淮地会盟）是一次带领军队会见。

僖公十七年(公元前六百四十三年)

【原文】

经　十有七年春,齐人、许人伐英氏。

【译文】

僖公十七年春季,齐国和许国攻伐英氏。

【原文】

经　夏,灭项。

【译文】

夏天,项国被消灭。

【原文】

传　孰灭之?桓公也。何以不言桓公也?为贤者讳也。项,国也。不可灭而灭之乎?桓公知项之可灭也,而不知己之不可以灭也。既灭人之国矣,何贤乎?君子恶恶疾其始,善善乐其终,桓公尝有存亡继绝之功,故君子为之讳也。

【译文】

谁灭了项国?是齐桓公。为什么不记载齐桓公,替贤明人隐讳。项是个国家,不可以灭却使它灭亡。桓公知道项国可灭,却不知自己不可以去灭。已经灭了别人的国家,还算什么贤明的人?君子憎恨坏人,憎恨他的当初;喜欢好人,乐意他善始善终。桓公曾有存亡继绝的功德,所以君子替他避讳。

【原文】

经　秋,夫人姜氏会齐侯于卞。

【译文】

秋季,夫人姜氏在卞地与齐侯会面。

【原文】

经　九月,公至自会。

【译文】

九月,僖公从淮地返回国,行告祭祖庙之礼。

【原文】

经　冬，十有二月，乙亥，齐侯小白卒。

【译文】

冬天，十二月乙亥日，齐桓公小白故去了。

【原文】

传　此不正，其日之何也？其不正前见矣。其不正之前见何也？以不正入虚国，故称嫌焉尔。

【译文】

这人不合于正道，为什么死了还记载日期？他的不正当行为先前已有所记载了。为什么说先前就记载了？他以不正当手段，进入没有国君的齐国，所以说有夺君位之嫌疑。

僖公十八年（公元前六百四十二年）

【原文】

经　十有八年春，王正月，宋公、曹伯、卫人、邾人伐齐。

【译文】

僖公十八年春，周历正月，宋公、曹伯、卫人、邾人讨伐齐国。

【原文】

传　非伐丧也。

【译文】

不是趁国丧攻伐齐国。

【原文】

经　夏，师救齐。

【译文】

夏天，诸侯援助齐国。

【原文】

传　善救齐也。

【译文】

援救齐是好事。

【原文】

经　五月，戊寅，宋师及齐师战于甗，齐师败绩。

【译文】

五月戊寅这天，宋国和齐国在甗地交战，齐军被打败。

【原文】

传　战不言伐，客不言及，言及，恶宋也。

【译文】

用战字就不能用伐字，宋师后边不能用及字。用及字，是厌恶宋师的意思。

【原文】

经　狄救齐。

【译文】

狄人援救齐国。

【原文】

传　善救齐也。

【译文】

狄人援救齐是值得称赞的。

【原文】

经　秋，八月，丁亥，葬齐桓公。

【译文】

秋季，八月丁亥这天，安葬齐桓公。

【原文】

经　冬，邢人、狄人伐卫。

【译文】

冬季，邢国、狄国攻打卫国。

【原文】

传　狄其称人何也，善累而后进之。伐卫所以救齐也。功近而德远矣。

【译文】

为什么称狄人？是积累善行一定程度而后得以进升的。狄伐卫是为了援救齐国。

近有伐卫之功，远有救齐之功绩。

僖公卷第九（起十九年尽三十三年）

僖公十九年（公元前六百四十一年）

【原文】

经　十有九年春，王三月，宋人执滕子婴齐。

【译文】

僖公十九年春季，周历三月，宋国捉住滕国国君。

【原文】

经　夏，六月，宋公、曹人、邾人盟于曹南。

【译文】

夏天，六月，宋国、曹国和邾国在曹国南部会面。

【原文】

经　缯子会盟于邾。己酉，邾人执缯子，用之。

【译文】

缯国国君跟邾国会盟，邾国捉住缯子，用他的血祭社神。

【原文】

传　微国之君，因邾以求与之盟。因己以求与之盟，己迎而执之，恶之，故谨而日之也。用之者，叩其鼻以衈社也。

【译文】

小国国君，想依赖邾国帮助参与诸侯的盟会。想依靠邾国的帮助参与会盟，迎来却抓住他，愤恨邾国的做法，所以慎重地记下日期。用之，是指击打缯子的鼻子，用他的鼻血祭土神。

【原文】

经　秋，宋人围曹。

【译文】

秋天，宋国围攻了曹国。

【原文】

经　卫人伐邢。

【译文】

卫国攻伐邢国。

【原文】

经　冬，会陈人、蔡人、楚人、郑人盟于齐。

【译文】

冬季，鲁国同陈国，蔡国、楚国、郑国在齐国订立盟约。

【原文】

经　梁亡。

【译文】

梁国灭亡。

【原文】

传　自亡也。湎于酒，淫于色，心昏耳目塞。上无正长之治，大臣背叛，民为寇盗。梁亡，自亡也。如加力役焉，湎不足道也。梁亡，郑弃其师。我无加损焉，正名而已矣。梁亡，出恶正也。郑弃其师，恶其长也。

【译文】

梁国是自取灭亡。国君沉溺于酒，荒淫好色，头脑昏愦，耳目闭塞。上边没有明智的治国之道，大臣背叛，百姓偷盗。梁亡，是自取灭亡的。还有繁重的劳役，沉湎于酒的事不值一提。梁国灭亡，它丢弃了自己的军队。我们毫没有删改事实，只是对其亡正名而已。梁国灭亡，由于它国政腐败，丢弃了自己的军队，作恶那么长久。

僖公二十年（公元前六百四十年）

【原文】

经　二十年春，新作南门。

【译文】

僖公二十年春季，重新修筑南门。

【原文】

传　作，为也，有加其度也。言新，有故也，非作也。南门者，法门也。

【译文】

作，是修建的意思，加大原来的规模。说新，表示有旧的，就不是新建筑。南门，是法门。

【原文】

经　夏，郜子来朝。

【译文】

夏季，郜子来鲁朝拜见。

【原文】

经　五月，乙巳，西宫灾。

【译文】

五月的乙巳这一天，西宫发生火灾。

【原文】

传　谓之新宫，则近为祢宫。以谥言之。则如疏之然，以是为闵宫也。

【译文】

西宫也叫新宫，它距离父庙（这里指庄公庙）很近。用谥号称呼的，是祖先的庙。根据这点认为发生火灾的是闵公庙。

【原文】

经　郑人入滑。

【译文】

郑国侵入滑国。

【原文】

经　秋，齐人、狄人盟于邢。

【译文】

秋天，齐国和狄国在刑地举行盟会。

【原文】

传　邢为主焉尔。邢小，其为主何也？其为主乎救齐。

【译文】

邢国是此次盟会的主持者。邢是弱小的国，为什么由它主持？以邢为主（研究）援救齐国。

【原文】

经　冬，楚人伐随。

【译文】

冬季，楚国讨伐随国。

僖公二十一年（公元前六百三十九年）

【原文】

经　二十有一年春，狄侵卫。

【译文】

二十一年春季，狄人侵犯卫国。

【原文】

经　宋人、齐人、楚人盟于鹿上。

【译文】

宋国、齐国及楚国在鹿上这个地方会盟。

【原文】

经　夏，大旱。

【译文】

夏天，大旱。

【原文】

传　旱时，正也。

【译文】

天旱记载季节是正确的。

【原文】

经　秋，宋公、楚子、陈侯、蔡侯、郑伯、许男、曹伯会于雩，执宋公以伐宋。

【译文】

秋天，宋公、楚子、陈侯、蔡侯、郑伯、许男、曹伯在雩地会见，捉拿宋公然后攻伐宋国。

【原文】

传　以重辞也。

【译文】

用以字，表示抓到的是个被重视的人物。

【原文】

经　冬，公伐邾。

【译文】

冬季，鲁国讨伐邾国。

【原文】

经　楚人使宜申来献捷。

【译文】

楚国派宜申来进献战利品。

【原文】

传　捷，军得也。其不曰宋捷何也？不与楚捷于宋也。

【译文】

捷是指作战获胜后的物品。为什么不说伐宋取得的战利品？不赞许说楚国胜了宋国。

【原文】

经　十有二月，癸丑，公会诸侯盟于薄。

【译文】

十二月癸丑日，僖公在薄地与诸侯举行盟会。

【原文】

传　会者，外为主焉尔，释宋公。外释不志，此其志何也？以公之与之盟目之也。不言楚，不与楚专释也。

【译文】

用会字,表示主要是为鲁国以外的事,为释放宋公。释放鲁国以外的人不予以记载,这次为什么记呢?因为僖公参与了此次会盟看到了。不提楚国,是不赞许楚国自己放了人。

僖公二十二年(公元前六百三十八年)

【原文】

经　二十有二年春,公伐邾,取须句。

【译文】

僖公二十二年春季,鲁国攻邾国,夺下须句。

【原文】

经　夏,宋公、卫侯、许男、滕子伐郑。

【译文】

夏天,宋国、卫国、许国和滕国讨伐郑国。

【原文】

经　秋,八月,丁未,及邾人战于升陉。

【译文】

秋季八月丁未这天,鲁国和邾国在升陉交战。

【原文】

传　内讳败,举其可道者也。不言其人,以吾败也。不言及之者,为内讳也。

【译文】

避讳说鲁国失败,就记下一些比较适合的话。不记鲁国领兵的人,因为我们战败了。不提"及"字前边的,是掩饰鲁国战败。

【原文】

经　冬,十有一月,己巳,朔,宋公及楚人战于泓。宋师败绩。

【译文】

冬季,十一月己巳日,是初一,宋国和楚国在泓地交战,宋军战败。

【原文】

传 日事遇朔曰朔。春秋三十有四战,未有以尊败乎卑,以师败乎人者。以尊败乎卑,以师败乎人,则骄其敌。襄公以师败乎人,而不骄其敌何也?责之也。泓之战,以为复雩之耻也。雩之耻,宋襄公有以自取之。伐齐之丧、执滕子、围曹、为雩之会,不顾其力之不足,而致楚成王。成王怒而执之。故曰,礼人不答,则反其敬。爱人而不亲,则反其仁。治人而不治,则反其知。过而不改,又之,是谓之过,襄公之谓也。古者,被甲婴胄,非以兴国也,则以征无道也,岂曰以报其耻哉?宋公与楚人战于泓水之上。司马子反曰:"楚众我少,鼓险而击之,胜无幸焉。"襄公曰:"君子不推人危,不攻人厄,须其出。"既出,旌旗乱于上,陈乱于下。子反曰:"楚众我少,击之,胜无幸焉。"襄公曰:"不鼓不成列。"须其成列而后击之,则众败而身伤焉,七月而死。倍则攻,敌则战,少则守。人之所以为人者,言也。人而不能言,何以为人?言之所以为言者,信也。言而不信,何以为言?信之所以为信者,道也。信而不道,何以为道?道之贵者时,其行势也。

【译文】

发生事的日子遇上初一就记朔。春秋经记载三十四次战役,一般没有中原国败于夷狄、人多的败于人少的。如果中原国败于夷狄、人多的败于人少的,那就是因为骄纵轻敌。宋襄公败于楚人,却不是因为骄傲轻敌。为什么记?为责怪他。泓水之战,宋公是想以此报复雩之盟上的耻辱。雩地会盟时的耻辱,是宋襄公自讨的。他趁齐有丧事讨伐齐、抓滕子,围攻曹国,主持雩地会盟,不看自己力量足不足,把楚成王请到会。楚成王一怒之下就把宋公抓起来。所以说,礼敬别人却得不到报答,就不算敬;爱别人却得不到爱,就不算仁爱;治理百姓却治理不好,就不算智;犯了错误不改,又犯同样的错误,才叫错误。这些说的就是宋襄公。古时,披上铠甲戴上头盔,不是为了兴盛国家,就是讨伐无道,难道能用作战报仇雪耻吗?宋公和楚国在泓水边作战。司马子反说:"楚国兵多,我们兵少,趁它渡河危险时攻打它,肯定取胜"。宋公说:"君子不趁人之危,不在别人困厄时攻击,等他们过河再打"。楚军已经过了河,上面指挥的军旗乱了,下面阵容也乱了。子反说:"敌众我寡,趁它乱时打它,肯定能胜"。襄公说:"君子不进攻没列阵的军队"。楚军排好阵列,而后才发起进攻。结果,宋军大败,宋公自身也受了伤,七个月后就死了。(军队作战),兵力是对方的一倍就主动进攻,兵力和对方相当就可以攻打,兵力少于对方就坚守不出兵。人之所以为人,就是因为能说话。人如果不能说话,还算什么人?言语之所以叫作言语,就是要真诚。说话如果不真诚,还叫什么言语?真诚之所以真诚,就在于它符合道理。真诚如果不符合道理,那还叫什么真理。真理的可贵就在于它合乎时机,顺应形势。

僖公二十三年(公元前六百三十七年)

【原文】

经　二十有三年春,齐侯伐宋,围闵。

【译文】

僖公二十三年春季,齐国攻伐宋国,围攻闵城。

【原文】

传　伐国不言围邑,此其言围何也?不正其以恶报恶也。

【译文】

攻伐一诸侯国,就不必记围攻了城邑,这次为什么记载?是认为齐国用恶行回报恶行是不合道义的。

【原文】

经　夏,五月,庚寅,宋公兹父卒。

【译文】

夏季,五月庚寅这天,宋公兹去世。

【原文】

传　兹父之不葬何也?失民也。其失民何也?以其不教民战,则是弃其师也。为人君而弃其师,其民孰以为君哉?

【译文】

为什么不记载安葬宋襄公?因为他失去民心。他为什么失去民心?因为他不教百姓作战,这就丢弃了他的军队。做为国君,却丢弃了自己的军队,那百姓谁还待他当作国君。

【原文】

经　秋,楚人伐陈。

【译文】

秋季,楚国攻伐陈国。

【原文】

经　冬,十有一月,杞子卒。

【译文】

冬季，十一月，杞国国君离开了人世。

僖公二十四年（公元前六百三十六年）

【原文】

经　二十有四年春，王正月。

【译文】

僖公二十四年春季，周历正月。

【原文】

经　夏，狄伐郑。

【译文】

夏季，狄人攻打郑国。

【原文】

经　秋，七月。

【译文】

秋季，七月。

【原文】

经　冬，天王出居于郑。

【译文】

冬季，周襄王逃亡，住在郑国。

【原文】

传　天子无出，出，失天下也。居者，居其所也。虽失天下，莫敢有也。

【译文】

天子无所谓出，说出，表明他失去了天下。居，指住在他自己的地方。天子即使失去天下，也没有谁敢占有天下。

【原文】

经　晋侯夷吾卒。

【译文】

晋惠公夷吾去世。

僖公二十五年(公元前六百三十五年)

【原文】

经　二十有五年春,王正月,丙午,卫侯燬灭邢。

【译文】

僖公二十五年春季,周历正月,丙午这天,卫国灭掉邢国。

【原文】

传　燬之名何也?不正其伐本而灭同姓也。

【译文】

为什么直接称卫侯的名?认为他伐同祖灭掉同姓国是不合于礼的。

【原文】

经　夏,四月,癸酉,卫侯燬卒。

【译文】

夏季,四月癸酉日,卫文公燬去世。

【原文】

经　宋荡伯姬来逆妇。

【译文】

宋国的荡伯姬来鲁迎儿媳妇。

【原文】

传　妇人既嫁不踰竟。宋荡伯姬来逆妇,非正也。其曰妇何也?缘姑言之之辞也。

【译文】

女子既然已经出嫁,就不能走出国境。宋国荡伯姬来鲁国迎儿媳妇是不合于礼的。为什么称妇?称妇是从婆母那方面说的。

【原文】

经　宋杀其大夫。

【译文】

宋国杀了自己的大夫。

【原文】

传　其不称名姓，以其在祖之位，尊之也。

【译文】

不直接称呼大夫的名姓，因为他在先祖的地位，表示尊敬他。

【原文】

经　秋，楚人围陈，纳顿子于顿。

【译文】

秋季，楚国包围陈国，迫使陈国送顿子回国。

【原文】

传　纳者，内弗受也。围一事也，纳一事也，而遂言之，盖纳顿子者陈也。

【译文】

用纳字，表示国内拒绝接受他回去。围攻陈国是一件事，送顿子回国是一件事，经文然后说，大概送顿子的是陈国。

【原文】

经　葬卫文公。

【译文】

安葬卫文公。

【原文】

经　冬，十有二月，癸亥，公会卫子、莒庆盟于洮。

【译文】

冬季，十二月癸亥日，僖公在洮地会见卫子、莒庆。

【原文】

传　莒无大夫，其曰莒庆何也？以公之会目之也。

【译文】

莒国是没有经过天子命封的大夫。为什么称他莒庆？是因为他与僖公会盟而尊重他。

僖公二十六年(公元前六百三十四年)

【原文】

经　二十有六年春,王正月,己未,公会莒子、卫宁速,盟于向。

【译文】

僖公二十六年春,周历正月,己未这天,僖公在向地会见莒子和卫国大夫宁速。

【原文】

传　公不会大夫,其曰宁速何也?以其随莒子可以言会也。

【译文】

鲁公不能和大夫订立盟约。为什么提宁速?因为他随从在莒子之后,可以和鲁公会盟。

【原文】

经　齐人侵我西鄙,公追齐师,至嶲,弗及。

【译文】

齐国人侵鲁国西部边境,僖公追击齐军到嶲地,结果没追赶上。

【原文】

传　人,微者也。侵,浅事也。公之追之,非正也。至嶲,急辞也。弗及者,弗与也,可以及而不敢及也。其侵也曰人,其追也曰师,以公之弗及,大之也。弗及,内辞也。

【译文】

称齐人,表示领兵人地位卑微。用侵字,表明不是规模大的事。僖公追击齐军,是不对的。追到嶲地,表示急迫追击的意思。没追上,是指没跟齐军交战,是能追得上而不敢追上。说侵略称齐人;说追击称齐师,是因为僖公没追上,所以要强调齐军规模强盛。说弗及,是为鲁公找个托词。

【原文】

经　夏,齐人伐我北鄙。

【译文】

夏季,齐国攻打鲁国北部边境。

【原文】

经 卫人伐齐。

【译文】

卫国出兵攻打齐国。

【原文】

经 公子遂如楚乞师。

【译文】

公子遂到楚国去请求救援军队。

【原文】

传 乞,重辞也,重人之死也,非所乞也。师出不必反,战不必胜,故重之也。

【译文】

用乞字,表示严重的意思。严重是指人们战死了,不是指请求的。军队出战返不回,作战又不能取胜,所以很严重啊。

【原文】

经 秋,楚人灭夔,以夔子归。

【译文】

秋天,楚国灭掉了夔国,把夔国国君捉到了楚国。

【原文】

传 夔,国也。不日,微国也。以归,犹愈乎执也。

【译文】

夔是国名。不记载日期,因为是微小国家。把夔子带回楚国,比捉拿他还严重。

【原文】

经 冬,楚人伐宋,围闵。

【译文】

冬季,楚攻打宋国,围攻闵城。

【原文】

传 伐国不言围邑。此其言围何也?以吾用其师,目其事也。非道用师也。

【译文】

攻伐一国一般不必记包围了城邑。这里为什么记围攻城邑呢？因为鲁国借用楚军，看到了他们干的事，认为如此使用军队不合道义。

【原文】

经　公以楚师伐齐，取谷。

【译文】

僖公指挥楚军攻打齐国，夺取谷地。

【原文】

传　以者，不以者也。民者，君之本也。使民以其死，非其正也。

【译文】

用，是不该借用的意思。百姓是君王的根本。让百姓征战而死，斥责这不正当的做法。

【原文】

经　公至自伐齐。

【译文】

僖公伐齐以后回国，举行告祭祖庙之礼。

【原文】

传　恶事不致，此其致之何也？危之也。

【译文】

做坏事不能告祭祖庙，这次为什么告祭祖庙？认为伐齐这件事危险。

僖公二十七年（公元前六百三十三年）

【原文】

经　二十有七年春，杞子来朝。

【译文】

僖公二十七年春季，杞国国君来朝拜见鲁国。

【原文】

经　夏，六月，庚寅，齐侯昭卒。

【译文】

夏天,六月庚寅这天,齐孝公故去了。

牛首纹铜钺

【原文】

经　秋,八月,乙未,葬齐孝公。

【译文】

秋季,八月乙未这天,安葬齐孝公。

【原文】

经　乙巳,公子遂帅师入杞。

【译文】

乙巳日,公子遂领兵攻进杞国。

【原文】

经　冬,楚人、陈侯、蔡侯、郑伯、许男围宋。

【译文】

冬季,楚国、陈国、蔡国、郑国和许国围攻宋国。

【原文】

传　楚人者,楚子也。其曰人何也?人楚子所以人诸侯也。其人诸侯何也?不正其信夷狄而伐中国也。

【译文】

楚人指楚王。为什么称楚人?贬斥楚王是用以贬斥诸侯。为什么贬斥诸侯?他们相信楚国攻打宋国是不合于礼的。

【原文】

经　十有二月,甲戌,公会诸侯,盟于宋。

【译文】

十二月,甲戌日,僖公会合诸侯跟宋举行盟会。

僖公二十八年(公元前六百三十二年)

【原文】

经　二十有八年春,晋侯侵鲁,晋侯伐卫。

【译文】

僖公二十八年春天，晋国侵犯鲁国，晋国攻伐卫国。

【原文】

传　再称晋侯，忌也。

【译文】

两次称晋侯，是指厌恶的意思。

【原文】

经　公子买戍卫，不卒戍，刺之。

【译文】

公子买戍守卫国，没坚持到期限就走，鲁国杀死他。

【原文】

传　先名后刺，杀有罪也。公子启曰："不卒戍者，可以卒也。可以卒而不卒。讥在公子也，刺之可也。"

【译文】

先提名字后说被杀，表示杀的是有罪的人。公子启说："守边不到期限就走，是说他可以到期限。可以到但却没到，是讽刺公子买，杀掉他应该。"

【原文】

经　楚人救卫。

【译文】

楚国援救卫国。

【原文】

经　三月，丙午，晋侯入曹，执曹伯。畀宋人。

【译文】

三月丙午这天，晋侯进入曹国捉拿曹国国君，送交宋国。

【原文】

传　入者，内弗受也。日入，恶入者也，以晋侯而斥执曹伯，恶晋侯也。畀，与也。其曰人何也？不以晋侯畀宋公也。

【译文】

用入字，表示曹国不能接受。记载入曹的日期，是憎恨进入者。晋侯抓住曹伯，厌恶晋侯的做法。畀是给予的意思。为什么称宋人？因为不能说“晋侯畀宋公”。

【原文】

经　夏，四月，己巳，晋侯、齐师、宋师、秦师及楚人战于城濮，楚师败绩。

【译文】

夏天，四月的己巳日，晋军、齐军、宋军、秦军跟楚军在城濮交战，楚军被打败。

【原文】

经　楚杀其大夫得臣。

【译文】

楚国杀了自己的大夫得臣。

【原文】

经　卫侯出奔楚。

【译文】

卫侯出逃到楚国避难。

【原文】

经　五月，癸丑，公会晋侯、齐侯、宋公、蔡侯、郑伯、卫子、莒子，盟于践土。

【译文】

五月癸丑日，僖公在郑国的践土参加了盟会，参加的诸侯有晋侯、齐侯、宋公、蔡侯、郑伯、卫子、莒子。

【原文】

传　讳会天王也。

【译文】

避讳记载天子参加了会盟。

【原文】

经　陈侯如会。

【译文】

陈侯参加会盟。

【原文】

传　如会，外乎会也，于会受命也。

【译文】

如会，表示是盟会以外的，是到会听命的。

【原文】

经　公朝于王所。

【译文】

鲁公到周襄王行宫朝见。

【原文】

传　朝不言所。言所者，非其所也。

【译文】

诸侯朝见不必记地点。记了地点，就说明是不该在的地点。

【原文】

经　六月，卫侯郑自楚复归于卫。

【译文】

六月，卫侯从楚国又返回到卫国。

【原文】

传　自楚，楚有奉焉尔。复者，复中国也。归者，归其所也。郑之名，失国也卫元咺出奔晋。

【译文】

自楚，表示楚国向卫侯提供了帮助。复，是指返回到卫国。归，是指卫侯回到自己的地方。直接称卫侯的名，是因为他失去了国家。卫国大夫元咺逃到晋国避难。

【原文】

经　陈侯款卒。

【译文】

陈穆公款去世。

【原文】

经　秋，纪伯姬来。

【译文】

秋天，嫁到杞国的伯姬来鲁国。

【原文】

经　公子遂如齐。

【译文】

公子遂前往齐国。

【原文】

经　冬，公会晋侯、齐侯、宋公、蔡侯、郑伯、陈子、莒子、邾子、秦人于温。

【译文】

冬季，僖公在温地会见晋侯、齐侯、宋公、葵侯、郑伯、陈子、莒子、邾子和秦人。

【原文】

传　讳会天王也。

【译文】

避讳说天子参加歃血为盟的仪式。

【原文】

经　天王守于河阳。

【译文】

天子在黄河北面狩猎。

【原文】

传　全天王之行也。为若将守而遇诸侯之朝也，为天王讳也。水北为阳，山南为阳。温，河阳也。

【译文】

经文所记是美化天王的行动，就像是他准备狩猎而临时遇到了诸侯前来朝见，这是替天子避讳。河北面叫阳，山南面亦叫阳。温地在黄河北面。

【原文】

经　壬申，公朝于王所。

【译文】

壬申日，僖公到天子行宫朝见。

【原文】

传 朝于庙，礼也。于外，非礼也。独公朝？与诸侯尽朝也。其日，以其再致天子，故谨而日之也。主善以内，目恶以外。言曰公朝，逆辞也，而尊天子。会于温，言小诸侯。温，河北地，以河阳言之，大天子也。日系于月，月系于时。壬申，公朝于王所。其不月，失其所系也。以为晋文公之行事，为已颠矣。

【译文】

在朝廷朝拜天子，是合于礼的。在朝廷之外，就不符合礼制了。僖公独自朝拜？和诸侯一起朝拜。记载日期，是因为晋文公两次请天子到会了，所以慎重地记下日子。鲁公朝天子是做善事，晋文公召天子是干了恶事。说鲁公朝天子，是欢迎的意思，是尊奉天子。说在温地会见，是贬抑诸侯。温地，在黄河北面。说在黄河北面狩猎，是夸大天子。日连系月，月连系季。记壬申日僖公到天子的行宫朝拜，没记月份，失去了连系，是因为晋文公所做颠倒了。

【原文】

经 晋人执卫侯，归之于京师。卫元咺自晋复归于卫。

【译文】

晋国捉住卫侯，把他送到京师。卫国大夫元咺从晋又返回到卫国。

【原文】

传 此入而执，其不言入何也？不外王命于卫也。归之于京师，缓辞也，断在京师也。自晋，晋有奉焉尔。复者，复中国也。归者，归其所也。

【译文】

这是指进入国内捉拿卫侯。为什么不说进入？在卫国执行天子的命令，无所谓内外。把卫侯送回到京师，是迟缓的意思，裁决权在京师。元咺从晋返回国，是说晋国帮助了他。复，是说回到卫。归，是指回到自己的国家。

【原文】

经 诸侯遂围许。

【译文】

诸侯围攻许国。

【原文】

传 遂，继事也。

【译文】

遂，表示某件事之后另一件事接着发生。

【原文】

经　曹伯襄复归于曹，遂会诸侯围许。

【译文】

曹国国君又重新回到曹国，于是会集诸侯围攻许国。

【原文】

传　复者，复中国也。天子免之，因与之会。其曰复，通王命也。遂，继事也。

【译文】

复，是说回到中原曹国。天子赦免了曹伯，于是他也参加了盟会。说返回国，是天子的命令。遂，表示事情接连着。

僖公二十九年（公元前六百三十一年）

【原文】

经　二十有九年春，介葛卢来。

【译文】

僖公二十九年春天，介国国君葛卢来鲁国。

【原文】

传　介，国也。葛卢，微国之君，未爵者也。其曰来，卑也。

【译文】

介是国名。葛卢是没命封的小国的国君，没有爵位。说他来鲁朝见，表明他地位卑微。

【原文】

经　夏，六月，公会王人，晋人、宋人、齐人、陈人、蔡人、秦人，盟于翟泉。

【译文】

夏季，六月，僖公会合日王卿、晋人、宋人、齐人、陈人、蔡人、秦人，在翟泉会盟。

【原文】

经　秋，大雨雹。

【译文】

秋天,下大冰雹。

【原文】

经　冬,介葛卢来。

【译文】

冬季,介葛卢来朝拜鲁公。

僖公三十年(公元前六百三十年)

【原文】

经　三十年春,王正月。

【译文】

僖公三十年春天,周历正月。

【原文】

经　夏,狄侵齐。

【译文】

夏季,狄国侵犯齐国。

【原文】

经　卫杀其大夫元咺及公子瑕。卫侯郑归于卫。

【译文】

卫国杀了自己的大夫元咺和公子瑕,卫侯郑返回卫国。

【原文】

传　称国以杀,罪累上也,以是为讼君也。卫侯在外,其以累上之辞言之何也?待其杀而后入也。公子瑕,累也,以尊及卑也。

【译文】

举出国名说杀某某,表明罪行涉及君王,因为元咺状告君王。卫侯在晋国,为什么说牵扯他呢?他等元咺被杀害后才返回国。公子瑕被杀是元咺连累的,由尊者到卑者。

【原文】

经　晋人、秦人围郑。

【译文】

晋国和秦国围攻郑国。

【原文】

经　介人侵萧。

【译文】

介国侵犯萧城。

【原文】

经　冬，天王使宰周公来聘。

【译文】

冬季，周襄王派太宰周公来鲁国送聘礼。

【原文】

传　天子之宰，通于四海。

【译文】

天子的宰官，可以与天下诸侯往来结交。

【原文】

经　公子遂如京师，遂如晋。

【译文】

公子遂去京师，然后又到晋国。

【原文】

传　以尊遂乎卑，此言不敢叛京师也。

【译文】

由京师接着去晋国，如此说，是不敢把京师放在后。

僖公三十一年（公元前六百二十九年）

【原文】

经　三十有一年春，取济西田。

【译文】

僖公三十一年春天，鲁国取得了济水以西的土地。

【原文】

经 公子遂如晋。

【译文】

公子前往晋国。

【原文】

经 夏,四月,四卜郊,不从,乃免牲,犹三望。

【译文】

夏天,四月,四次占卜举行郊祭,都不吉利,就没杀牲郊祭,但还是举行了三次望祭。

【原文】

传 夏四月,不时也。四卜,非礼也。免牲者,为人缁衣纁裳,有司玄端奉送,至于南郊。免牛亦然。乃者,亡乎人之辞也。犹者,可以已之辞也。

【译文】

夏季四月,不是举行郊祭的季节。占卜四次,不合于礼制。不杀牲,是指像人似的给羊披上黑衣裳,管事人穿戴黑色礼服,牵着它到南郊接神。如果是牛,也同样做。乃,表明没贤人(治国)的意思。犹,表示可以停止不祭的文辞。

【原文】

经 秋,七月。

【译文】

秋季,七月。

【原文】

经 冬,杞伯姬来求妇。

【译文】

冬天,杞国的伯姬来鲁求娶儿媳妇。

【原文】

传 妇人既嫁不踰竟,杞伯姬来求妇,非正也。

【译文】

女人出嫁就不能走出国境。杞国的伯姬来鲁求娶儿媳妇是不合礼制的。

【原文】

经　狄围卫。十有二月，卫迁于帝丘。

【译文】

狄人包围卫国。十二月，卫国迁都到帝丘。

僖公三十二年（公元前六百二十八年）

【原文】

经　三十有二年春，王正月。

【译文】

僖公三十二年春天，周历正月。

【原文】

经　夏，四月，己丑，郑伯捷卒。

【译文】

夏季，四月己丑这天，郑文公捷去世。

【原文】

经　卫人侵狄。秋，卫人及狄盟。

【译文】

卫国侵犯狄人。秋天，卫和狄人会盟。

【原文】

经　冬，十有二月，己卯，晋侯重耳卒。

【译文】

冬天，十二月己卯这天，晋文公去世。

僖公三十三年（公元前六百二十七年）

【原文】

经　三十有三年春，王二月，秦人入滑。

【译文】

僖公三十三年春，周历二月，秦国攻进滑国。

【原文】

传　滑，国也。

【译文】

滑是个国家。

【原文】

经　齐侯使国归父来聘。

【译文】

齐国派遣国归父来鲁拜访。

【原文】

经　夏，四月，辛巳，晋人及姜戎败秦师于殽。

【译文】

夏天四月辛巳这天，晋人和姜戎在殽地大败秦军。

【原文】

传　不言战而言败何也？狄秦也。其狄之何也？秦越千里之险入虚国。进不能守，退败其师徒，乱人子女之教，无男女之别。秦之为狄，自殽之战始也。秦伯将袭郑，百里子，与蹇叔子谏曰："千里而袭人，未有不亡者也。"秦伯曰："子之冢木已拱矣，何知？"师行，百里子与蹇叔子送其子而戒之曰："女死必于殽之巖唫之下，我将尸女于是。"师行，百里子与蹇叔子随其子而哭之。秦伯怒曰："何为哭吾师也？"二子曰："非敢哭师也，哭吾子也。我老矣，彼不死则我死矣。"晋人与姜戎要而击之殽，匹马倚轮无反者。晋人者，晋子也。其曰人何也？微之也。何为微之。不正其释殡而主乎战也。

【译文】

不记交战而记败是为什么？是把秦国视为野蛮的狄人。为什么视它为夷狄？它越过千里险途，攻入毫无防备的滑国，进不能守，退遭失败，扰乱了滑国的教化，没了男女的区别。把秦视为夷狄，从殽山之战开始。秦穆公要袭击郑国。百里奚和蹇叔劝谏说："从千里远袭击别国，没有不败的。"秦伯说："你们坟上的树都该有合抱粗了，知道什么？"军队出发时，百里奚和蹇叔送儿子，并警诫儿子说："你们肯定死在殽山的险隘处，我将到那里为你们收尸。"军队走了，百里奚和蹇叔追着儿子哭。穆公大怒，说："为什么哭我的军

队?”两位大夫说:“不敢哭军队,是哭我的儿子。我年纪大了,他不死我将死了。”晋国和姜戎在殽山拦腰狙击,秦国没有一匹马一只车轮返回。晋人,指的是晋文公儿子。为什么称人?是轻视他。为什么轻视他?他不顾父死而率兵出战是不合礼的。

【原文】

经 癸巳,葬晋文公。

【译文】

癸巳这天,安葬晋文公。

【原文】

传 日葬,危不得葬也。

【译文】

记载安葬的日期,因为有危难不能及时安葬。

【原文】

经 狄侵齐。

【译文】

狄人入侵齐国。

【原文】

经 公伐邾,取訾楼。

【译文】

僖公攻打邾国,夺取了訾楼。

【原文】

经 秋,公子遂帅师伐邾。

【译文】

秋天,公子遂率领军队攻打邾国。

【原文】

经 晋人败狄于箕。

【译文】

晋国在箕地战败狄军。

【原文】

经　冬，十月，公如齐。

【译文】

冬天，十月，僖公到齐国去。

【原文】

经　十有二月，公至自齐。

【译文】

十二月，僖公回国，举行告祭祖庙之礼。

【原文】

经　乙巳，公薨于小寝。

【译文】

乙巳日，僖公在小寝去世。

【原文】

传　小寝，非正也。

【译文】

在小寝去世，是不合礼的。

【原文】

经　陨霜不杀草，李梅实。

【译文】

下霜草却没冻死，李树、梅树结了果实。

【原文】

传　未可杀而杀，举重也。可杀而不杀，举轻也。实之为言犹实。

【译文】

（植物）不该冻死却冻死，是说冷的厉害。该冻死而不冻死，是说不太冷。实是结果实的意思。

【原文】

经　晋人、陈人、郑人伐许。

【译文】

晋国、陈国和郑国讨伐许国。

文公卷第十(起元年尽八年)

文公元年(公元前六百二十六年)

【原文】

经　元年春，王正月，公即位。

【译文】

文公元年春天，周历正月，文公即位。

【原文】

传　继正即位，正也。

【译文】

正常地即位，合于礼制。

鲁文公

【原文】

经　二月，癸亥，日有食之。

【译文】

二月，癸亥这天，发生了日食。

【原文】

经　天王使叔服来会葬。

【译文】

周天子派遣叔服来鲁参加僖公的葬礼。

【原文】

传　葬曰会，其志重天子之礼也。

【译文】

(僖公的)葬礼是会葬。记载，是重视周王天子的礼节。

【原文】

经　夏，四月，丁巳，葬我君僖公。

【译文】

夏天，四月的丁巳日，安葬鲁僖公。

【原文】

传　死称公，举上也。葬我君，接上下也。僖公葬而后举谥，谥所以成德也，于卒事乎加之矣。

【译文】

僖公死时称公，是尊上之称。葬时称我君，是上下连为一体的称呼。安葬后加命谥号，用以表彰他的功德。谥号是死后追封的。

【原文】

经　天王使毛伯来锡公命。

【译文】

天子派遣毛伯来鲁赐予命封文公。

【原文】

传　礼有受命，无来锡命。锡命非正也。

【译文】

按照礼，有去天子那接受任命的，没有赏赐命封的。天子派人来赐予对文公的任命是不合礼制的。

【原文】

经　晋侯伐卫。

【译文】

晋国攻打卫国。

【原文】

经　叔孙得臣如京师。

【译文】

叔孙得臣前往京城。

【原文】

经　卫人伐晋。

【译文】

卫国攻伐晋国。

【原文】

经　秋，公孙敖会晋侯于戚。

【译文】

秋天，公孙敖到戚地会见晋侯。

【原文】

经　冬，十月，丁未，楚世子商臣弑其君髡。

【译文】

冬季十月丁未这天，楚太子商臣杀死自己国君髡。

【原文】

传　日髡之卒，所以谨商臣之弑也。夷狄不言正不正。

【译文】

记下楚成王髡死的日期，用以对楚穆王的杀害国君表示重视。对夷狄人不说对与不对。

【原文】

经　公孙敖如齐。

【译文】

公孙敖前往齐国。

文公二年（公元前六百二十五年）

【原文】

经　二年春，王二月，甲子，晋侯及秦师战于彭卫，秦师败绩。

【译文】

文公二年春季，周历二月，甲子日，晋秦在彭卫交战，秦军战败。

【原文】

经　丁丑，作僖公主。

【译文】

丁丑这天，为僖公在庙里立牌位。

【原文】

传　作，为也，为僖公主也。立主，丧主于虞，吉主于練。作僖公主，讥其后也。作主坏庙，有时日于練焉。坏庙，坏庙之道，易檐可也，改塗可也。

【译文】

作，是立的意思，指为僖公在庙里立牌位。立牌位，非正常死的在虞祭时，正常死的在練祭时。记载为僖公立牌位，是讽刺立晚了。修庙立牌位，时间规定在練祭时。修庙，有修庙的方式，更换屋檐可以，重新粉饰可以。

【原文】

经　三月，乙巳，及晋处父盟。

【译文】

三月的乙巳日，文公跟晋国大夫处父订立盟约。

【原文】

传　不言公，处父伉也，为公讳也。何以知其与公盟？以其日也。何以不言公之如晋？所耻也。出不书，反不致也。

【译文】

不提文公，是怕与晋国大夫对当，所以为文公隐讳。怎么知道是文公参加会盟？因为记载了具体日期。为什么不记文公到晋国去（结盟）？认为可耻的事情，出行时不记载，回国后也不举行告祭祖庙之礼。

【原文】

经　夏，六月，公孙敖会宋公、陈侯、郑伯、晋士縠盟于垂陇。

【译文】

夏天六月，公孙敖在垂陇这个地方和宋公、陈侯、郑伯、齐国的士縠订立盟约。

【原文】

传　内大夫可以会外诸侯。

【译文】

鲁国大夫可以会见各诸侯。

【原文】

经　自十有二月不雨，至于秋七月。

【译文】

从去年十二月到第二年七月没有下过雨。

【原文】

传　历时而言不雨，文不忧雨也。不忧雨者，无志乎民也。

【译文】

过了季节才记不下雨，表明文公不为雨担忧。不为下雨的事担忧的人，不把百姓放在心上呵。

【原文】

经　八月，丁卯，大事于大庙，跻僖公。

【译文】

八月丁卯这天在太庙举行大规模祭祀，把僖公牌位提升到前面。

【原文】

传　大事者何？大是事也，著祫尝。祫祭者，毁庙之主，陈于大祖，未毁庙之主，皆升合祭于大祖。跻，升也。先亲而后祖也，逆祀也。逆祀，则是无昭穆也。无昭穆则是无祖也，无祖则无天也。故曰文无天。无天者，是无天而行也。君子不以亲亲害尊尊，此春秋之义也。

【译文】

大事是什么意思？是强调这事重要，指合祭尝祭。合祭是指迁出庙的和未迁出庙的神主都陈列到周公庙共同祭祀。跻是升的意思。文公把父亲僖公的牌位升到闵公前面，就颠倒了祭祖的顺序。这样祭祀，就没了昭穆的区别。没有昭穆的区别就是无视祖宗，无视祖宗就是无视天道。所以说，文公无视天道。无视天道的人，就不按天道行事。君子不因爱亲人而损害尊崇长辈的大义，这就是春秋经昭示的义。

【原文】

经　冬，晋人、宋人、陈人、郑人伐秦。

【译文】

冬天,晋国、宋国、陈国、郑国进攻秦国。

【原文】

经　公子遂如齐纳币。

【译文】

公子遂到齐国去送聘礼。

文公三年(公元前六百二十四年)

【原文】

经　三年春,王正月,叔孙得臣会晋人、宋人、陈人、郑人伐沈,沈溃。

【译文】

文公三年春季,周历正月,鲁国大夫叔孙得臣会同晋、宋、陈、卫、郑各路诸侯攻打沈国,沈国大败。

【原文】

经　夏,五月,王子虎卒。

【译文】

夏季,五月,王子虎故去了。

【原文】

传　叔服也。此不卒者,何以卒之?以其来会葬,我卒之也,或曰:以其尝执重以守也。

【译文】

是叔服,这样的人去世不该记载。为什么记载他的死呢?因为他来参加过僖公的葬礼,所以我们记载他的死亡。有人说,是因为他曾担负重任,替天子镇守京师。

【原文】

经　秦人伐晋。

【译文】

秦国攻打晋国。

【原文】

经 秋，楚人围江。

【译文】

秋季，楚国围攻江国。

【原文】

经 雨螽于宋。

【译文】

蝗虫像下雨般坠落到宋国。

【原文】

传 外灾不志。此何以志也？曰，灾甚也。其甚奈何？茅茨尽矣。著于上见于下谓之雨。

螽

【译文】

鲁以外的国家闹灾，春秋经不予记载，这次为什么记载呢？说，因为灾情严重。严重到什么程度？盖屋顶的茅草都被虫吃光了。明显地看到从天上落到地面的叫雨。

【原文】

经 公如晋，十有二月，己巳，公及晋侯盟。

【译文】

冬季，文公到晋国去。十二月己巳日，文公和晋侯订立盟约。

【原文】

经 晋阳处父帅师伐楚救江。

【译文】

晋国的阳处父率军攻楚援救江国。

【原文】

传 此伐楚其言救江何也？江远楚近，伐楚所以救江也。

【译文】

这是攻伐楚国，为什么说救江呢？因为江国距离得远，楚国距离得近，用攻楚的办法来援救江国。

文公四年(公元前六百二十三年)

【原文】

经 四年春,公至自晋。

【译文】

四年春天,文公由晋回国,举行告祭祖庙之礼。

【原文】

经 夏,逆妇姜于齐。

【译文】

夏季,文公到齐国迎娶夫人。

【原文】

传 其曰妇姜,为其礼成乎齐也。其逆者谁也?亲逆而称妇,或者公与?何其速妇之也。曰,公也。其不言公何也?非成礼于齐也。曰妇,有姑之辞也。其不言氏何也?贬之也。何为贬之也?夫人与有贬也。

【译文】

称妇姜,表明婚礼在齐国完成。迎娶的人是谁?娶者亲自迎亲才称妇,是文公吧?为什么这么快就称妇?说,是文公。为什么不提文公?婚礼在齐完成是不合于礼书的。称妇,是有婆婆在的文辞。为什么不称姜氏(只称姜)?是贬抑她。为什么贬抑她?对夫人和文公都有贬抑。

【原文】

经 秋,楚人灭江。

【译文】

秋天,楚国灭了江国。

【原文】

经 晋人伐秦。

【译文】

晋国攻伐秦国。

【原文】

经　卫侯使甯俞来聘。

【译文】

卫侯派甯俞前来鲁国访问。

【原文】

经　冬，十有一月，壬寅，夫人风氏薨。

【译文】

冬季，十一月壬寅这天，夫人风氏逝世。

文公五年（公元前六百二十二年）

【原文】

经　五年春，王正月，王使荣叔归含且赗。

【译文】

文公五年春天，周历正月，天子派荣叔送来丧葬时用的含玉、马、布帛。

【原文】

传　含一事也，赠一事也，兼归之，非正也。其曰且，志兼也。其不言来，不周事之用也。赗以早，而含以晚。

【译文】

送含是一件事，送赗又是一件事，一起馈送，就不对了，用“且”，说明是兼办一起送。不说来，周王室的事不用来字。赗送得太早了，含又送晚了。

【原文】

经　三月，辛亥，葬我小君成风。

【译文】

三月的辛亥日，安葬夫人成风。

【原文】

经　王使毛伯来会葬。

【译文】

天子派遣毛伯来参加葬礼。

【原文】

传　会葬之礼于鄙上。

【译文】

葬礼在边境小城举行。(天子也派人来参加)

【原文】

经　夏,公孙敖如晋。

【译文】

夏季,公孙敖前往晋国。

【原文】

经　秦人入都。

【译文】

秦国侵犯都国。

【原文】

经　秋,楚人灭六。

【译文】

秋季,楚国灭掉六国。

【原文】

经　冬,十月,甲申,许男业卒。

【译文】

冬天,十月甲申日,许僖公去世。

文公六年(公元前六百二十一年)

【原文】

经　六年,春,葬许僖公。

【译文】

文公六年,春季,安葬许僖公。

【原文】

经　夏,季孙行父如陈。

【译文】

夏季，季孙行父前往陈国。

【原文】

经　秋，季孙行父如晋。

【译文】

秋季，季孙行父前往到晋国去了。

【原文】

经　八月，乙亥，晋侯驩卒。

【译文】

八月乙亥这天，晋襄公故去了。

【原文】

经　冬，十月，公子遂如晋。

【译文】

冬天，十月，公子遂到晋国去。

【原文】

经　葬晋襄公。

【译文】

安葬晋襄公。

【原文】

经　晋杀其大夫阳处父。

【译文】

晋国杀害自己的大夫阳处父。

【原文】

传　称国以杀，罪累上也，襄公已葬，其以累上之辞言之何也？君漏言也。上泄则下暗，下暗则聋，且暗且聋，无以相通。夜姑，杀者也。夜姑之杀奈何？曰，晋将与狄战，使狐夜姑为将军，赵盾佐之。阳处父曰："不可。古者君之使臣也，使仁者佐贤者，不使贤者佐仁者。今赵盾贤，夜姑仁，其不可乎。"襄公曰："诺。"谓夜姑曰："吾始使赵盾佐女，今女佐盾矣。"夜姑曰："敬诺。"襄公死。处父主境上，夜姑使人杀之。君漏言也。故士造辟

而言，诡辞而出，曰："用我则可，不用我则无乱其德。"

【译文】

举出国名说杀某某，表示罪过牵扯到君王。晋襄公既然已经安葬，怎么还说牵扯到君王呢？是君王泄漏了大臣的话。君王泄密，下臣就不敢讲真话，君王就会像聋子一样听不到真情。这样又暗又聋，就没有办法互相沟通。夜姑是杀人的。夜姑为什么杀害阳处父？说，晋国要跟狄人交战。襄公让夜姑担任将军，让赵盾当副手。阳处父说："不行。古时君王任命臣下，让仁者辅佐有贤才的，不让有才干的辅佐仁者。赵盾有才干，夜姑仁德，恐怕您的安排不妥当吧。"襄公说："嗯。"对夜姑说："我先前让赵盾给你做副手，现在你给盾做副手。"夜姑说："遵命。"襄公去世。阳处父到鲁国边境参加风氏的葬礼，夜姑派人杀害了他，是因为襄公泄漏了阳处父的话。所以（君王如果泄密）官员们到君王面前，就说假话，出来后还说："用我的也可，不用也不会损坏了我的德行"。

【原文】

经　晋狐夜姑出奔狄。

【译文】

晋国大夫狐夜姑出逃到狄国。

【原文】

经　闰月不告月，犹朝于庙。

【译文】

闰月时不必举行祭告祖庙的仪式，诸庙还是要祭祀的。

【原文】

传　不告月者何也？不告朔也。不告朔则何为不言朔也？闰月者，附月之余日也，积分而成于月者也。天子不以告朔，而丧事不数也。犹之为言可以已也。

【译文】

什么叫不告月？就是不告朔。不告朔，那为什么不提朔字？闰月，是每月多余的一天，一点点累积够一个月，附在月后就可以了。天子不告朔，遗误的事就无数。"犹"字是说可以停止举行（即不朝庙了）。

文公七年（公元前六百二十年）

【原文】

经　七年春，公伐邾。

【译文】

文公七年春季,文公率兵攻伐邾国。

【原文】

经　三月,甲戌,取须句。

【译文】

三月甲戌这天,夺得下须句邑。

【原文】

传　取邑不日。此其日何也?不正其再取,故谨而日之也。

【译文】

攻取小城不必记下日期。这次为什么记?认为鲁国两次夺取是不对的,所以郑重地记下日期。

【原文】

经　遂城部。

【译文】

在部地修筑城墙。

【原文】

传　遂,继事也。

【译文】

遂,表示接着另一事。

【原文】

经　夏,四月,宋公王臣卒。

【译文】

夏天,四月,宋成公故去。

【原文】

经　宋人杀其大夫。

【译文】

宋国杀害了自己的大夫。

【原文】

传　称人以杀，诛有罪也。

【译文】

记说人杀了某某，表示诛杀的是罪恶之人。

【原文】

经　戊子，晋人及秦人战于令狐，晋先蔑奔秦。

【译文】

戊子这天，秦晋在令狐交战，晋国的先蔑逃亡到秦国。

【原文】

传　不言出，在外也，辍战而奔秦，以是为逃军也。

【译文】

不用出字，因为是在外国作战。作战期间跑到秦国，因此认为他是逃兵。

【原文】

经　狄侵我西鄙。

【译文】

狄国侵犯鲁国西部边邑。

【原文】

经　秋，八月，公会诸侯、晋大夫盟于扈。

【译文】

秋天，八月，文王和众诸侯及晋国大夫在扈地举行盟会。

【原文】

传　其曰诸侯，略之也。

【译文】

称诸侯，是省略的记法。

【原文】

经　冬，徐伐莒。

【译文】

冬天，徐国攻打莒国。

【原文】

经　公孙敖如莒莅盟。

【译文】

公孙敖到莒国莅临盟会。

【原文】

传　莅,位也。其曰位何也？前定也。其不日,前定之盟不日也。

【译文】

莅是到位的意思。为什么说到确定位置就行？事前已约定了。不记日期,是因为事前约定的结盟不记日期。

文公八年(公元前六百一十九年)

【原文】

经　八年春,王正月。

【译文】

八年春季,周历正月。

【原文】

经　夏,四月。

【译文】

夏季,四月。

【原文】

经　秋,八月,戊申,天王崩。

【译文】

秋季,八月戊申这天,周襄王驾崩。

【原文】

经　冬,十月,壬午,公子遂会晋赵盾盟于衡雍。

【译文】

冬天,十月壬午这天,鲁国公子遂和晋国的赵盾在衡雍结盟。

【原文】

经　乙酉,公子遂会雒戎盟于暴。

【译文】

乙酉这天,公子遂和戎人在暴地结盟。

【原文】

经　公孙敖如京师,不至而复。丙戌,奔莒。

【译文】

公孙敖到京城去,没有到达就回来了,丙戌这天逃亡到莒国。

【原文】

传　不言所至,未如也。未如则未复也。未如而曰如,不废君命也。未复而曰复,不专君命也。其如非如也,其复非复也,唯奔莒之为信,故谨而日之也。

【译文】

不说到什么地方,是因为没去。没去也就无所谓返回,没去却说去,表示不敢扔掉君王的命令。没返回却说返回,表示对君命不敢独断专行。(其实)说他去,根本没有去;说他回,并没回,只有跑到莒国是真的,所以郑重地记下日子。

【原文】

经　螽。

【译文】

蝗虫成灾。

【原文】

经　宋人杀其大夫司马,宋司城来奔。

【译文】

宋国杀害了自己的司马官。司城官逃到鲁国避难。

【原文】

传　司马,官也。其以官称,无君之辞也。司城,官也。其以官称,无君之辞也。来奔者不言出,举其接我也。

【译文】

司马是官职。记载时称官职,表明君王无仁君之德。司城是官职。记载时称官名,

表明君王失去权威。记“来奔”，不说出奔，因为是跑来鲁国躲避灾难。

文公卷第十一（起九年尽十八年）

文公九年（公元前六百一十八年）

【原文】

经　九年春，毛伯来求金。

【译文】

文公九年春季，毛伯来求取治丧用的钱物。

【原文】

传　求车犹可，求金甚矣。

【译文】

索取车还可以，要钱就太过分了。

【原文】

经　夫人姜氏如齐。

【译文】

夫人姜氏前往齐国。

【原文】

经　二月，叔孙得臣如京师。辛丑，葬襄王。

【译文】

二月，叔孙得臣前往京师。辛丑这天安葬周襄王。

【原文】

传　京，大也。师，众也。言周必以众与大言之也。天子志崩不志葬，举天下而葬一人，其道不疑也。志葬，危不得葬也。日之，甚矣，其不葬之辞也。

【译文】

京是大的意思。师是众的意思。称周天子的都城，一定要用大，用众多来称呼。天

子驾崩要记载,举行葬礼时不必记载。天下人安葬天子一个人,这道理是不容置疑的。记载安葬,表明有危难不能安葬。记载日期,就更加严重了,是不能安葬的意思。

【原文】

经　晋人杀其大夫先都。

【译文】

晋国杀害了它的大夫先都。

【原文】

经　三月,夫人姜氏至自齐。

【译文】

三月,夫人姜氏从齐国返回行告祭祖庙之礼。

【原文】

传　卑以尊致,病文公也。

【译文】

卑微的人却像尊者一样举行告祭祖庙之礼,这是讥讽文公(宠惯妻子)。

【原文】

经　晋人杀其大夫士縠及箕郑父。

【译文】

晋国杀害了他的大夫士縠和箕郑父。

【原文】

传　称人以杀,诛有罪也,郑父累也。

【译文】

说人杀害了某某,杀的是有罪的人。郑父是被连累的。

【原文】

经　楚人伐郑。

【译文】

楚国攻打郑国。

【原文】

经　公子遂会晋人、宋人、卫人、许人救郑。

【译文】

公子遂会同晋国、宋国、卫国和许国，一起救援郑国。

【原文】

经　夏，狄侵齐。

【译文】

夏季，狄人侵犯齐国。

【原文】

经　秋，八月，曹伯襄卒。

【译文】

秋季，八月，曹共公逝世了。

【原文】

经　九月，癸酉，地震。

【译文】

九月，癸酉这天发生地震。

【原文】

传　震，动也，地不震者也。震，故谨而日之也。

【译文】

震是动的意思。大地本来不震动。震动了，所以郑重地记载震动的日期。

【原文】

经　冬，楚子使萩来聘。

【译文】

冬天，楚王派遣萩来鲁国访问。

【原文】

传　楚无大夫，其曰萩何也？以其来我，褒之也。

【译文】

楚没有经过周天子命封的大夫，为什么提萩呢？因为他来鲁国拜访，所以赞扬他。

【原文】

经　秦人来归僖公、成风之襚。

【译文】

秦国送来僖公和成风的入殓用的衣服。

【原文】

传　秦人弗夫人也,即外之弗夫人而见正焉。

【译文】

秦国不认为成风为夫人。国外不把成风看作夫人,可见是正确的。

【原文】

经　葬曹共公。

【译文】

安葬曹共公。

文公十年(公元前六百一十七年)

【原文】

经　十年春,王三月,辛卯,臧孙辰卒。

【译文】

文公十年春季,周历三月,辛卯这天,臧孙辰去世。

【原文】

经　夏,秦伐晋。

【译文】

夏季,秦国攻讨晋国。

【原文】

经　楚杀其大夫宜申。

【译文】

楚国杀害它的大夫宜申。

【原文】

经　自正月不雨,至于秋七月。

【译文】

从正月就没下雨,现在已经七月了。

【原文】

传　历时而言不雨，文不闵雨也。不闵雨者，无志乎民也。

【译文】

过了两个季节才记不下雨，表明文公不为无雨的事担心。不为无雨忧虑的人，不体恤民情呵！

【原文】

经　及苏子盟于女栗。

【译文】

鲁公和苏子在女栗订立盟约。

【原文】

经　冬，狄侵宋。

【译文】

冬季，狄人侵犯宋国。

【原文】

经　楚子、蔡侯次于厥貉。

【译文】

楚王、蔡侯临时驻扎在厥貉。

文公十一年（公元前六百一十六年）

【原文】

经　十有一年春，楚子伐麇。

【译文】

文公十一年春天，楚国讨伐麇国。

【原文】

经　夏，叔彭生会晋郤缺于承匡。

【译文】

夏季，叔彭生和晋国的郤缺在承匡会盟。

【原文】

经　秋，曹伯来朝。

【译文】

秋季，曹文公来鲁拜访。

【原文】

经　公子遂如宋。

【译文】

公子遂到宋国去。

【原文】

经　狄侵齐。

【译文】

狄人侵犯齐国。

【原文】

经　冬，十月，甲午，叔孙得臣败狄于鹹。

【译文】

冬季，十月甲午这天，叔孙得臣在鹹地战败狄军。

【原文】

传　不言帅师而言败何也？直败，一人之辞也。一人而曰败何也？以众焉言之也。传曰，长狄也，弟兄三人，佚害中国，瓦石不能害。叔孙得臣，最善射者也。射其目，身横九亩。断其首，眉见于轼。然则何为不言获也？曰，古者，不重创，不擒二毛，故不言获，为内讳也。其之齐者，王子成父杀之。则未知其之晋者也。

【译文】

不提叔孙得臣率领军队，却直接说战败狄人是为什么？因为狄方就一个人。一个人为什么说战败？以众人口气说的。狄人指长狄，弟兄三人，轮换骚扰中原诸侯，（他们肌肤强健）瓦石都打不伤他们。叔孙得臣是最善射的人，射中狄人的眼睛。（他倒下）身体横占了九亩地。砍下头装在车里，眉毛碰到车前横木。如此，那么为什么不说擒获长狄呢？古时，不射已经中伤的人，不擒拿头发花白的老人。所以不说擒获，是鲁国隐讳重伤长狄（射目又断首）。那个到齐国去的，王子成父杀害了他。不知去晋国攻犯的，是被谁杀的。

文公十二年(公元前六百一十五年)

【原文】

经 十有二年春,王正月,郕伯来奔。

【译文】

文公十二月春天,周历正月,郕国国君逃到鲁国避难。

【原文】

经 杞伯来朝。

【译文】

杞国国君来鲁国朝见鲁君。

【原文】

经 二月,庚子,子叔姬卒。

【译文】

二月庚子这天,子叔姬去世。

【原文】

传 其曰子叔姬,贵也,公之母姊妹也。其一传曰,许嫁,以卒之也。男子二十而冠,冠而列。丈夫三十而娶。女子十五而许嫁,二十而嫁。

【译文】

称她为子叔姬,因为她尊贵,是文公的同母姊妹。又一种说法是,订了婚,死后要记载。男子二十岁行冠礼,行冠礼后就列入成年,三十岁娶妻。女子十五岁许嫁,二十出嫁。

【原文】

经 夏,楚人围巢。

【译文】

夏天,楚国围攻巢国。

【原文】

经 秋,滕子来朝。

【译文】

秋季，滕国国君来朝访鲁君。

【原文】

经　秦伯使术来聘。

【译文】

秦伯派大夫西乞术来拜访鲁国。

【原文】

经　冬，十有二月，戊午，晋人、秦人战于河曲。

【译文】

冬天，十二月戊午日，秦、晋在河曲交战。

【原文】

传　不言及，秦晋之战已亟，故略之也。

【译文】

不用及字，因为秦晋交战已发生多次，所以省略不用。

【原文】

经　季孙行父帅师城诸及郓。

【译文】

季孙行父率领军队在诸郓二地修筑城墙。

【原文】

传　称帅师，言有难也。

【译文】

说率兵（修城），是因为有危难。

文公十三年（公元前六百一十四年）

【原文】

经　十有三年春，王正月。

【译文】

文公十三年春天，周历正月。

【原文】

经　夏，五月，壬午，陈侯朔卒。

【译文】

夏季，五月壬午这天，陈共公逝世。

【原文】

经　邾子籧篨卒。

【译文】

邾文公籧篨去世。

【原文】

经　自正月不雨，至于秋七月。

【译文】

从正月就无雨，一直到秋天七月。

【原文】

经　大室屋坏。

【译文】

世祖庙顶盖坏了。

【原文】

传　大室屋坏者，有坏道也，讥不修也。大室犹世室也。周公曰大庙，伯禽曰大室，群公曰宫。礼，宗庙之事，君亲割，夫人亲舂，敬之至也。为社稷之主，而先君之庙坏，极称之，志不敬也。

【译文】

世祖庙的顶盖坏了，有损坏的原因，讥刺不修缮。大室就像是世室。周公的庙叫大庙，伯禽的庙叫世庙，其他鲁公的庙叫宫。礼制规定，祭祀用的祭品要由国君亲自宰割，祭祀用的谷物由君夫人亲自舂好，表示对神祖崇敬到极点了。作为国家的君主，先王的庙毁坏了，房梁在撑着。记载下来，表明文公不恭敬祖。

【原文】

经　冬，公如晋。卫侯会公于沓。

【译文】

冬季，文公前往晋国，在沓地会见卫侯。

【原文】

经　狄侵卫。

【译文】

狄人侵犯卫国。

【原文】

经　十有二月，乙丑，公及晋侯盟。

【译文】

十二月，乙丑这天，文公和晋侯订立盟约。

【原文】

经　公还自晋，郑伯会公于棐。

【译文】

文公从晋返回，郑伯在棐地与文公会面。

【原文】

传　还者，事未毕也，自晋事毕也。

【译文】

用还字，表示事情还没办完，在晋国的事办完了。

文公十四年（公元前六百一十三年）

【原文】

经　十有四年春，王正月，公至自晋。

【译文】

文公十四年春太难，周历正月，文公从晋回国，告祭祖庙。

【原文】

经　邾人伐我南鄙，叔彭生帅师伐邾。

【译文】

邾国攻打鲁国南部边境。叔彭生率领军队攻伐邾国。

【原文】

经　夏，五月，乙亥，齐侯潘卒。

【译文】

夏季，五月乙亥日，齐昭公去世。

【原文】

经　六月，公会宋公、陈侯、卫侯、郑伯、许伯、曹伯、晋赵盾。癸酉，同盟于新城。

【译文】

六月，文公会见宋公、陈侯、卫侯、郑伯、许伯、曹伯和晋国的赵盾，癸酉这天，在新城签盟。

【原文】

传　同者，有同也，同外楚也。

【译文】

同的意思，表示有共同目的，一同抵挡楚国。

【原文】

经　秋，七月，有星孛入于北斗。

【译文】

秋季，七月，有彗星远动到北斗区域。

【原文】

传　孛之为言犹茀也。其曰入北斗，斗有环域也。

【译文】

孛就是指彗星。说它远动到北斗，表明北斗星有一定区域。

【原文】

经　公至自会。

【译文】

文公参加会盟后返回国告祭祖庙。

【原文】

经　晋人纳捷菑于邾，弗克纳。

【译文】

晋国护送捷菑进邾国争当国君，没被接受。

【原文】

传　是郤克也。其曰人何也？微之也。何为微之也？长毂五百乘，绵地千里，过宋郑滕薛，敻入千乘之国，欲变人之主。至城下，然后知，何知之晚也。弗克纳。未伐而曰弗克何也？弗克其义也。捷菑，晋出也。貜且，齐出也。貜且，正也。捷菑，不正也。

【译文】

晋人指的是郤克。称他人，是鄙视他。为什么鄙视他？（他率领）长长的五百辆战车，绵延数千里，经过宋郑滕薛四国，到远方，想进入邾国，改换邾国的君主。兵临城下，才知道理亏。为什么知道得这么晚。没能把捷菑护送回国。没攻伐怎么就说不能？按道理就不能。捷菑是晋女子生的，貜且是齐女子生的。貜且（是太子）为君是合礼的。捷菑要当君王，是不合理的。

【原文】

经　九月，甲申，公孙敖卒于齐。

【译文】

九月甲申日，公孙敖在齐国去世。

【原文】

传　奔大夫不言卒，而言卒何也？为受其丧，不可不卒也。其地于外也。

【译文】

逃亡在外的大夫死了不予记载，这次为什么记？因为要取回遗体，不能不记他的死。证明他死在国外。

【原文】

经　齐公子商人弑其君舍。

【译文】

齐公子商人杀死他的国君舍。

【原文】

传　舍未逾年，其曰君何也？成舍之为君，所以重商人之弑也。商人其不以国氏何也？不以嫌代嫌也。舍之不日何也？未成为君也。

【译文】

舍的君父去世不满一年，为什么称他为君？称舍为君，是用以表示商人杀害君主的严重性。商人为什么不冠以国号？不用嫌隙取代嫌隙。舍死了不记日期是为什么？他还没正式成为君王。

【原文】

经　宋子哀来奔。

【译文】

宋国的子哀投奔来鲁国。

鸟纹铜戟戈

【原文】

传　其曰子哀,失之也。

【译文】

称他子哀,失去了他的姓氏。

【原文】

经　冬,单伯如齐。

【译文】

冬天,单伯前往齐国。

【原文】

经　齐人执单伯。

【译文】

齐国捉拿了单伯。

【原文】

传　私罪也。单伯淫于齐,齐人执之。

【译文】

是通奸罪。单伯在齐淫乱,齐国捉拿了他。

【原文】

经　齐人执子叔姬。

【译文】

齐国捉住子叔姬。

【原文】

传　叔姬同罪也。

【译文】

叔姬和单伯犯了同样罪。

文公十五年(公元前六百一十二年)

【原文】

经　十有五年春,季孙行父如晋。

【译文】

文公十五年春季,季孙行父到晋国去。

【原文】

经　三月,宋司马华孙来盟。

【译文】

三月,宋国的司马华孙来鲁结盟。

【原文】

传　司马,官也。其以官称,无君之辞也。来盟者何?前定也。不言及者,以国与之也。

【译文】

司马是官取名称。用官名称呼,是没有君王专权擅行的意思。来盟是什么意思?是预先约定好的。不说华孙和谁会盟,因为是以国的名义跟他会盟。

【原文】

经　夏,曹伯来朝。

【译文】

夏季,曹伯前来鲁朝见。

【原文】

经　齐人归公孙敖之丧。

【译文】

齐国把公孙敖的遗体送回鲁国。

【原文】

经　六月,辛丑,朔,日有食之。

【译文】

六月辛丑这天是初一，发生日食。

【原文】

传　鼓，用牲于社。

【译文】

击鼓、杀牲祭社神（来救日食）。

【原文】

经　单伯至自齐。

【译文】

单伯从齐国回到鲁国。

【原文】

传　大夫执则致，致则名。此其不名何也？天子之命大夫也。

【译文】

大夫在别国被抓，回国后要告祭祖庙。告祖就应该要记载名。这次为什么不记名？因为是天子正式任命的大夫。

【原文】

经　晋郤缺帅师伐蔡，戊申，入蔡。

【译文】

晋国的郤缺率领军队攻蔡国，戊申日，侵入蔡国。

【原文】

经　秋，齐人侵我西鄙。

【译文】

秋季，齐国侵犯鲁国西部边邑。

【原文】

传　其曰鄙，远之也。其远之何也？不以难介我国也。

【译文】

提边邑，是强调它遥远。为什么要强调它距离远？不让危难逼近鲁国国都。

【原文】

经　季孙行父如晋。

【译文】

季孙行父到晋国去。

【原文】

经　冬，十有一月，诸侯盟于扈。

【译文】

冬天，十一月，诸侯在扈地结盟。

【原文】

经　十有二月，齐人来归子叔姬。

【译文】

十二月，齐国将子叔姬送还。

【原文】

传　其曰子叔姬，贵之也。其言来归何也？父母之于子，虽有罪。犹欲其免也。

【译文】

称子叔姬，是她地位尊贵。来归是什么意思？因为父母对子女，即使有罪过，也想赦免他。

【原文】

经　齐侯侵我西鄙，遂伐曹，入其郛。

【译文】

齐国侵入鲁国西部边境，顺路又攻打曹国，进入曹都的外城。

文公十六年（公元前六百一十一年）

【原文】

经　十有六年春，季孙行父会齐侯于阳谷，齐侯弗及盟。

【译文】

文公十六年春天，季孙行父在阳谷跟齐侯会面，齐侯不跟鲁结盟。

【原文】

传　弗及者，内辞也。行父失命矣。齐得。内辞也。

【译文】

用“弗及”，是替鲁隐讳的文辞。季孙行父没有完成使命。齐侯做得对。替鲁国隐讳。

【原文】

经　夏，五月，公四不视朔。

【译文】

夏天五月，文公四个月不视朔。

【原文】

传　天子告朔于诸侯，诸侯受乎祢庙，礼也。四不视朔，公不臣也，以公为厌政以甚矣。

【译文】

天子向诸侯颁告朔政，诸侯在父庙听朔，这是礼制所规。文公四个月不礼朔，这是不尽臣礼，认为他太厌政了。

【原文】

经　六月，戊辰，公子遂及齐侯盟于师丘。

【译文】

六月戊辰这天，公子遂跟齐侯在师丘会盟。

【原文】

经　復行父之盟也。

【译文】

又是季孙行父那次的盟会。

【原文】

经　秋，八月，辛未，夫人姜氏死。

【译文】

秋季，八月辛未日，夫人姜氏去世。

【原文】

经　毁泉台。

【译文】

泉台毁坏。

【原文】

传　丧不贰事，贰事，缓丧也，以文为多失道矣。自古为之，今毁之，不如勿处而已矣。

【译文】

在母丧时不能办两件事，办两件事就要耽搁丧事。认为文公做了很多丧失政道的事。古时造了台，现在拆毁它，不如不住人算了。

【原文】

经　楚人、秦人、巴人灭庸。

【译文】

楚国、泰国和巴国灭掉庸国。

【原文】

经　冬，十有一月，宋人弑其君杵臼。

【译文】

冬季，十一月，宋人杀了他们的国君。

文公十七年（公元前六百一十年）

【原文】

经　十有七年春，晋人、卫人、陈人、郑人伐宋。

【译文】

文公十七年春季，晋国、卫国、陈国和郑国进攻宋国。

【原文】

经　夏，四月，癸亥，葬我小君声姜。

【译文】

夏季，四月癸亥日，安葬君夫人声姜。

【原文】

经　齐侯伐我西鄙。六月，癸未，公及齐侯盟于穀。

【译文】

齐国攻打鲁国西部边境。六月，癸未日，鲁公和齐侯在穀地会盟。

【原文】

经　诸侯会于扈。

【译文】

诸侯在扈地会盟。

【原文】

经　公至自谷。

【译文】

文公从谷地回国，举行告祭祖庙之礼。

【原文】

经　冬，公子遂如齐。

【译文】

冬天，公子遂到齐国去。

文公十八年（公元前六百零九年）

【原文】

经　十有八年春，王二月，丁丑，公死于台下。

【译文】

文公十八年春季，周历二月，丁丑日，文公死在台下。

【原文】

传　台下非正也。

【译文】

死在台下，不是正常的处所。

【原文】

经　秦伯罃卒。

【译文】

秦康公罃去世。

【原文】

经　夏，五月，戊戌，齐人弑其君商人。

【译文】

夏季，五月戊戌这天，齐人弑杀了自己的国君。

【原文】

经　六月，癸酉，葬我君文公。

【译文】

六月癸酉这天，安葬鲁文公。

【原文】

经　秋，公子遂、叔孙得臣如齐。

【译文】

秋季，公子遂、叔孙得臣前往齐国。

【原文】

传　使举上客，而不称介，不正其同伦而相介，故列而数之也。

【译文】

使臣，只列举正使，不需列举副手。认为相同地位而分正副是不对的，所以列数出来。

【原文】

经　冬，十月，子卒。

【译文】

冬季十月，太子去世。

【原文】

传　子卒，不日，故也。

【译文】

太子死，不记载死亡日期，是有缘故的。

【原文】

经　夫人姜氏归于齐。

【译文】

夫人姜氏回到了齐国。

【原文】

传　恶宣公也。有不待贬绝，而罪恶见者；有待贬绝，而恶从之者。侄娣者，不孤子之意也。一人有子，三人缓带。一曰就贤也。

【译文】

认为宣公坏。有的人，不斥责他，罪恶就显露出来。有的人，只有斥责他，罪恶才暴露出来。所谓侄娣，表明太子不是一人的。一妻生了孩子，许多妻妾都要为之操心。一种说法，认为宣公贤才仁德而就位为君。

【原文】

经　季孙行父如齐。

【译文】

季孙行父前往齐国。

【原文】

经　莒弑其君庶其。

【译文】

莒国杀害自己的国君庶其。

宣公卷第十二（起元年尽十八年）

宣公元年（公元前六百零八年）

【原文】

经　元年春，王正月，公即位。

【译文】

宣公元年春季，周历正月，宣公即位。

【原文】

传　继故而言即位，与闻乎故也。

【译文】

继承非正常故去的国君之位，记载即位，表明参与了篡位之争。

鲁宣公

【原文】

经　公子遂如齐逆女。

【译文】

公子遂到齐国迎接作为宣公夫人的女子。

【原文】

经　三月，遂以夫人妇姜至自齐。

【译文】

三月，公子遂带姜氏从齐国回来，告祭祖庙。

【原文】

传　其不言氏，丧未毕，故略之也。其曰妇，缘姑言之之辞也。遂之挈由上致之也。

【译文】

不称姜氏，因为文公居丧期期间，所以省略它。称妇，是有婆婆这一意思。公子遂带着，由君王告祭祖庙。

【原文】

经　夏，季系行父如齐。

【译文】

夏天，季系行父前往齐国。

【原文】

经　晋放其大夫胥甲父于卫。

【译文】

晋国将它的大夫胥甲父放逐到卫国。

【原文】

传　放，犹屏也。称国以放，放无罪也。

【译文】

放遂，就是指摒除不用。举出国名说放逐胥甲父，放逐的是无罪的人。

【原文】

经　公会齐侯于平州。

【译文】

宣公和齐侯在平州会面。

【原文】

经　公子遂如齐。

【译文】

公子遂到齐国去。

【原文】

经　六月，齐人取济西田。

【译文】

六月，齐国夺得济水以西的土地。

【原文】

传　内不言取，言取，授之也，以是为赂齐也。

【译文】

其他诸侯得了鲁的土地不能说取，说取，表明是馈赠给的，鲁用土地行贿齐国。

【原文】

经　秋，邾子来朝。

【译文】

秋天，邾国国君来朝访宣公。

【原文】

经　楚子、郑人侵陈，遂侵宋。晋赵盾帅师救陈。宋公、陈侯、卫侯、曹伯会晋师于棐林，伐郑。

【译文】

楚郑二国侵犯陈国然后侵犯宋，晋国赵盾率兵救陈。宋、陈、卫、曹和晋在棐林会合军队，攻打郑国。

【原文】

传　遂，继事也。善救陈也。列数诸侯而会晋赵盾，大赵盾之事也。其曰师何也？以其大之也。于棐林，地而后伐郑，疑辞也。此其地何？则著其美也。

【译文】

用遂字，表示连接着后一件事。援救陈国是好事。列数诸侯，然后说和赵盾会合，是强调赵盾的重要地位。称晋师，也是为显示它人数居多。在棐林会师，先记会师地点，然后记攻打，表示对攻打有疑虑（需会合商讨）。这次记地点是为什么？是称赞赵盾主会的功绩。

【原文】

经　冬，晋赵穿帅师侵崇。

【译文】

冬天，晋国的赵穿率兵侵犯崇国。

【原文】

经　晋人、宋人伐郑。

【译文】

晋国、宋国攻打郑国。

宣公二年（公元前六百零七年）

【原文】

经　二年春，王二月，壬子，宋华元帅师及郑公子归生帅师，战于大棘，宋师败绩，获宋华元。

【译文】

宣公二年春天，周历二月壬子日，宋国华元率兵，郑国公子归生率兵在大棘交战，宋军战败，华元被俘。

【原文】

传　获者，不与之辞也。言尽其众，以救其将也。以三军敌华元。华元虽获，不病矣。

【译文】

用获字，表示不赞同的意思。宋军竭力救援自己的主将。郑国方面全军抵挡华元。

华元虽然被俘获，也不该责怪。

【原文】

经　秦师伐晋。

【译文】

秦军攻打晋国。

【原文】

经　夏，晋人、宋人、卫人、陈人侵郑。

【译文】

夏天，晋国、宋国、卫国和陈国侵犯郑国。

【原文】

经　秋，九月，乙丑，晋赵盾弑其君夷皐。

【译文】

秋天，九月乙丑这天，晋国赵盾杀害君王夷皐。

【原文】

传　穿弑也，盾不弑，而日盾弑何也？以罪盾也。其以罪盾何也？曰灵公朝诸大夫而暴弹之，观其辟丸也。赵盾入谏，不听。出亡，至于郊。赵穿弑公，而后反赵盾。史狐书贼曰："赵盾弑公。"盾曰："天乎！天乎！予无罪，孰为盾而忍弑其君者乎？"史狐曰："子为正卿，入谏不听，出亡不远。君弑，反不讨贼，则志同。志同则书重，非子而谁？"故书之曰，晋赵盾杀其君夷皐者，过在下也。曰，于盾也，见忠臣之至，于许世子止，见孝子之至。

【译文】

是赵穿弑君，赵盾并没弑君。为什么记赵盾弑君？认为赵盾有罪过。为什么认为赵盾有罪？说，晋灵公朝见大夫时，残暴地用弹丸射击，观看人躲避弹丸的狼狈样儿。赵盾劝阻，灵公不听，赵盾只好逃出晋国，跑到国都郊外。赵穿杀死灵公，赵盾听说后返回国都。史官狐记载杀人凶手，写道：赵盾杀君。赵盾说："天哪！天哪！我没罪，谁认为我能忍心弑杀国君呢？"狐说："你是正卿，劝阻王不听，要出逃又没走多远，君王被杀，你回来不讨伐罪人，那就说明你和赵穿相同。想法一样，就记载地位高的，不是你是谁？"因此说，经文记赵盾杀君王，其实凶手在下边。可以说，在赵盾身上，看到了最好的忠臣；在许太子身上，看到了最好的孝子。

【原文】

经　冬，十月，乙亥，天王崩。

【译文】

冬季，十月乙亥日，周匡王驾崩。

宣公三年（公元前六百零六年）

【原文】

经　三年春，王正月，郊牛之口伤。

【译文】

宣公三年春，周历正月，郊祭用的牛的嘴被弄伤。

【原文】

传　之口，缓辞也，伤自牛作也。改卜牛，牛死，乃不郊，事之变也。乃者，亡乎人之辞也。犹三望。

【译文】

郊祭用的牛嘴受了伤，表示祭祀要迟延的意思。是牛自己伤的。又另占卜换牛，牛又死了，只好不举行郊祭，事情发生了变故。用乃字，表示没有贤人的意思。还是举行了三次望祭。

【原文】

经　葬匡王。

【译文】

安葬周匡王。

【原文】

经　楚子伐陆浑戎。

【译文】

楚王攻打戎人。

【原文】

经　夏，楚人侵郑。

【译文】

夏天，楚国侵犯宋国。

【原文】

经　秋，赤狄侵齐。

【译文】

秋季，赤狄侵略齐国。

【原文】

经　宋师围曹。

【译文】

宋军围攻曹国。

【原文】

经　冬，十月，丙戌，郑伯兰卒。

【译文】

冬天，十月丙戌这天，郑穆公去世。

【原文】

经　葬郑穆公。

【译文】

安葬郑穆公。

宣公四年（公元前六百零五年）

【原文】

经　四年春，王正月，公及齐侯平莒及郯，莒人不肯。公伐莒，取向。

【译文】

宣公四年春，周历正月，齐侯要跟莒国、郯国讲和，莒国不肯接受，宣公讨伐莒，夺取了向邑。

【原文】

传　及者，内为志焉尔。平，成也。不肯者，可以肯也。伐犹可，取向甚矣。

莒人辞不受治也。伐莒,义兵也。取向,非也,乘义而为利也。

【译文】

用及字,表明是鲁国提出的主意。平是讲和的意思。不肯,正表明可以肯。攻伐莒国还可以,夺取向邑就过分了。莒国不接受讲和。攻伐莒,是为正义而出兵;占领向邑,是不合礼的,是乘做好事之机牟取私利。

【原文】

经　秦伯稻卒。

【译文】

秦共公稻去世。

【原文】

经　夏,六月,乙酉,郑公子归生杀其君夷。

【译文】

夏天,六月乙酉日,郑国公子归生杀死郑灵公夷。

【原文】

经　赤狄侵齐。

【译文】

狄人侵略齐国。

【原文】

经　秋,公如齐。

【译文】

宣公前往齐国。

【原文】

经　公至自齐。

【译文】

宣公从齐国归来,告祭祖庙之礼。

【原文】

经　冬,楚子伐郑。

【译文】

冬季，楚国攻打郑国。

宣公五年（公元前六百零四年）

【原文】

经　五年春，公如齐。

【译文】

宣公五年春季，宣公到齐国去。

【原文】

经　夏，公至自齐。

【译文】

夏季，宣公从齐返回国，举行告祭祖庙之礼。

【原文】

经　秋，九月，齐高固来迎子叔姬。

【译文】

秋天九月，齐国的高固来鲁，迎娶子叔姬。

【原文】

传　诸侯之嫁子于大夫，主大夫以与之。来者，接内也。不正其接内，故不与夫妇之称也。

【译文】

诸侯嫁女给别国大夫，应由自己国家大夫去送女并主持婚礼。来，是到鲁国来接的意思。这是不合礼义的，所以不用夫妇的称呼。

【原文】

经　叔孙得臣卒。

【译文】

叔孙得臣去世。

【原文】

经　冬，齐高固及子叔姬来。

【译文】

冬天，齐国的高固和子叔姬一同前往鲁国。

【原文】

传　及者，及吾子叔姬也。为使来者，不使得归之意也。

【译文】

用及字，是强调跟我们鲁女子叔姬一道来的。以使臣身份来，(和妻子同来)就不能回去了。

【原文】

经　楚人伐郑。

【译文】

楚国讨伐郑国。

宣公六年(公元前六百零三年)

【原文】

经　六年，春，晋赵盾、卫孙免侵陈。

【译文】

宣公六年春天，晋国赵盾、和卫国孙免率兵进攻陈。

【原文】

传　此帅师也，其不言帅师何也？不正其败前事，故不与帅师也。

【译文】

这次是率领军队前去攻打陈国。为什么不说率领军队？赵盾败坏了先前所做的功绩，是不对的，不赞许他领兵攻打陈。

【原文】

经　夏，四月。

【译文】

夏季，四月。

【原文】

经　秋，八月，螽。

【译文】

秋天，八月，蝗虫成灾。

【原文】

经　冬，十月。

【译文】

冬季，十月。

宣公七年（公元前六百零二年）

【原文】

经　七年春，卫侯使孙良夫来盟。

【译文】

宣公七年春天，卫侯派孙良夫来鲁结盟。

【原文】

传　来盟，前定也。不言及者，以国与之。不言其人，亦以国与之。不日，前定之盟不日。

【译文】

记"来盟"，表明是预先约定好的。不记孙良夫跟谁结盟，鲁国是以国家名义跟卫结盟。不记具体结盟的人，也是以国家名义订立。不记日期，是因为事前商定好的都不记日期。

【原文】

经　夏，公会齐侯伐莱。

【译文】

夏季，宣公会同齐国，攻打莱国。

【原文】

经　公至自伐莱。

【译文】

秋季，宣公讨伐莱后回国，告祭祖庙。

【原文】

经　冬，公会晋侯、宋公、卫侯、郑伯、曹伯于黑壤。

【译文】

冬天，宣公和晋侯、宋公、卫侯、郑伯、曹伯在黑壤会面。

宣公八年（公元前六百零一年）

【原文】

经　八年春，公至自会。

【译文】

宣公八年春天，宣公从黑壤回国，告祭祖庙。

【原文】

经　夏，六月，公子遂如齐，至黄乃复。

【译文】

夏天六月，公子遂前往齐国，到黄地就返回了。

【原文】

传　乃者，亡乎人之辞也。复者，事毕也，不专公命也。

【译文】

用乃字，表明没有人（可派）的文辞。用复字，表示办完事回国报告，对君命不擅权专行。

【原文】

经　辛巳，有事于大庙。仲遂卒于垂。壬午，犹绎。万人，去籥。

【译文】

辛巳日，在周公庙举行祭祀。仲遂在垂地逝世。壬午这天，接着举行祭祀，跳万舞，撤去籥乐。

【原文】

传　为若反命而后卒也。此公子也，其曰仲何也？疏之也。何为疏之也？是不卒者也。不疏则无用见其不卒也。则其卒子何也？以讥乎宣也。其讥乎宣何也？闻大夫之丧，则去乐卒事。犹者，可以已之辞也。绎者，祭之旦日之享宾也。以其为之变，讥之也。

【译文】

（经文所记）就像仲遂回国复命后才死。这人是公子，为什么称仲遂？是表示疏远他。为什么表示疏远他？因为这个人死不应该记载，不疏远，就没法表明不该记他的死。那为什么还记他的死？是用以讥讽宣公。为什么讥讽宣公？听说大夫死，就应该撤去乐舞，结束祭祀。用犹字，表示可以停止的意思。绎，指祭祀的第二天用酒食宴请宾客。因为宣公变换方法，撤去籥器祭祀，讥讽他。

【原文】

经　戊子，夫人熊氏薨。

【译文】

戊子日，文公夫人熊氏去世。

【原文】

经　晋师、白狄伐秦。

【译文】

晋国和狄人攻伐秦国。

【原文】

经　楚人灭舒鄝。

【译文】

楚国灭掉舒鄝国。

【原文】

经　秋，七月，甲子，日有食之，既。

【译文】

秋季，七月甲子这天，出现日食，日全食。

【原文】

经　冬，十月，己丑，葬我小君顷熊。雨，不克葬。庚寅，日中而克葬。

【译文】

冬季十月己丑日，安葬文公夫人顷熊，下雨，不能下葬。庚寅日，直到中午才能下葬。

【原文】

传　葬既有日，不为雨止，礼也。雨不克葬，丧不以制也。而，缓辞也，足乎日之

辞也。

【译文】

安葬既然有确定的日子,就不能因为有雨而推迟,这是礼。如果因雨而不下葬,丧礼就不是按礼制的规定办了。而,表示延缓,时间充裕的意思。

【原文】

经　城平阳。

【译文】

在平阳修筑城墙。

【原文】

经　楚师伐陈。

【译文】

楚军攻伐陈国。

宣公九年(公元前六百年)

【原文】

经　九年,春,王正月,公如齐。

【译文】

九年,春季,周历正月,宣公到齐国去。

【原文】

经　公至自齐。

【译文】

宣公从齐国返回,告祭祖庙。

【原文】

经　夏,仲孙蔑如京师。

【译文】

仲孙蔑前往京城。

【原文】

经　齐侯伐莱。

【译文】

齐侯讨伐莱国。

【原文】

经　秋，取根牟。

【译文】

秋天，鲁国夺取了根牟。

【原文】

经　八月，滕子卒。

【译文】

八月，滕昭公去世。

【原文】

经　九月，晋侯、宋公、卫侯、郑伯、曹伯会于扈。

【译文】

九月，晋侯、宋公、卫侯、郑伯、曹伯在扈地会面。

【原文】

经　晋荀林父帅师伐陈。

【译文】

晋国由荀林父领兵攻打陈国。

【原文】

经　辛酉，晋侯黑臀卒于扈。

【译文】

辛酉日，晋侯黑臀死于扈地。

【原文】

传　其地，于外也。其日，未逾竟也。

【译文】

记载地点，因为他死在外地。记载日期，因为没越过国境。

【原文】

经　冬，十月，癸酉，卫侯郑卒。

【译文】

冬天，十月癸酉这天，卫成公去世。

【原文】

经　宋人围腾。

【译文】

宋国围攻滕国。

【原文】

经　楚子伐郑。

【译文】

楚国讨伐郑国。

【原文】

经　晋郤缺帅师救郑。

【译文】

晋国由郤缺率兵援助郑国。

【原文】

经　陈杀其大夫泄冶。

【译文】

陈国杀害自己的大夫泄冶。

【原文】

传　称国以杀其大夫，杀无罪也。泄冶之无罪如何？陈灵公通于夏徵舒之家。公孙宁、仪行父亦通其家。或衣其衣，或衷其襦，以相戏于朝。泄冶闻之，入谏曰："使国人闻之则犹可，使仁人闻之则不可。"君愧于泄冶，不能用其言而杀之。

【译文】

举出国名说杀自己国家的大夫，杀的是没有罪的人。泄冶怎么没罪？陈灵公和夏徵舒的母亲私通，公孙宁、仪行父也与夏姬私通。有时穿着夏姬的衣服，有时还把夏姬的短衣贴身穿，在朝廷上互相戏弄。泄冶听到后，进谏灵公说："让宫内人听说还行，让仁德的人听到就不行了。"灵公对泄冶表示羞愧，但不听劝谏，还杀了泄冶。

宣公十年(公元前五百九十九年)

【原文】

经　十年春,公如齐。

【译文】

宣公十年春季,宣公到齐国去。

【原文】

经　公至自齐。

【译文】

宣公从齐回国,告祭祖庙。

【原文】

经　齐人归我济西田。

【译文】

齐国归还鲁国济水以西的疆土。

【原文】

传　公娶齐,齐由以为兄弟反之。不言来,公如齐受之也。

【译文】

宣公娶齐女为夫人,齐国由此把鲁视为兄弟之国,把土地返回给鲁国。不说来,是宣公到齐国接受归还过来的。

【原文】

经　夏,四月,丙辰,日有食之。

【译文】

夏季,四月丙辰日,出现日食。

【原文】

经　己巳,齐侯元卒。

【译文】

己巳这天,齐惠公去世。

【原文】

经　齐崔氏出奔卫。

【译文】

齐国的崔氏出逃到卫国。

【原文】

传　氏者，举族而出之之辞也。

【译文】

用氏字，表示全家族所有人出逃。

【原文】

经　公如齐。

【译文】

宣公前往齐国。

【原文】

经　公至自齐。

【译文】

宣公由齐国返回，举行告祭祖庙之礼。

【原文】

经　癸巳，陈夏徵舒杀其君平果。

【译文】

癸巳日，陈国的夏徵舒杀害了自己的国君。

【原文】

经　六月，宋师伐滕。

【译文】

六月，宋国攻伐滕国。

【原文】

经　公孙归父如齐，葬齐惠公。

【译文】

公孙归父前往齐国，参加齐惠公的葬礼。

【原文】

经　晋人、宋人、卫人、曹人伐郑。

【译文】

晋国、宋国、卫国和曹国进攻郑国。

【原文】

经　秋，天王使王季子来聘。

【译文】

秋季，天子派王季来行聘问之礼。

【原文】

传　其曰王季，王子也。其曰子，尊之也。聘，问也。

【译文】

称王季，表明是天子的儿子。称子，是尊重他。聘是访问的意思。

【原文】

经　公孙归父帅师伐邾取绎。

【译文】

公孙归父率兵攻打邾国，夺取了绎城。

【原文】

经　大水。

【译文】

发大水。

【原文】

经　季孙行父如齐。

【译文】

季孙行父前往齐国。

【原文】

经　冬，公孙归父如齐。

【译文】

公孙归父前往齐国。

【原文】

经　齐侯使国佐来聘。

【译文】

齐侯派遣国佐来鲁国访问。

【原文】

经　饥。

【译文】

发生了饥荒。

【原文】

经　楚子伐郑。

【译文】

楚国攻打郑国。

宣公十一年(公元前五百九十八年)

【原文】

经　十有一年,春,王正月。

【译文】

宣公十一年,春季,周历正月。

【原文】

经　夏,楚子、陈侯、郑伯盟于夷陵。

【译文】

夏季,楚子、陈侯和郑伯在夷陵会盟。

【原文】

经　公孙归父会齐人伐莒。

【译文】

公孙归父会同齐军攻打莒国。

【原文】

经　秋,晋侯会狄于欑函。

【译文】

秋季，晋侯在欑函和狄人会盟。

【原文】

传　不言及，外狄。

【译文】

不用及字，是把狄看作诸侯之外的国家。

【原文】

经　冬，十月，楚人杀陈夏徵舒。

【译文】

冬天，十月，楚国杀害陈国的夏徵舒。

【原文】

传　此入而杀也。其不言入何也？外徵舒于陈也。其外徵舒于陈何也？明楚之讨有罪也。

【译文】

这是进入陈国之后才杀的，为什么不说进入陈国呢？是把徵舒排斥于陈国以外。为什么这样？为了表明楚国所讨伐的是有罪的人。

【原文】

经　丁亥，楚子入陈。

【译文】

丁亥这天，楚王进入陈国。

【原文】

传　入者，内弗受也。日入，恶入者也。何用弗受也？不使夷狄为中国人。

【译文】

用入，表示陈国不情愿让进入。记下攻进陈国的日期，是对攻入者表示憎恶。为什么陈国不接受楚国的做法？不让夷狄介入中原的诸侯。

【原文】

经　纳公孙宁，仪行父于陈。

【译文】

使公孙宁,仪行父返回陈国。

【原文】

传　纳者,内弗受也。辅人之不能民而讨犹可,入人之国,制人之上下,使不得其君臣之道,不可。

【译文】

用纳字,表示陈国拒绝。帮助不能治理民众的人进行讨伐还可以;入侵别人的国家,控制人家的君臣,乱了君臣之道,就不可以了。

宣公十二年(公元前五百九十七年)

【原文】

经　十有二年,春,葬陈灵公。

【译文】

宣公十二年,春季,安葬陈灵公。

【原文】

经　楚子围郑。

【译文】

楚国围攻郑国。

【原文】

经　夏,六月,乙卯,晋荀林父帅师及楚子战于邲,晋师败绩。

【译文】

夏天的六月,乙卯日,晋国荀林父率领军队在邲地跟楚交战,晋军被打败。

【原文】

传　绩,功也。功,事也。日其事,败也。

【译文】

绩是功的意思。功则是事的意思。记载交战的日子,晋国被打败了。

【原文】

经　秋,七月。

【译文】

秋天，七月。

【原文】

经　冬，十有二月，戊寅，楚子灭萧。

【译文】

冬季，十二月戊寅这天，楚国灭了萧国。

【原文】

经　晋人、宋人、卫人、曹人同盟于清丘。

【译文】

晋国、宋国、卫国和曹国在清丘会盟。

【原文】

经　宋师伐陈，卫人救陈。

【译文】

宋国讨伐陈国，卫国援救陈国。

宣公十三年（公元前五百九十六年）

【原文】

经　十有三年，春，齐师伐莒。

【译文】

宣公十三年，春季，齐国攻打莒国。

【原文】

经　夏，楚子伐宋。

【译文】

夏天，楚国攻打宋国。

【原文】

经　秋，螽。

【译文】

秋天，蝗虫成灾。

【原文】

经　冬，晋杀其大夫先縠。

【译文】

冬季，晋国杀了它的大夫先縠。

宣公十四年（公元前五百九十五年）

【原文】

经　十有四年，春，卫杀其大夫孔达。

【译文】

十四年的春天，卫国杀了它的大夫孔达。

【原文】

经　夏，五月，壬申，曹伯寿卒。

【译文】

夏季，五月壬申日，曹文公故去了。

邵之食鼎

【原文】

经　晋侯伐郑。

【译文】

晋国攻的郑国。

【原文】

经　秋，九月，楚子围宋。

【译文】

秋天，九月，楚国包围宋国。

【原文】

经　葬曹文公。

【译文】

安葬曹文公。

【原文】

经 冬,公孙归父会齐侯于谷。

【译文】

冬天,公孙归父在谷地与齐侯会面。

宣公十五年(公元前五百九十四年)

【原文】

经 十有五年春,公孙归父会楚子于宋。

【译文】

十五年春季,公孙归父在宋国与楚王会面。

【原文】

经 夏,五月,宋人及楚人平。

【译文】

夏季,五月,宋国跟楚国讲和。

【原文】

传 平者,成也。善其量力而反义也。人者,众辞也。平称众,上下欲之也。外平不道,以吾人之存焉道之也。

【译文】

平是成就和平的意思。认为两国衡量自己的力量,归于仁义和好是好事。称楚人宋人,表示众多的意思,是说两国上上下下都想交好。外国之间讲和,不必记载,这次记载是由于宋楚讲和是鲁人调解的结果。

【原文】

经 六月,癸卯,晋师灭赤狄潞氏,以潞子婴儿归。

【译文】

六月癸卯日,晋国军队灭掉赤狄潞氏,把潞子婴儿捉回晋国。

【原文】

传 灭国有三术,中国谨日,卑国月,夷狄不日。其日,潞子婴儿贤也。

【译文】

对于灭亡一个国家有三种记载规则。中原诸侯国被灭掉记日期，小国被灭掉记月份，夷狄被灭亡不记日期。这次记日，是因为潞子贤明。

【原文】

经　秦人伐晋。

【译文】

秦国攻打晋国。

【原文】

经　王札子杀召伯、毛伯。

【译文】

王札子杀害召伯和毛伯。

【原文】

传　王札子者，当上之辞也。杀召伯、毛伯，不言其何也？两下相杀也。两下相杀，不志乎春秋，此其志何也？矫王命以杀之，非忿怒相杀也。故曰，以王命杀也。以王命杀则何志焉？为天下主者，天也。继天者，君也。君之所存者，命也。为人臣而侵其君之命而用之，是不臣也。为人君而失君命，是不君也。君不君，臣不臣，此天下所以倾也。

【译文】

记王札子，是表示天子的意思。他杀了召伯、毛伯，为什么不说“其召伯、毛伯”？双方都是下臣。下臣杀下臣，春秋经不予记载，这次为什么记？是王札子假借王命杀的，不是互相私忿杀的。所以说是借天子的命令杀的。主宰天下的是天，接着天往下排是君。君王的权柄在于命令。做人臣的侵犯君命就不是(好)臣。君王失去了命令，就不像个君王了。君不像君，臣不像臣，这就是天下颠倒的原因。

【原文】

经　秋，螽。

【译文】

秋天，发生蝗虫虫灾。

【原文】

经　仲孙蔑会齐高固于无娄。

【译文】

仲孙蔑在无娄与齐国的高固会盟。

【原文】

经　初税亩。

【译文】

开始征收田税。

【原文】

传　初者,始也。古者什一,藉而不税。初税亩,非正也。古者三百步为里,名曰井田。井田者,九百亩,公田居一。私田稼不善则非吏,公田稼不善则非民。初税亩者,非公之去公田,而履亩十取一也。以公之与民为已悉矣。古者公田为居,井灶葱韭尽取焉。

【译文】

初是开始的意思。古时抽取十分之一的税率,借民力耕种公家的田,不收私家的税。开始征收田税,是不对的。古时长宽各三百步为一方里,分成井字形叫井田。井田,共九百亩,公家田一百亩居中。私田的庄稼长得不好,责怪农官,公田庄稼长不好,就责怪百姓。如果开始收田税,百姓除了耕种公田,还要实行十抽一的税率,这就是公家要百姓竭尽全力了。古时百姓居住在公田四周,水井、火灶、葱、韭菜之类全都可以就地取用。

【原文】

经　冬,蝝生。

【译文】

冬季,生出蝝虫。

【原文】

传　蝝非灾。其曰蝝,非税亩之灾也。

【译文】

蝝虫不是灾害。记载蝝虫,是责难初税亩引起灾害。

【原文】

经　饥。

【译文】

闹饥荒。

宣公十六年(公元前五百九十三年)

【原文】

经　十有六年,春,王正月,晋人灭赤狄甲氏及留吁。

【译文】

宣公十六年,春季,周历正月,晋国消灭了赤狄的甲氏和留吁两个分族。

【原文】

经　夏,成周宣榭灾。

【译文】

夏季,成周的宣榭发生了火灾。

【原文】

传　周灾,不志也。其曰宣榭何也?以乐器之所藏,目之也。

【译文】

成周着火,不予以记载。宣榭是干什么的?是储存乐器的地方,看到它发生火灾了。

【原文】

经　秋,郯伯姬来归。

【译文】

秋季,郯伯姬返回鲁国。

【原文】

经　冬,大有年。

【译文】

冬季,五谷丰收。

【原文】

传　五谷大熟为大有年。

【译文】

五谷丰收称为大有年。

宣公十七年(公元前五百九十二年)

【原文】

经　十有七年春,王正月,庚子,许男赐我卒。

【译文】

宣公十七年春季,周历正月,庚子日,许昭公故去了。

【原文】

经　丁未,蔡侯申卒。

【译文】

丁未这天,蔡文公去世。

【原文】

经　夏,葬许昭公。

【译文】

夏季,安葬许昭公。

【原文】

经　葬蔡文公。

【译文】

安葬蔡文公。

【原文】

经　六月,癸卯,日有食之。

【译文】

六月,癸卯这天,出现日食。

【原文】

经　己未,公会晋侯、卫侯、曹伯、邾子,同盟于断道。

【译文】

己未日,宣公在断道会见晋侯、卫侯、曹伯、邾子。

【原文】

传　同者,有同也,同外楚也。

【译文】

同，表明有相同的地方，共同抵抗楚国。

【原文】

经　秋，公至自会。

【译文】

秋季，宣公从会盟地回国，举行告祭祖庙之礼。

【原文】

经　冬，十有一月，壬午，公弟叔肹卒。

【译文】

冬天，十一月壬午这天，公弟叔肹去世。

【原文】

传　其曰公弟叔肹，贤之也。其贤之何也？宣弑而非之也。非之则胡为不去也？曰："兄弟也，何去而之？"与之财，则曰："我足矣。"织屦而食，终身不食宣公之食。君子以是为通恩也，以取贵乎春秋。

【译文】

称公弟叔肹，是褒奖他贤德。为什么认为他贤良？宣公杀太子自己即位，他反对。反对，为什么不离开宣公？说："是亲兄弟关系，怎能离开到别处去？"给他财物，就说："我够用了。"靠打草鞋为生，一直不吃宣公的食物。君子认为他通晓恩义，因此得到春秋经的尊重。

宣公十八年（公元前五百九十一年）

【原文】

经　十有八年春，晋侯、卫世子臧伐齐。

【译文】

宣公十八年春天，晋侯和卫国太子领兵伐齐。

【原文】

经　公伐杞。

【译文】

宣公攻打杞国。

【原文】

经　夏，四月。

【译文】

夏季，四月。

【原文】

经　秋，七月，邾人戕缯子于缯。

【译文】

秋天七月，邾人派人在缯国刺死缯子。

【原文】

传　戕犹残也，棁杀也。

【译文】

戕就是残害的意思，用乱棍打死人。

【原文】

经　甲戌，楚子吕卒。

【译文】

甲戌这天，楚君吕去世。

【原文】

传　夷狄不卒，卒，少进也。卒而不日，日，少进也。日而不言正，不正，简之也。

【译文】

夷狄国君死，春秋经照例不记载。记了，表明地位逐渐进升了。记死不记日期，（这次）记载了日期，表明又稍稍提升了。记日期不记政绩，不记政绩，简而不论。

【原文】

经　公孙归父如晋。

【译文】

公孙归父前往晋国。

【原文】

经　冬，十月，壬戌，公死于路寝。

【译文】

冬天，十月壬戌日，宣公在正寝去世。

【原文】

传　正寝也。

【译文】

这是寿终正寝。

【原文】

经　归父还自晋，至柽，遂奔齐。

【译文】

归父从晋返回国，到柽地，于是出逃到齐国。

【原文】

传　还者，事未毕也，自晋事毕也。与人之子，守其父之殡。捐殡而奔其父之使者。是以奔父也。遂，继事也。

【译文】

用还字，表示事情并没有了结，在晋国的事结束了。（公孙归父本应回国）跟太子一起，为宣公守丧。（太子）不守护灵柩，追逐公孙归父。这个人是因为父亲（的罪）而逃。遂，表示紧连接着另一件事。

成公卷第十三（起元年尽八年）

成公元年（公元前五百九十年）

【原文】

经　元年春，王正月，公即位。

【译文】

成公元年春季，周历正月，成公即位。

【原文】

经　二月，辛酉，葬我君宣公。

【译文】

二月的辛酉日，安葬鲁君宣公。

【原文】

经　无冰。

【译文】

没有结冰。

【原文】

传　终时无冰则志。此未终时而言无冰何也？终无冰矣，加之寒之辞也。

【译文】

冬季结束的时候，没有结冰才予以记载。这次冬季还没结束，怎么就说不结冰呢？冬季没有冰了，因为最寒冷的时候都没冰。

卫灵夫人

【原文】

经　三月，作丘甲。

【译文】

三月，让丘里百姓制作盔甲。

【原文】

传　作，为也，丘为甲也。丘甲，国之事也。丘作甲非正也。丘作甲之为非正何也？古者，立国家，百官具，农工皆有职以事上。古者，有四民，有士民，有商民，有农民、有工民。夫甲，非人人之所能为也。丘作甲非正也。

【译文】

作是制作的意思，让丘里的百姓做盔甲。做盔甲是国家的事，让丘里百姓做盔甲是不对的。为什么不对？古时候，立国封家，各种职官都具备，农夫工匠都各有自己的职责，共同辅佐君王。古时有四种百姓。有读书人，有商人，有农民，有工匠。那铠甲，不是人人都能做的。让丘里百姓做铠甲是不合礼的。

【原文】

经　夏，臧孙许及晋侯盟于赤棘。

【译文】

夏季，臧孙许和晋侯在赤棘会盟。

【原文】

经　秋，王师败绩于贸戎。

【译文】

周天子的军队在贸戎战败。

【原文】

传　不言战，莫之敢敌也。为尊者讳敌不讳败。为亲者讳败不讳敌，尊尊亲亲之义也。然则孰败之？晋也。

【译文】

不记交战，是表示没有谁敢与天子的军队为对手。对地位尊贵的忌讳说有敌手，不忌讳说失败。对亲者忌讳说失败，不忌讳说有敌手。这就是敬尊者爱亲者的义例。如此，那么谁战败了王师，是晋国。

【原文】

经　冬，十月。

【译文】

冬季，十月。

【原文】

传　季孙行父秃，晋郤克眇，卫孙良失跛，曹公子手偻，同时聘于齐。齐侯使秃者御秃者，使眇者御眇者，使跛者御跛者，使偻者御偻者。萧同姪子处台上而笑之。闻于客，客不说而去，相与立胥闾而语，移日不解。齐人有知之者曰："齐之患，必自此始矣。"

【译文】

季孙行父秃头，晋国的郤克只有一只眼，卫国的孙良的人大腿跛，曹公了则是驼背。他们同时到齐国行聘问之礼。齐侯让秃子迎接季孙行父，让一只眼的迎接郤克，让跛子迎接孙良夫，让驼背人迎接曹公子。萧同姪子在高台上取笑他们。客人听到了，很不高兴地离开了，一起站在城门外交谈，很长时间没散。有个齐国人知道了这件事，说："齐国的祸患，肯定从这件事开始了。"

成公二年（公元前五百八十九年）

【原文】

经　二年春，齐侯伐我北鄙。

【译文】

二年春季，齐侯攻伐鲁国北部边境。

【原文】

经　夏，四月，丙戌，卫孙良夫帅师及齐师战于新筑。卫师败绩。

【译文】

夏天，四月丙戌这天，卫国的孙良夫率兵在新筑跟齐军交战。卫军战败。

【原文】

经　六月，癸酉，季孙行父、臧孙许、叔孙侨如、公孙婴齐帅师会晋郤克、卫孙良夫、曹公子手及齐侯战于鞌，齐师败绩。

【译文】

六月的癸酉日，鲁国的季孙行父等人率兵和晋国、卫国、曹国军队会师跟齐国在鞌地大战，齐军战败。

【原文】

传　其日，或曰日其战也，或曰日其悉也。曹无大夫。其曰公子何也？以吾之四大夫在焉，举其贵者也。

【译文】

记载日期，有的说法是为作战记日期，有的则是为鲁国的四个卿大夫全参战而记日期。曹国没有天子任命的大夫，为什么称公子？因为鲁国的四大夫都在军中，所以要用高贵之称。

【原文】

经　秋，七月，齐侯使国佐如师。乙酉，及国佐盟于爰娄。

【译文】

秋天，七月，齐侯派遣国佐来军中议和。乙酉日，在爰娄跟国佐订立盟约。

【原文】

传 鞌,去国五百里。爰娄,去国五十里。一战绵地五百里,焚雍门之茨,侵车东至海。君子闻之曰:“夫甚。”甚之辞焉,齐有以取之也。齐之有以取之何也?败卫师于新筑,侵我北鄙,敖郤献子,齐有以取之也。爰娄在师之外。郤克曰:“反鲁卫之侵地,以纪侯之甗来,以萧同姪子之母为质,使耕者皆东其亩,然后与子盟。”国佐曰:“反鲁卫之侵地,以纪侯之甗来,则诺。以萧同姪子之母为质,则是齐侯之母也。齐侯之母,犹晋君之母也,晋君之母犹齐侯之母也。使耕者尽东其亩,则是终士齐也,不可。请一战,一战不克,请再;再不克,请三;三不克,请四;四不克,请五;五不克,举国而授。”于是而与之盟。

【译文】

鞌,离都城有五百里。爰娄,离国都五十里。一次作战晋军绵延占地五百里,烧毁了城门顶盖,兵车向东一直延伸到海边。君子听说后,认为晋军过分了。齐国也有招祸的原因。什么原因?在新筑战败卫国军队,侵略鲁国北鄙边境,对郤克傲慢,所以说齐国有招祸的原因。爰娄就在军队前面。郤克说:“齐国要返回抢占鲁卫二国的土地,把纪侯的甗献来,让萧同姪子的母亲当人质,让田地的垅沟东西走向,然后才能跟你结盟。”国佐说:“返回鲁卫被侵犯的土地,献出纪侯的甗,答应。让萧同姪子的母亲当人质,这是齐侯的母亲呵!齐侯的母亲就如同晋君的母亲;晋君的母亲就如同齐侯的母亲呵。让田亩的垅沟东西走向,这就等于始终把齐国当下臣看待,这不行。我们乞求再决一战。一战不胜,决两战;两战不胜,决三战;三战不胜,决四战;四战不胜,决五战。五战不胜,整个齐国都给晋。”于是晋国跟他签了盟约。

【原文】

经 八月,壬午,宋公鲍卒。

【译文】

八月,壬午这天,宋文公去世。

【原文】

经 庚寅,卫侯速卒。

【译文】

庚寅日,卫穆公速去世。

【原文】

经 取汶阳田。

【译文】

鲁取得了汶阳的土地。

【原文】

经 冬,楚师、郑师侵卫。

【译文】

冬季,楚军和郑国军队联合侵略卫国。

【原文】

经 十有一月,公会楚公子婴齐于蜀。

【译文】

十一月,鲁公跟楚公子婴齐在蜀地会面。

【原文】

传 楚无大夫,其曰公子何也?婴齐亢也。

【译文】

楚国没有天子正式命封的大夫。为什么称公子?因为婴齐和鲁公处在相当的地位。

【原文】

经 丙申,公及楚人、秦人、宋人、陈人、卫人、郑人、齐人、曹人、邾人、薛人、缯人盟于蜀。

【译文】

丙申日,鲁公跟楚、秦、宋、陈、卫、郑、齐、曹、邾、薛、缯十一国在蜀地结盟。

【原文】

传 楚其称人何也?于是而后公得其所也。会与盟同月,则地会,不地盟。不同月,则地会地盟。此其地会地盟何也?以公得其所,申其事也。今之屈,向之骄也。

【译文】

对楚国为什么称人?这样之后鲁公才显出地位。会见和结盟如果在同一个月,就记载会见的地点,不必记结盟的地点。如果不在同一个月,就开会结盟都记地点。这次为什么开会记地点,结盟也记地点?因为鲁公得到了地位,要强调这件事。楚国这次委屈了,由于以前骄亢了。

成公三年(公元前五百八十八年)

【原文】

经　三年春,王正月,公会晋侯、宋公、卫侯、曹伯伐郑。

【译文】

三年春季,成公会同晋侯、宋公、卫侯和曹伯攻打郑国。

【原文】

经　辛亥,葬卫穆公。

【译文】

辛亥这天,安葬卫穆公。

【原文】

经　二月,公至自伐郑。

【译文】

二月,成公讨伐郑归来,告祭祖庙。

【原文】

经　甲子,新宫灾,三日哭。

【译文】

甲子日,新宫发生火灾,成公哭了三天。

【原文】

传　新宫者,祢宫也。三日哭,哀也。其哀,礼也,迫近不敢称谥。恭也,其辞恭且哀,以成公为无讥矣。

【译文】

新宫就是父庙。(父庙着火)成公哭了三天。悲痛呵。悲痛是合于礼的。父亲是最亲近的长辈,不敢称宣公庙,这是恭敬做到了又恭敬又哀痛,对成公没有可讥讽的了。

【原文】

经　乙亥,葬宋文公。

【译文】

乙亥这天,安葬宋文公。

【原文】

经　夏，公如晋。

【译文】

夏天，成公前往晋国。

【原文】

经　郑公子去疾帅师伐许。

【译文】

郑国公子去疾率兵攻打许国。

【原文】

经　公至自晋。

【译文】

成公从晋国回来，举行告祭祖庙典礼。

【原文】

经　秋，叔孙侨如帅师围棘。

【译文】

秋天，叔孙侨如率兵围攻棘地。

【原文】

经　大雩。

【译文】

举行大规模的求雨祭祀。

【原文】

经　晋郤克、卫孙良夫伐廧咎如。

【译文】

晋国的郤克和卫国的孙良夫攻打廧咎如。

【原文】

经　冬，十有一月，晋侯使荀庚来聘。

【译文】

冬天，十一月，晋侯派遣荀庚来鲁聘问。

【原文】

经　卫侯使孙良夫来聘。

【译文】

卫侯派孙良夫来鲁聘问。

【原文】

经　丙午，及荀庚盟。

【译文】

丙午这天，鲁公和荀庚结盟。

【原文】

经　丁未，及孙良夫盟。

【译文】

丁未日，跟孙良夫订立盟约。

【原文】

传　其日，公也。来聘而求盟。不言及之者，以国与之也。不言其人，亦以国与之也。不言求，两欲之也。

【译文】

记具体日期，因为鲁公参加了盟约。晋卫来聘问，是为了谋求结盟，不记谁跟孙良夫结盟，因为是以国的名义结盟。不记签盟的人，也是以国的名义。不说他们来谋求结盟，是因为双方都有结盟的意愿。

【原文】

经　郑伐许。

【译文】

郑国攻打许国。

成公四年（公元前五百八十七年）

【原文】

经　四年春，宋公使华元来聘。

【译文】

成公四年春天,宋公派遣华元来鲁聘问。

【原文】

经　三月,壬申,郑伯坚卒。

【译文】

三月,壬申这天,郑襄公去世。

【原文】

经　杞伯来朝。

【译文】

杞国国君来拜见鲁公。

【原文】

经　夏,四月,甲寅,臧孙许卒。

【译文】

夏季,四月甲寅日,臧孙许故去了。

【原文】

经　公如晋。

【译文】

成公前往晋国。

【原文】

经　葬郑襄公。

【译文】

安葬郑襄公。

【原文】

经　秋,公至自晋。

【译文】

秋季,成公从晋回国,举行告祭祖庙仪式。

【原文】

经　城郓。

【译文】

在郓地修筑城墙。

【原文】

经　郑伯伐许。

【译文】

郑伐攻讨许国。

成公五年(公元前五百八十六年)

【原文】

经　五年春,王正月,杞叔姬来归。

【译文】

成公五年春季,周历正月,杞叔姬回鲁国。

【原文】

传　妇人之义,嫁曰归,反曰来归。

【译文】

妇人的礼义,出嫁称归,被休弃返回娘家称作来归。

【原文】

经　仲孙蔑如宋。

【译文】

仲孙蔑前往宋国。

【原文】

经　夏,叔孙侨如会晋荀首于谷。

【译文】

夏季,叔孙侨如在谷地与晋国的荀首会见。

【原文】

经　梁山崩。

【译文】

梁山崩陷。

【原文】

传　不日何也？高者有崩道也。有崩道则何以书也？日梁山崩，壅遏河，三日不流，晋君召伯尊而问焉。伯尊来遇辇者，辇者不辟，使车右下而鞭之。辇者曰："所以鞭我者，其取道远矣。"伯尊下车而问焉，曰："子有闻乎？"对曰："梁山崩，壅遏河，三日不流。"伯尊曰："君为此召我也，为之奈何？"辇者曰："天有山，天崩之。天有河，天壅之，虽召伯尊如之何？"伯尊由忠问焉，辇者曰："君亲素缟，帅群臣而哭之，既而祠焉，斯流矣。"伯尊至，君问之曰："梁山崩，壅遏河，三日不流，为之奈何？"伯尊曰："君亲素缟，帅群臣而哭之，既而祠焉，斯流矣。"孔子闻之曰："伯尊其无绩乎，攘善也。"

【译文】

为什么不记载日期？太高的山就会崩陷。高山会崩塌，那为什么还记载？解释说，梁山瘫塌，堵塞了黄河，三天水不能流动。晋侯召见伯尊问这件事。伯尊在路上遇到个推车的人，不给他让路。伯尊让车右边武士下车鞭打那个推车的人。推车人说："打我的原因，恐怕是为赶远道吧。"伯尊下车问他，说："你听说什么啦？"回答说："梁山塌陷，堵住黄河，三天水不能流动。"伯尊说："君王为这件事召见我，对此该怎么办？"推车人说："老天爷造了山，老天爷又让它崩陷。老天爷造了河，老天爷又堵塞它。即使召见伯尊，又能怎样？"伯尊诚挚地问他，推车人说："君王亲自穿孝服，领着群臣一起哭，然后祭祀，水就会流动了。"伯尊到了京城，君王问他说："梁山崩塌，堵住黄河，三天水不能流动，应该怎么办？"伯尊说："君王亲自穿孝服，领群臣一起哭，然后祭祀，水就会流动了。"孔子听说此件事，说："伯尊恐怕没有功绩吧，他盗用了别人的好主意。"

【原文】

经　秋，大水。

【译文】

秋季，发生大水。

【原文】

经　冬，十有一月，己酉，天王崩。

【译文】

冬天，十一月，己酉这天，周定王驾崩。

【原文】

经　十有二月，己丑，公会晋侯、齐侯、宋公、卫侯、郑伯、曹伯、邾子、杞伯同盟于蟲牢。

【译文】

十二月的己丑日，成公和晋侯、齐侯、宋公、卫侯、郑伯、曹伯、邾子、杞伯在虫牢订立盟约。

成公六年(公元前五百八十五年)

【原文】

经　六年春，王正月，公至自会。

【译文】

成公六年春季，周历正月，成公从会盟地回国，告祭祖庙。

【原文】

经　二月，辛巳，立武宫。

【译文】

二月辛巳这天，建武宫庙。

【原文】

传　立者，不宜立也。

【译文】

建立武宫，是不应该立的。

【原文】

经　取鄟。

【译文】

获取鄟国。

【原文】

传　鄟，国也。

【译文】

鄟是个国家。

【原文】

经　卫孙良夫帅师侵宋。

【译文】

卫国的孙良夫率兵侵入宋国。

【原文】

经　夏，六月，邾子来朝。

【译文】

夏天，六月，邾国国君前来鲁朝访。

【原文】

经　公孙婴齐如晋。

【译文】

公孙婴齐到晋国去。

【原文】

经　壬申，郑伯费卒。

【译文】

壬申这天，郑悼公费去世。

【原文】

经　秋，仲孙蔑。叔孙侨如帅师侵宋。

【译文】

秋季，仲孙蔑和叔孙侨如率兵侵犯宋国。

【原文】

经　楚公子婴齐帅师伐郑。

【译文】

楚国公子婴齐率兵攻打郑国。

【原文】

经　冬，季孙行父如晋。

【译文】

冬天，季孙行父前往晋国。

【原文】

经　晋栾书帅师救郑。

【译文】

晋国栾书率兵援救郑国。

成公七年(公元前五百八十四年)

【原文】

经　七年春,王正月,鼷鼠食郊牛角,改卜牛。鼷鼠又食郊牛角,乃免牛。

【译文】

成公七年春天,周历正月,小鼠啃食郊祭用的牛的角。占卜改用另一头牛,牛角又被啃食,于是不用牛祭祀。

【原文】

传　不言日,急辞也。过有司也。郊牛,日展斛角而知伤,展道尽矣,其所以备灾之道不尽也。又,有继之辞也。其,缓辞也。曰,亡乎人矣,非人之所能也,所以免有司之过也。乃,亡乎人之辞也。免牲者,为之缁衣纁裳,有司玄端,奉送至于南郊。免牛亦然。免牲不日不郊,免牛亦然。

【译文】

不记日期,表示急迫的意思。责备负责的人。郊祭用的牛,每天查看圆乎乎的牛角,知道牛角被(小鼠)啃食了。全面查看了,用以防备灾患的办法不完备。又字,是接连的意思。其字,表示宽缓的意思。是没有贤君哪。(郊牛又被咬伤角)表明不是人所能防备的,用以宽恕管事人的罪过。用乃字,表明没有贤君的意思。免去杀牲祭祀的仪式,给牛披上黑衣黑裳,管事人穿黑色的礼服,把牛送到国都南郊。免去用牛也是这样做。免去杀牲,不记日期,不举行郊祭。免去用牛也是这样。

【原文】

经　吴伐郯。

【译文】

吴国攻打郯国。

【原文】

经　夏,五月,曹伯来朝。

【译文】

夏季,五月,曹国国君来鲁朝拜。

【原文】

经　不郊，犹三望。

【译文】

不举行郊祭，仍举行三次望祭。

【原文】

经　秋，楚公子婴齐帅师伐郑。

【译文】

秋季，楚公子婴齐率兵攻打郑国。

【原文】

经　公会晋侯、齐侯、宋公、卫侯、曹伯、莒子、邾子、杞伯救郑。八月，戊辰，同盟于马陵。

【译文】

成公会同晋侯、齐侯、宋公、卫侯、曹伯、莒子、邾子、杞伯、一起援救郑。八月戊辰这天，在马陵会盟。

【原文】

经　公至自会。

【译文】

成公从会盟地返国告祭祖庙。

【原文】

经　吴入州来。

【译文】

吴国攻进州来。

【原文】

经　冬，大雩。

【译文】

冬天，举行大规模雩祭。

【原文】

传　雩不月而时，非之也。冬无为雩也。

【译文】

雩祭，不记载举行的月份，却记下季节，是不合礼制的。冬季没有举行雩祭的。

【原文】

经　卫孙林父出奔晋。

【译文】

卫国的孙林父逃到晋国去。

成公八年（公元前五百八十三年）

【原文】

经　八年春，晋侯使韩穿来言汶阳之田，归之于齐。

【译文】

成公八年春季，晋侯派遣韩穿到鲁国商谈归还汶阳土地的事，让鲁把汶阳给齐。

【原文】

传　于齐，缓辞也。不使尽我也。

【译文】

给齐，是宽缓的意思。不让晋国完全占有鲁国。

【原文】

经　晋栾书帅师侵蔡。

【译文】

晋卿栾书率兵侵犯蔡国。

【原文】

经　公孙婴齐如莒。

【译文】

公孙婴齐前往莒国。

【原文】

经　宋公使华元来聘。

【译文】

宋共公派遣华元来鲁国拜访。

【原文】

经　宋公使公孙寿来纳币。

【译文】

宋公派遣公孙寿来鲁国赠送聘礼。

【原文】

经　晋杀其大夫赵同、赵括。

【译文】

晋国杀害了自己的大夫赵同、赵括。

【原文】

经　秋，七月，天子使召伯来锡公命。

【译文】

秋天，七月，天子派遣召伯来给成公赐命。

【原文】

传　礼有受命，无来锡命，锡命，非正也。曰天子何也？曰，见一称也。

【译文】

按礼，有（到天子那）接受命令的，没有派人来赐予命令的。天子派召伯来鲁向成公赐予命令是不合礼制的。为什么称天子？又是另一种称呼。

【原文】

经　冬，十月，癸卯，杞叔姬卒。

【译文】

冬季，十月癸卯这天，杞叔姬去世。

【原文】

经　晋侯使士燮来聘。

【译文】

晋侯派遣士燮来鲁拜访。

【原文】

经　叔孙侨如会晋士燮、齐人、邾人伐郯。

【译文】

叔孙侨如会同晋国的士燮、齐人、邾人，一起讨伐郯国。

【原文】

经　卫人来媵。

【译文】

卫国送来陪嫁女子。

【原文】

传　媵，浅事也，不志。此其志何也？以伯姬之不得其所，故尽其事也。

【译文】

送陪嫁女，是一件小事情，不必记载。这次为什么记载？因为鲁伯姬没嫁到一个好去处　所以详尽地记载她的事。

成公卷第十四（起九年尽十八年）

成公九年（公元前五百八十二年）

【原文】

经　九年春，王正月，杞伯来迎叔姬之丧以归。

【译文】

成公九年春天，周历正月，杞伯国君来鲁国迎叔姬的灵柩回国。

【原文】

传　夫无逆出妻之丧而为之也。

【译文】

夫君没有迎被逐出妻子的灵柩回国的。

【原文】

经　公会晋侯、齐侯、宋公、卫侯、郑伯、曹伯、莒子、杞伯同盟于蒲。

【译文】

成公会合晋侯、齐侯、宋公、卫侯、郑伯、曹伯、莒子、杞伯在蒲地会盟。

【原文】

经　公至自会。

【译文】

成公从会盟地回国，举行告祭祖庙仪式。

【原文】

经　二月，伯姬归于宋。

【译文】

二月，伯姬出嫁到宋国。

【原文】

经　夏，季孙行父如宋致女。

【译文】

夏季，季孙行父到宋国访问，顺便看望鲁君的出嫁女。

【原文】

传　致者，不致者也。妇人在家制于父，既嫁制于夫。如宋致女，是以我尽之也，不正，故不与内称也。逆者微，故致女详其事，贤伯姬也。

【译文】

用致字，表示不应该致的意思。女子出嫁前在家由父亲管教，已经出嫁了由丈夫管教。（伯姬已经出嫁又派季孙）到宋国问候，这就等于由鲁国全面监管了，是不对的，所以不称季孙为使者。（当初宋国）迎亲的人地位卑微，所以又去问候，把事办详尽。伯姬贤惠知礼。

【原文】

经　晋人来媵。

【译文】

晋国送来陪嫁女。

【原文】

传　媵，浅事也，不志。此其志何也？以伯姬之不得其所，故尽其事也。

【译文】

送陪嫁女，是一件小事，不必记载。这次为什么记载？因为伯姬没嫁到好去处，所以

详尽地记下全过程。

【原文】

经 秋,七月,丙子,齐侯无野卒。

【译文】

秋季,七月丙子这天,齐顷公去世。

【原文】

经 晋人执郑伯。

【译文】

晋国捉拿了郑成公。

【原文】

经 晋栾书帅师伐郑。

【译文】

晋国的栾书率兵攻打郑国。

【原文】

传 不言战,以郑伯也。为尊者讳耻,为贤者讳过,为亲者讳疾。

【译文】

不说交战,是为郑伯隐讳。对地位尊贵的人,隐讳他的耻辱;对贤明的人,隐讳他的过错;对亲人,隐讳他的不足之处。

【原文】

经 冬,十有一月,葬齐顷公。

【译文】

冬天,十一月,安葬齐顷公。

【原文】

经 楚公子婴齐帅师伐莒。庚申,莒溃,楚人入郓。

【译文】

楚公子婴齐率兵攻打莒国。庚申日,莒国战败,楚国攻进郓城。

【原文】

传 其日,莒虽夷狄,犹中国也。大夫溃莒而之楚,是以知其上为事也。恶之。故谨

而日之也。

【译文】

记下日期，莒国虽是夷狄，也像中原诸侯国一样。莒国的大夫战败后逃到楚国去，因此知道它的君无道。憎恨他，所以谨慎地记下日子。

【原文】

经　秦人、白狄伐晋。

【译文】

秦国和白狄讨伐晋国。

【原文】

经　郑人围许。

【译文】

郑国围攻许国。

【原文】

经　城中城。

【译文】

修建内城城墙。

【原文】

传　城中城者，非外民也。

【译文】

修建内城城墙，是为抵御外民。

成公十年（公元前五百八十一年）

【原文】

经　十年春，卫侯之弟黑背帅师侵郑。

【译文】

成公十年春季，卫侯的弟弟领兵侵犯郑国。

【原文】

经　夏，四月，五卜郊，不从，乃不郊。

鲁成公

【译文】

夏季，四月，五次为郊祭占卜，不吉利，就不举行郊祭。

【原文】

传　夏四月，不时也。五卜，强也。乃者，亡乎人之辞也。

【译文】

夏季四月才为郊祭占卜，不合乎时令。五次占卜，表明太勉强了。用“乃”字，表明没有贤明君主。

【原文】

经　五月，公会晋侯、齐侯、宋公、卫侯、曹伯伐郑。

【译文】

五月，成公会师晋侯、齐侯、宋公、卫侯和曹伯讨伐郑国。

【原文】

经　齐人来媵。

【译文】

齐国送来陪嫁女子。

【原文】

经　丙午，晋侯獳卒。

【译文】

丙午这天，晋景公獳去世。

【原文】

经　秋，七月，公如晋。

【译文】

秋天，七月，成公前往晋国。

【原文】

经　冬，十月。

【译文】

冬天十月。

成公十一年(公元前五百八十年)

【原文】

经　十有一年春,王三月,公至自晋。

【译文】

成公十一年春季,周历三月,成公从晋返回国,告祭祖庙。

【原文】

经　晋侯使郤犨来聘,己丑,及郤犨盟。

【译文】

晋侯派郤犨来鲁行聘问之礼,己丑日,鲁跟郤犨结盟。

【原文】

经　夏,季孙行父如晋。

【译文】

夏季,季孙行父前往晋国。

【原文】

经　秋,叔孙侨如如齐。

【译文】

秋天,叔孙侨如到齐国去。

【原文】

经　冬,十月。

【译文】

冬天,十月。

成公十二年(公元前五百七十九年)

【原文】

经　十有二年春,周公出奔晋。

【译文】

成公十二年春季,周公逃到晋国避难。

【原文】

传　周有入无出。曰出,上下一见之也。言其上下之道,无以存也。上虽失之,下孰敢有之?今上下皆失之矣。

【译文】

对周来说,只可记载进入,无所谓出。说出奔,君臣各见到一次,是说天子臣下都无法在国内了(而逃出)。天子虽然不对,下臣谁敢有逃离之心?如今天子臣下都不对。

【原文】

经　夏,公会晋侯、卫侯于琐泽。

【译文】

夏天,成公在琐泽会见晋侯和卫侯。

【原文】

经　秋,晋人败狄于交刚。

【译文】

秋天,晋国在交刚战败狄国。

【原文】

传　中国与夷狄不言战。皆曰败之,夷狄不日。

【译文】

不说中原诸侯国和夷狄交战。打败夷狄都加以记载,不记载日期。

【原文】

经　冬,十月。

【译文】

冬季,十月。

成公十三年(公元前五百七十八年)

【原文】

经　十有三年春,晋侯使郤锜来乞师。

【译文】

成公十三年春天,晋侯派郤锜来请求增援兵力。

【原文】

传　乞,重辞也。古之人重师,故以乞言之也。

【译文】

用乞字,是程度严重的意思。古人很重视军队,所以用乞字表示乞求援兵。

【原文】

经　三月,公如京师。

【译文】

三月,成公前往京城。

【原文】

传　公如京师,不月。月非如也。非如而曰如,不叛京师也。

【译文】

成公到京城朝见天子,不必记载月份。如果记月份就是没专程去。没专程去而说专程去。表示不能过而不朝。

【原文】

经　夏,五月,公自京师,遂会晋侯、宋公、卫侯、郑伯、曹伯、邾人、滕人伐秦。

【译文】

夏季五月,成公在京城会见晋侯、宋公、卫侯、郑伯、曹伯、邾人、滕人,共同攻伐秦国。

【原文】

传　言受命,不敢叛周也。

【译文】

是说接受周王的命令,不敢违叛周朝。

【原文】

经　曹伯卢卒于师。

【译文】

曹伯卢死在军中。

【原文】

传　闵之也。公大夫在师曰师，在会曰会。

【译文】

哀怜曹伯。诸侯或大夫在军中去世，就记载"于师"，在盟会上去世，就记载"于会"。

【原文】

经　秋，七月，公至自伐秦。

【译文】

秋天，七月，成公攻伐秦后回国，告祭祖庙。

【原文】

经　冬，葬曹宣公。

【译文】

冬季，安葬曹宣公。

【原文】

传　葬时，正也。

【译文】

安葬记载季节，是对的。

成公十四年（公元前五百七十七年）

【原文】

经　十有四年春，王正月，莒子朱卒。

【译文】

成公十四年春天，周历正月，莒子去世。

【原文】

经　夏，卫孙林父自晋归于卫。

【译文】

夏季，卫国的孙林父从晋返回卫国。

【原文】

经　秋，叔孙侨如如齐逆女。

【译文】

秋季，叔孙侨如前往齐国替成公迎娶夫人。

【原文】

经　郑公子喜帅师伐齐。

【译文】

郑公子喜帅领兵攻打齐国。

【原文】

经　九月，侨如以夫人妇姜氏至自齐。

【译文】

九月，叔孙侨如与国君夫人姜氏从齐国返回鲁。

【原文】

传　大夫不以夫人，以夫人非正也，刺不亲迎也。侨如之挈，由上致之也。

【译文】

大夫不能带着诸侯夫人，带着夫人是不对的，这是指讥刺成公不亲自迎娶。叔孙侨如带领姜氏回国，由成公举行告祭祖庙仪式。

【原文】

经　冬，十月，庚寅，卫侯臧卒。

【译文】

冬天，十月庚寅这天，卫定公去世。

【原文】

经　秦伯卒。

【译文】

秦伯去世。

成公十五年(公元前五百七十六年)

【原文】

经　十有五年春,王二月,葬卫定公。

【译文】

成公十五年春季,周历二月,安葬卫定公。

【原文】

经　三月,乙巳,仲婴齐卒。

【译文】

三月乙巳这天,仲婴齐去世。

【原文】

传　此公孙也。其曰仲何也?子由父疏之也。

【译文】

这个人是公孙。为什么称仲?儿子由于父亲的弑君之罪被疏远。

【原文】

经　癸丑,公会晋侯、卫侯、郑伯、曹伯、宋世子成、齐国佐、邾人同盟于戚。晋侯执曹伯,归于京师。

【译文】

成公在戚地跟晋侯、卫侯、郑伯、曹伯、宋国太子、齐大夫国佐、邾人会盟,晋侯捉拿曹伯,解送京师。

【原文】

传　以晋侯而斥执曹伯,恶晋侯也。不言之,急辞也。断在晋侯也。

【译文】

因为晋侯指使人捉拿了曹伯,对晋侯表示厌恨。不用之字,表示紧急的意思。决定权在晋侯。

【原文】

经 公至自会。

【译文】

成公从参加会盟地回国,行告祭祖庙之礼。

【原文】

经 夏,六月,宋公固卒。

【译文】

夏天,六月,宋共公固去世。

【原文】

经 楚子伐郑。

【译文】

楚国攻打郑国。

【原文】

经 秋,八月,庚辰,葬宋共公。

【译文】

秋天八月庚辰这天,安葬宋共公。

【原文】

传 月卒日葬,非葬者也。此其言葬何也?以其葬共姬,不可不葬共公也。葬共姬,则其不可不葬共公何也?夫人之义,不可踰君。为贤者崇也。

【译文】

去世记月份安葬记日子,不是正常的安葬。这里为什么说是安葬?因为安葬共姬,不能不安葬共公。为什么不能不安葬共公?夫人的礼义,不能越过国君。因为共姬贤德而推崇他。

【原文】

经 宋华元出奔晋。

【译文】

宋国的华元逃避到晋国。

【原文】

经　宋华元自晋归于宋。

【译文】

宋国华元从晋返回宋国。

【原文】

经　宋杀其大夫山。

【译文】

宋国杀害了自己的大夫山。

【原文】

经　宋鱼石出奔楚。

【译文】

宋国的鱼石逃到楚国避难。

【原文】

经　冬,十有一月,叔孙侨如会晋士燮、齐高无咎、宋华元、卫孙林父、郑公子鰌、邾人,会吴于锺离。

【译文】

冬天,十一月,叔孙侨如和晋国的士燮、齐国的高无咎,宋国的华元、卫国的孙林父、郑公子鰌、邾人等在钟离与吴国见面。

【原文】

传　会又会,外之也。

【译文】

用了会字又用会字,是把吴国看作诸侯以外的国家了。

【原文】

经　许迁于叶。

【译文】

许国迁到叶地。

【原文】

传　迁者,犹得其国家以往者也。其地,许复见也。

【译文】

用迁字,就像是获得封地往那去似的。记迁往的地名,许国又出现了。

成公十六年(公元前五百七十五年)

【原文】

经　十有六年春,王正月,雨,木冰。

【译文】

成公十六年春,周历正月,下雨,树上结了冰挂儿。

【原文】

传　雨而木冰,志异也。传曰,根枝折。

【译文】

下雨后树上结了冰挂,记载这种怪异现象。解释说,树枝都被折断了。

【原文】

经　夏,四月,辛未,滕子卒。

【译文】

夏天,四月辛未这天,滕国国君去世。

【原文】

经　郑公子喜帅师侵宋。

【译文】

郑国公子喜率兵进攻宋国。

【原文】

经　六月,丙寅,朔,日有食之。

【译文】

六月,丙寅日,初一,发生日食。

【原文】

经　甲午,晦,晋侯及楚子、郑伯,战于鄢陵。楚子、郑师败绩。

【译文】

甲午日，月末，晋国跟楚国、郑伯在鄢陵交战，楚郑大败。

【原文】

传　日事遇晦曰晦，四体偏断曰败，此其败则目也。楚不言师，君重于师也。

【译文】

记事遇到晦日就记下晦日。交战时伤一只胳膊或腿叫败。这次记败是指眼睛受伤。不称楚师，称楚子比称楚师显得重。

【原文】

经　楚杀其大夫公子侧。

【译文】

楚国杀害了自己的大夫公子侧。

【原文】

经　秋，公会晋侯、齐侯、卫侯、宋华元、邾人于沙随，不见公。

【译文】

秋季，成公在沙随会见晋侯、齐侯、卫侯、宋国的华元、邾人。晋侯拒见鲁成公。

【原文】

传　不见公者，可以见公也。可以见公而不见公，讥在诸侯也。

【译文】

不见公，是说本来可以见公。可以见却不肯见，是讥讽诸侯不通情达理。

【原文】

经　公至自会。

【译文】

成公从开会处回国，行告祭祖庙之礼。

【原文】

经　公会尹子、晋侯、齐国佐、邾人伐郑。

【译文】

成公会同尹子、晋侯、齐卿、和邾人，攻打郑国。

【原文】

经　曹伯归自京师。

【译文】

曹伯从京师回国。

【原文】

传　不言所归，归之善者也。出入不名，以为不失其国也。归为善，自某归次之。

【译文】

不记归的地方，让他归是好事。进国出国不记名字，因为他没丢掉国家。回国是好事，从哪儿回是次要的。

【原文】

经　九月，晋人执季孙行父，舍之于苕丘。

【译文】

九月，晋国捉住季孙行父，让他在苕丘住一宿。

【原文】

传　执者不舍，而舍公所也。执者致，而不致，公在也。何其执而辞也？犹存公也。存意公亦存也，公存也。

【译文】

捉住人不记留宿，季孙行父留宿在成公的住所。被捉回国后要行告祭祖庙之礼。行父回国不告祖，是因为成公还在晋国苕丘。为什么捉住季孙行父又放他回国？因为成公还在晋国。扣留成公，成公留在晋国。

【原文】

经　冬，十月，乙亥，叔孙侨如出奔齐。

【译文】

冬天，十月乙亥这天，叔孙侨如出奔到齐国。

【原文】

经　十有二月，乙丑，季孙行父及晋郤犨盟于扈。

【译文】

十二月乙丑这天，鲁季孙行父和晋国的郤犨在扈地会盟。

【原文】

经　公至自会。

【译文】

成公从晋返回国，告祭祖庙。

【原文】

经　乙酉，刺公子偃。

【译文】

乙酉日，杀死公子偃。

【原文】

传　大夫日卒，正也。先刺后名，杀无罪也。

【译文】

大夫死了记载日期是对的。先记被刺，后记名，表明杀的是无罪的人。

成公十七年（公元前五百七十四年）

【原文】

经　十有七年春，卫北宫括帅师侵郑。

【译文】

成公十七年春季，卫国的北宫括率兵侵略郑国。

【原文】

经　夏，公会尹子、单子、晋侯、齐侯、宋公、卫侯、曹伯、邾人伐郑。

【译文】

夏季，成公会同尹子、单子、晋侯、齐侯、宋公、卫侯、曹伯、邾人攻讨郑国。

【原文】

经　六月，乙酉，同盟于柯陵。

【译文】

六月乙酉这天，诸侯在柯陵会盟。

【原文】

传 柯陵之盟,谋复伐郑也。

【译文】

柯陵这次会盟,谋划再一次讨伐郑国。

【原文】

经 秋,公至自会。

【译文】

秋天,成公从会盟地回国行告祭祖庙之礼。

【原文】

传 不曰至自伐郑也,公不周乎伐郑也。何以知公之不周乎伐郑?以其以会致也。何以知其盟复伐郑也?以其后会之人尽盟者也。不周乎伐郑,则何为日也?言公之不背柯陵之盟也。

【译文】

不记成公从讨伐郑那儿回国,因为成公不是诚心地讨伐郑。怎么知道成公对讨伐郑不坚绝?因为记的是从会盟地回国。怎么知道会盟以后又讨伐郑国?因为后来参加会盟的人都是先前参与结盟的人。不诚意伐郑,为什么还记日子?表明成公不违叛柯陵之盟。

【原文】

经 齐高无咎出奔莒。

【译文】

齐国的高无咎出逃到莒国。

【原文】

经 九月,辛丑,用郊。

【译文】

九月,辛丑日,举行郊祭。

【原文】

传 夏之始可以承春,以秋之末,承春之始,盖不可矣。九月用郊。用者,不宜用也。宫室不设,不可以祭。衣服不修,不可以祭。车马器械不备,不可以祭。有司一人不备其

职，不可以祭。祭者，荐其时也，荐其敬也，荐其美也，非享味也。

【译文】

夏季的开头承接着春季，还可以。用秋季的末尾，承接着春季而举行郊祭，大概不可以了。九月举行郊祭。用，是不该用的意思。房屋没摆设好，不能举行祭祀。衣服没准备妥当，不能祭祀。车马器具没有准备齐全，不能祭祀。假如有一个管事人没准备好自己的事，也不能祭祀。祭祀是承上时令，承上敬意，承上美好的东西，不是只让神享受美味。

【原文】

经　晋侯使荀罃来乞师。

【译文】

晋侯派荀罃来鲁请求出兵。

【原文】

经　冬，公会单子、晋侯、宋公、卫侯、曹伯、齐人、邾人伐郑。

【译文】

冬季，成公会同单子、晋侯、宋公、卫侯、曹伯、齐人、邾人攻打郑国。

【原文】

传　言公不背柯陵之盟也。

【译文】

记成公不违背柯陵之盟约。

【原文】

经　十有一月，公至自伐郑。

【译文】

十一月，成公讨伐郑归来，告祭祖庙。

【原文】

经　壬申，公孙婴齐卒于貍蜃。

【译文】

壬申这天，公孙婴齐在貍蜃去世。

【原文】

传　十一月无壬申，壬申乃十月也。致公而后录，臣子之义。其地，未踰竟也。

【译文】

十一月没有壬申这天，壬申日乃是十月。这是因为先记载成公回国，后记大夫之死，是根据先君后臣的之礼。记下婴齐死亡的地点，没有超出国境。

【原文】

经　十有二月，丁巳，朔，日有食之。

【译文】

十二月，丁巳这天，初一，出现日食。

【原文】

经　邾子貜且卒。

【译文】

邾定公去世。

【原文】

经　晋杀其大夫郤锜、郤犨、郤至。

【译文】

晋国杀害了自己的大夫郤锜、郤犨、郤至。

【原文】

传　自祸于是起矣。

【译文】

晋厉公自己的祸从此起头了。

【原文】

经　楚人灭舒庸。

【译文】

楚国消灭掉了舒庸国。

成公十八年(公元前五百七十三年)

【原文】

经　十有八年春,王正月,晋杀其大夫胥童。

【译文】

成公十八年春季,周历正月,晋国杀了自己的大夫胥童。

【原文】

经　庚申,晋弑其君州蒲。

【译文】

庚申这,晋国杀了自己的国君州蒲。

【原文】

传　称国以弑其君,君恶甚矣。

【译文】

举出国名(晋)弑杀自己的君,表明君王太可恶了。

【原文】

经　齐杀其大夫国佐。

【译文】

齐国杀害了它的大夫国佐。

【原文】

经　公如晋。

【译文】

成公前往晋国。

【原文】

经　夏,楚子、郑伯伐宋。宋鱼石复入于彭城。

【译文】

楚王和郑伯率兵攻宋,鱼石又回国攻入彭城。

【原文】

经　公至自晋。

【译文】

成公从晋国回来，告祭祖庙。

【原文】

经　晋侯使士匄来聘。

【译文】

晋侯派遣士匄来鲁国朝问。

【原文】

经　秋，杞伯来朝。

【译文】

秋季，杞国国君来鲁朝访。

【原文】

经　八月，邾子来朝。

【译文】

八月，邾国国君来鲁朝见。

【原文】

经　筑鹿囿。

【译文】

修筑养鹿场。

【原文】

传　筑不志，此其志何也？山林薮泽之利，所以与民共也。虞之，非正也。

【译文】

建筑之类的事不必记载。这次为什么记载？山林湖泽的物产，用以和百姓共享。设置虞官，是不符合治国之道的。

【原文】

经　己丑，公薨于路寝。

【译文】

己丑这天，成公死在正寝。

【原文】

传　路寝，正也。男子不绝妇人之手，以斋终也。

【译文】

死在路寝是合于礼的。男人不能死在妇人手中，要在清心洁身状态而死。

【原文】

经　冬，楚人、郑人侵宋。

【译文】

冬季，楚国和郑国侵犯宋国。

【原文】

经　晋侯使士鲂来乞师。

【译文】

晋侯派遣士鲂来鲁请求出兵。

【原文】

经　十有二月，仲孙蔑会见晋侯、宋公、卫侯、邾子、齐崔杼，同盟于虚朾。

【译文】

十二月，仲孙蔑会同晋侯、宋公、卫侯、邾子、齐大夫崔杼，在虚朾共同订立盟约。

【原文】

经　丁未，葬我君成公。

【译文】

丁未日，安葬鲁君成公。

襄公卷第十五(起元年尽十五年)

襄公元年(公元前五百七十二年)

【原文】

经　元年春,王正月,公即位。

【译文】

襄公元年春季,周历正月,襄公即位。

鲁襄公

【原文】

传　继正即立,正也。

【译文】

正常地继承君位,合乎礼。

【原文】

经　仲孙蔑会晋栾黡、宋华元、卫宁殖、曹人、莒人、邾人、滕人、薛人,围宋彭城。

【译文】

仲孙蔑会同晋国栾黡、宋国华元、卫国宁殖、曹人、莒人、邾人、滕人、薛人,围攻宋国的彭城。

【原文】

传　系彭城于宋者,不与鱼石正也。

【译文】

将彭城列在宋国名下,表明不赞同鱼石回到彭城。

【原文】

经　夏,晋韩厥帅师伐郑。仲孙蔑会齐崔杼、曹人、邾人、杞人次于鄫。

【译文】

夏天，晋国由韩厥率兵攻郑。鲁国的仲孙蔑会同齐大夫崔杼、曹人、邾人、杞人，临时驻扎在鄫地。

【原文】

经　秋，楚公子壬夫帅师侵宋。

【译文】

秋季，楚公子壬夫率兵侵犯宋国。

【原文】

经　九月，辛酉，天王崩。

【译文】

九月辛酉这天，周简王驾崩。

【原文】

经　邾子来朝。

【译文】

邾国国君来鲁朝见拜访。

【原文】

经　冬，卫侯使公孙剽来聘。晋侯使荀罃来聘。

【译文】

冬天，卫国派公孙剽到鲁访问。晋国派荀罃来鲁国访问。

襄公二年（公元前五百七十一年）

【原文】

经　二年春，王正月，葬简王。

【译文】

襄公二年春季，周历正月，安葬周简王。

【原文】

经　夏，五月，庚寅，夫人姜氏薨。

【译文】

夏季，五月庚寅这天，成公夫人辞世。

【原文】

经　六月，庚辰，郑伯睔卒。

【译文】

六月的庚辰日，郑成公去世。

【原文】

经　晋师、宋师、卫宁殖侵郑。

【译文】

晋军、宋军、卫国的宁殖侵犯郑国。

【原文】

传　其曰卫宁殖，如是而称于前事也。

【译文】

记载时称卫宁殖，像这样称呼是根据以前的事为理由来称呼。

【原文】

经　秋，七月，仲孙蔑会晋荀罃、宋华元、卫孙林父、曹人、邾人于戚。

【译文】

秋天，七月，鲁国的仲孙蔑在戚地与晋荀罃、宋卿华元、卫卿孙林父、曹人和邾人会面。

【原文】

经　己丑，葬我小君齐姜。

【译文】

己丑这天，安葬鲁君夫人齐姜。

【原文】

经　叔孙豹如宋。

【译文】

叔孙豹前往宋国。

【原文】

经　冬，仲孙蔑会晋荀罃、齐崔杼、宋华元、卫孙林父、曹人、邾人、滕人、薛人、小邾人于戚，城于虎牢。

【译文】

冬天，仲孙蔑会见晋国的荀罃、齐国的崔杼、宋华元、卫国的孙林父、曹人、邾人、滕人、薛人和小邾人。在虎牢修筑城墙。

【原文】

传　若言中国焉，内郑也。

【译文】

像是说国内的城墙一样，把郑看成鲁的一部分了。

【原文】

经　楚杀其大夫公子申。

【译文】

楚国杀害了自己的大夫公子申。

襄公三年（公元前五百七十年）

【原文】

经　三年春，楚公子婴齐帅师伐吴。

【译文】

襄公三年春季，楚公子婴齐率兵攻打吴国。

【原文】

经　公如晋。夏，四月，壬戌，公及晋侯盟于长樗。

【译文】

襄公前往晋国。夏季，四月壬戌日，襄公和晋侯在长樗订立盟约。

【原文】

经　公至自晋。

【译文】

襄公从晋返回国，告祭祖庙。

【原文】

经　六月，公会单子、晋侯、宋公、卫侯、郑伯、莒子、邾子、齐世子光，己未，同盟于鸡泽。

【译文】

六月，襄公会见大夫单子、晋侯、宋公、卫侯、郑伯、莒子、邾子、齐太子光，己未这天，在鸡泽会盟。

【原文】

传　同者，有同也，同外楚也。

【译文】

同，表示有相同的对手，共同抵抗中原以外的楚国。

【原文】

经　陈侯使袁侨如会。

【译文】

陈侯派遣袁侨参加盟会。

【原文】

传　如会，外乎会也，于会受命也。

【译文】

如会，表明是会以外的成员，是到会接受盟约。

【原文】

经　戊寅，叔孙豹及诸侯之大夫及陈袁盟。

【译文】

戊寅这天，叔孙豹及诸侯的大夫们跟陈国的袁侨会盟。

【原文】

传　及以及，与之也。诸侯以为可与，则与之；不可与，则释之。诸侯盟，又大夫相与私盟，是大夫张也。故鸡泽之会，诸侯始失正矣，大夫执国权。曰袁侨异之也。

【译文】

经文用了“及”字又用“及”字，都是和的意思。诸侯赞同可以和谁结盟，就和谁；不可以和谁，就丢弃一边。诸侯间结盟，大夫又互相私下结盟，这样大夫就扩大了权限。所

以说鸡泽这次结盟，诸侯开始失政了，大夫掌握国家大权。说，袁侨跟别国大夫不一样。

【原文】

经　秋，公至自会。

【译文】

秋天，襄公从会盟地返回国，告祭祖庙。

【原文】

经　冬，晋荀罃帅师伐许。

【译文】

冬天，晋国的荀罃率兵攻打许国。

襄公四年（公元前五百六十九年）

【原文】

经　四年春，王三月，己酉，陈侯午卒。

【译文】

襄公四年春天，周历三月，己酉日，陈成公辞世。

【原文】

经　夏，叔孙豹如晋。

【译文】

夏季，叔孙豹前往晋国。

【原文】

经　秋，七月，戊子，夫人姒氏薨。

【译文】

秋天，七月戊子这天，成公夫人姒氏谢世。

【原文】

经　葬陈成公。

【译文】

安葬陈成公。

【原文】

经　八月,辛亥,葬我小君定姒。

【译文】

八月的辛亥日,安葬鲁君的夫人定姒。

【原文】

经　冬,公如晋。

【译文】

冬天,襄公前往晋国。

【原文】

经　陈人围顿。

【译文】

陈国围攻了顿国。

襄公五年(公元前五百六十八年)

【原文】

经　五年春,公至自晋。

【译文】

襄公五年春天,襄公从晋回国,行告祭祖庙之礼。

【原文】

经　夏,郑伯使公子发来聘。

【译文】

夏季,郑伯派遣公子发来鲁访问。

【原文】

经　叔孙豹、缯世子巫如晋。

【译文】

叔孙豹和缯国太子到晋国去。

【原文】

传　外不言如，而言如，为我事往也。

【译文】

对鲁国以外的人到哪儿去不加以记载，这次却记载了，因为他是为鲁国事去的。

【原文】

经　仲孙蔑、卫孙林父会吴于善稻。

【译文】

仲孙蔑和卫国的孙林父在善稻跟吴国会盟。

【原文】

传　吴谓善伊，谓稻缓。号从中国，名从主人。

【译文】

吴国把善字读伊，稻字读作缓。地名按中原各诸侯国的叫法，人名遵从主人的叫法。

【原文】

经　秋，大雩。

【译文】

秋季，举行盛大的求雨祭祀。

【原文】

经　楚杀其大夫公子壬夫。

【译文】

楚国杀害了自己的大夫壬夫。

【原文】

经　公会晋侯、宋公、陈侯、卫侯、郑伯、曹伯、莒子、邾子、滕子、薛伯、齐世子光、吴人、缯人于戚。

【译文】

襄公在戚地与晋侯、宋公、陈侯、卫侯、郑伯、曹伯、莒子、邾子、滕子、薛伯、齐国太子、吴人和缯人会见。

【原文】

经　公至自会。

【译文】

襄公从开会地回国，行告祭祖庙之礼。

【原文】

经　冬，戍陈。

【译文】

冬季，驻守陈国。

【原文】

传　内辞也。

【译文】

鲁国派兵驻守陈国。

【原文】

经　楚公子贞帅师伐陈。

【译文】

楚公子贞率兵讨伐陈国。

【原文】

经　公会晋侯、宋公、卫侯、郑伯、曹伯、莒子、邾子、滕子、薛伯、齐世子光救陈。

【译文】

襄公会合晋侯、宋公、卫侯、郑伯、曹伯、莒子、邾子、滕子、薛伯、齐国太子，一起出兵援助陈国。

【原文】

经　十有二月，公至自救陈。

【译文】

十二月，襄公从援陈的地方回国行告祭祖庙之礼。

【原文】

传　善救陈也。

【译文】

援救陈是善事。

【原文】

经　辛未，季孙行父卒。

【译文】

辛未这天，季孙行父谢世。

襄公六年（公元前五百六十七年）

【原文】

经　六年春，王三月，壬午，杞伯姑容卒。

【译文】

襄公六年春天，周历三月，壬午日，齐桓公去世。

【原文】

经　夏，宋华弱来奔。

【译文】

夏天，宋国的华弱逃到鲁避难。

【原文】

经　秋，葬齐桓公。

【译文】

秋季，安葬齐桓公。

【原文】

经　滕子来朝。

【译文】

滕国国君来鲁朝访。

【原文】

经　莒人灭缯。

【译文】

莒国消灭缯国。

【原文】

传　非灭也。中国日，卑国月，夷狄时。缯，中国也，而时，非灭也。家有既亡，国有既灭，灭而不自知，由别之而不别也。莒人灭缯，非灭也，非其立异姓以莅祭祀，灭亡之道也。

【译文】

不是灭亡。中原诸侯国被灭，要记载日期；小国被灭只记载月份；夷狄被灭记载季节。缯国，属于中原诸侯国，只记载季节，表明它不是灭亡。有的封地已经被消灭，有的国已经被灭，被灭了自己却不知道，有区别也就无法区别了。说莒国灭亡缯国，不是灭亡了，是责怪立了异姓为嗣来代替祭祀，这也就是灭亡的道理。

【原文】

经　冬，叔孙豹如邾。

【译文】

冬季，叔孙豹到邾国去。

【原文】

经　季孙宿如晋。

【译文】

季孙宿前往晋国。

【原文】

经　十有二月，齐侯灭莱。

【译文】

十二月，齐国灭了莱国。

襄公七年（公元前五百六十六年）

【原文】

经　七年春，郯子来朝。

【译文】

襄公七年春天，郯国国君前来鲁朝见。

【原文】

经　夏，四月，三卜郊，不从，乃免牲。

【译文】

夏天四月，三次为郊祭占卜，不吉利，就免了用牲祭祀。

【原文】

传　夏四月，不时也。三卜，礼也。乃者，亡乎人之辞也。

【译文】

夏天四月(举行郊祭)不合时令。三次占卜，合于礼。用乃字，是没有贤明人的意思。

【原文】

经　小邾子来朝。

【译文】

小邾国国君来鲁朝见。

【原文】

经　城费。

【译文】

在费邑修筑城墙。

【原文】

经　秋，季孙宿如卫。

【译文】

秋季，季孙宿到卫国去。

【原文】

经　八月，螽。

【译文】

八月，蝗虫成灾。

【原文】

经　冬，十月，卫侯使孙林父来聘，壬戌，及孙林父盟。

【译文】

冬季，十月，卫侯派孙林父来鲁行聘问之礼，壬戌日，跟孙林父结盟。

【原文】

经 楚公子贞帅师围陈。

【译文】

楚公子贞率兵围攻陈国。

【原文】

经 十有二月,公会晋侯、宋公、陈侯、卫侯、曹伯、莒子、邾子于郏。郑伯髡原如会,未见诸侯。丙戌,卒于操。

【译文】

十二月,襄公在郏地会见晋侯、宋公、陈侯、卫侯、曹伯、莒子和邾子。郑伯髡原到会,没见到诸侯。丙戌日,郑伯髡原在操地去世。

【原文】

传 未见诸侯,其曰如会何也?致其志也。礼,诸侯不生名,此其生名何也?卒之名也。卒之名则何为加之如会之上?见以如会卒也。其见以如会卒何也?郑伯将会中国,其臣欲从楚,不胜其臣,弑而死。其不言弑何也?不使夷狄之民,加乎中原之君也。其地,于外也。其日,未踰竟也。日卒时葬,正也。

【译文】

(郑伯)没见到诸侯,为什么还说到会了呢?是他的想法到会了。按礼,诸侯活着时不称名,这里为什么称他的名呢?是去世了才称名。死了称名为什么加在"如会"之前呢?足见他赴会时死了。怎么知道他赴会时死了?郑伯将要参加中原诸侯的结盟,他的臣却想归顺楚国,他没能胜过大臣,被杀而死。为什么不说被杀呢?不让楚国之民胜过中原之君。记他死的地点,是因为他在国都以外的地方去世。记他死的日期,是因为他死在国境之内。死时记日期,安葬时记季节是对的。

【原文】

经 陈侯逃归。

【译文】

陈侯从郏地逃回国。

【原文】

传 以其去诸侯,故逃之也。

【译文】

因为他想离开诸侯（亲楚），所以逃避回国。

襄公八年（公元前五百六十五年）

【原文】

经　八年，春，王正月，公如晋。

【译文】

襄公八年，春季，周历正月，襄公到晋国去。

【原文】

经　夏，葬郑僖公。

【译文】

夏天，安葬郑僖公。

【原文】

经　郑人侵蔡，获蔡公子湿。

【译文】

郑国侵犯蔡，捉住蔡公子湿。

【原文】

传　人，微者也。侵，浅事也。而获公子，公子病矣。

【译文】

称人，表明是名位卑微的人。侵，是一般的军事进攻。擒获蔡公子，是因为公子不胜将帅之任。

【原文】

经　季孙宿会晋侯、郑伯、齐人、宋人、卫人、邾人于邢丘。

【译文】

季孙宿在邢丘会见晋侯、郑伯、齐人、宋人、卫人和邾人。

【原文】

传　见鲁之失正也，公在而大夫会也。

【译文】

可见鲁国失去治国权威了，襄公在，却是大夫参加会。

【原文】

经　公至自晋。

【译文】

襄公从晋返回，告祭祖庙。

【原文】

经　莒人伐我东鄙。

【译文】

莒人讨伐鲁国东部边境。

【原文】

经　秋，九月，大雩。

【译文】

秋天，九月，举行盛大的求雨祭祀。

【原文】

经　楚公子贞帅师伐郑。

【译文】

楚公子贞率兵攻打郑国。

【原文】

经　晋侯使士匄来聘。

【译文】

晋侯派遣士匄来鲁国访问。

襄公九年（公元前五百六十四年）

【原文】

经　九年春，宋灾。

【译文】

九年春天，宋国发生火灾。

【原文】

传 外灾不志。此其志何也？故宋也。

【译文】

春秋经对鲁以外的国家发生火灾不予记载。这次为什么记载？因为孔子的祖上在宋国。

【原文】

经 季孙宿如晋。

【译文】

季孙宿前往晋国。

【原文】

经 五月，辛酉，夫人姜氏死。

【译文】

五月，辛酉这天，夫人姜氏辞世。

【原文】

经 秋，八月，癸未，葬我小君穆姜。

【译文】

秋天，八月癸未这天，安葬鲁宣公夫人穆姜。

【原文】

经 冬，公会晋侯、宋公、卫侯、曹伯、莒子、邾子、滕子、薛伯、小邾子、齐世子光伐郑。十有二月，己亥，同盟于戏。

【译文】

冬季，襄公会同晋侯、宋公、卫侯、曹伯、莒子、邾子、滕子、薛伯和小邾子、齐太子光一起讨伐郑国。十二月己亥日，在戏邑和郑国立盟。

【原文】

传 不异言郑，善得郑也。不致，耻不能据郑也。

【译文】

不特别提郑国。得到郑国(指结盟)顺从是好事。不以得郑告祭祖庙,是羞愧于不能长久得郑。

【原文】

经　楚子伐郑。

【译文】

楚国讨伐郑国。

襄公十年(公元前五百六十三年)

【原文】

经　十年春,公会晋侯、宋公、卫侯、曹伯、莒子、邾子、滕子、薛伯、杞伯、小邾子、齐世子光,会吴于柤。

【译文】

襄公十年春季,襄公会同晋侯,宋公、卫侯、曹伯、莒子、邾子、薛伯、杞伯、小邾子和齐国的太子光,在柤地和吴国结盟。

【原文】

传　会又会,外之也。

【译文】

会字的后文又用了会字,是因为把吴国看作中原以外的夷狄了。

【原文】

经　夏,五月,甲午,遂灭傅阳。

【译文】

夏天,五月甲午这天,灭了傅阳。

【原文】

传　遂,直遂也。其曰遂何?不以中国从夷狄也。

【译文】

遂,是直接进行的意思。为什么说会后径直灭了傅阳国?不让中原诸侯附从在夷狄

后面。

【原文】

经　公至自会。

【译文】

襄公从开会处回国，向祖庙行告祭之礼。

【原文】

传　会夷狄不致，恶事不致，此其致何也？存中国也。中国有善事，则并焉。无善事，则异之存之也。汲郑，逃归陈侯，柤之会，存中国也。

【译文】

诸侯外出，如果会见夷狄之君，不能告祖祭祀；做了坏事不能告祖。这次襄公会见了吴人，为什么回国后还告祭祖庙？因为有中原诸侯国共同在会。中原诸侯国有好事，就一起做；没有好事，就分别一一而予以祭告。吸引郑伯参加的会，陈侯逃归的会，柤地会见，都有中原诸侯国参加。

【原文】

经　楚公子贞、郑公孙辄帅师伐宋。

【译文】

楚公子贞和郑国的公孙辄率兵攻打宋。

【原文】

经　晋师伐秦。

【译文】

晋军讨伐秦国。

【原文】

经　秋，莒人伐我东鄙。

【译文】

秋天，莒国攻打鲁国东部的边境。

【原文】

经　公会晋侯、宋公、卫侯、曹伯、莒子、邾子、齐世子光、滕子、薛伯、杞伯、小邾子伐郑。

【译文】

襄公会同晋侯、宋公、卫侯、曹伯、莒子、邾子、齐世子光、滕子、薛伯、杞伯、小邾子，共同攻伐郑国。

【原文】

经　冬，盗杀郑公子斐、公子发、公孙辄。

【译文】

冬季，作乱的人杀死郑公子斐、公子发和公孙辄。

【原文】

传　称盗以杀大夫，弗以上下道，恶上也。

【译文】

说作乱的人杀害了大夫，这不是按地位的尊卑记载的。对郑伯表示愤恨。

【原文】

经　戍郑虎牢。

【译文】

驻守郑国的虎牢。

【原文】

传　其曰郑虎牢，决郑乎虎牢。

【译文】

称郑虎牢，表明虎牢要归还给郑了。

【原文】

经　楚公子贞帅师救郑。

【译文】

楚公子贞率兵援助郑国。

【原文】

经　公至自伐郑。

【译文】

襄公攻伐郑后回国，告祭祖庙。

襄公十一年(公元前五百六十二年)

【原文】

经　十有一年春,王正月,作三军。

【译文】

襄公十一年春季,周历正月,编制上、中、下三军。

【原文】

传　作,为也。古者天子六师,诸侯一军。作三军,非正也。

【译文】

作,是编制的意思。古时,天子统帅六军,诸侯统帅一军。编制三军,是不对的。

【原文】

经　夏,四月,四卜郊,不从,乃不郊。

【译文】

夏季,四月,四次为郊祭占卜,不吉利,于是就不举行郊祭。

【原文】

传　夏四月,不时也。四卜,非礼也。

【译文】

夏天四月,不合郊祭的时令。卜四次,不合于礼。

【原文】

经　郑公孙舍之帅师侵宋。

【译文】

郑国的公孙舍之率兵侵犯宋国。

【原文】

经　公会晋侯、宋公、卫侯、曹伯、齐世子光、莒子、邾子、滕子、薛伯、杞伯、小邾子伐郑。

【译文】

襄公会同晋侯、宋公、卫侯、曹伯、齐太子光、莒子、邾子、滕子、薛伯、杞伯、小邾子,一起讨伐郑国。

【原文】

经　秋，七月，己未，同盟于京城北。

【译文】

秋季，七月己未这天，攻伐郑的十二国跟郑国在京城北立盟。

【原文】

经　公至自伐郑。

【译文】

襄公从攻打郑地回国。告祭祖庙。

【原文】

传　不以后致，盟后复伐郑也。

【译文】

不拿后一事向祖庙告祭，因为结盟后又攻打郑国。

【原文】

经　楚子、郑伯伐宋。

【译文】

楚国和郑国一同进攻宋国。

【原文】

经　公会晋侯、宋公、卫侯、曹伯、齐世子光、莒子、邾子、滕子、薛伯、杞伯、小邾子伐郑，会于萧鱼。

【译文】

襄公会同晋侯、宋公、卫侯、曹伯、齐太子光、莒子、邾子、滕子、薛伯、杞伯、小邾子，一起攻伐郑国。在萧鱼结盟。

【原文】

经　公至自会。

【译文】

襄公从会盟地返回国。告祭祖庙。

【原文】

传　伐而后会，不以伐郑致，得郑伯之辞也。

【译文】

伐郑之后立盟，不拿伐郑这件事告祭祖庙，表明郑伯归服了。

【原文】

经　楚人执郑行人良霄。

【译文】

楚国捉拿郑国外交使臣良霄。

【原文】

传　行人者，挈国之辞也。

【译文】

外交使臣，是带代替国家传达使命的人。

【原文】

经　冬，秦人伐晋。

【译文】

冬天，秦国攻打晋国。

襄公十二年(公元前五百六十一年)

【原文】

经　十有二年春，王三月，莒人伐我东鄙，围邰。

【译文】

襄公十二年春天，周历三月，莒国攻打鲁国东部边境，包围邰邑。

【原文】

传　伐国不言围邑，举重也。取邑不书，围，安足书也？

【译文】

攻伐一国不必记围攻了城邑，记重要的。占领城邑都不必记，围攻城邑，哪值得记呢？

【原文】

经　季孙宿帅师救郃，遂入郓。

【译文】

季孙宿领兵援救郃邑，随后攻入郓城。

【原文】

传　遂，继事也。受命而救郃，不受命而入郓。恶季孙宿也。

【译文】

遂，表示紧接着另一件事。接受命令援救郃邑，没得到命令就擅自闯入郓城。对季孙宿表示憎恨。

虎斑纹木柄剑

【原文】

经　夏，晋侯使士鲂来聘。

【译文】

夏天，晋侯派士鲂来鲁行聘问之礼。

【原文】

经　秋，九月，吴子乘卒。

【译文】

秋季，九月，吴王乘辞世。

【原文】

经　冬，楚公子贞帅师侵宋。

【译文】

冬季，楚国公子贞率兵侵略宋国。

【原文】

经　公如晋。

【译文】

襄公前往晋国。

襄公十三年(公元前五百六十年)

【原文】

经　十有三年春,公至自晋。

【译文】

襄公十三年春季,襄公从晋回国,告祭祖庙。

【原文】

经　夏,取邿。

【译文】

夏天,夺得了邿国。

【原文】

经　秋,九月,庚辰,楚子审卒。

【译文】

秋季,九月庚辰这天,楚共王辞世。

【原文】

经　冬,城防。

【译文】

冬季,在防地修筑城墙。

襄公十四年(公元前五百五十九年)

【原文】

经　十有四年春,王正月,季孙宿、叔老,会晋士匄、齐人、宋人、卫人、郑公孙虿、曹人、莒人、邾人、滕人、薛人、杞人、小邾人、会吴于向。

【译文】

襄公十四年春季,周历正月,鲁国的季孙宿和叔老在向地同晋卿士匄、齐人、宋人、卫人、郑大夫公孙虿、曹人、莒人、邾人、滕人、薛人、杞人、小邾人、吴人会盟。

【原文】

经　二月，乙未，朔，日有食之。

【译文】

二月乙未这天，初一，出现日食。

【原文】

经　夏，四月，叔孙豹会晋荀偃、齐人、宋人、卫北宫括、郑公孙虿、曹人、莒人、邾人、滕人、薛人、杞人、小邾人伐秦。

【译文】

夏天，四月，鲁卿叔孙豹同晋卿荀偃、齐人、宋人、卫大夫北宫括、郑大夫公孙虿、曹人、莒人、邾人、滕人、薛人、杞人、小邾人一起攻打秦国。

【原文】

经　己未，卫侯出奔齐。

【译文】

已未这天，卫侯逃奔到齐国避难。

【原文】

经　莒人侵我东鄙。

【译文】

莒国侵略鲁国东部边境。

【原文】

经　秋，楚公子贞帅师伐吴。

【译文】

秋季，楚国公子贞率兵攻伐吴国。

【原文】

经　冬，季孙宿会晋士匄、宋华阅、卫孙林父、郑公孙虿、莒人、邾人于戚。

【译文】

冬季，鲁卿季孙宿在戚地和晋卿士匄、宋国的华阅、卫国的孙林父、郑国的公孙虿、莒人、邾人结盟。

襄公十五年(公元前五百五十八年)

【原文】

经　十有五年春,宋公使向戌来聘。二月,己亥,及向戌盟于刘。

【译文】

襄公十五年春季,宋公派向戌来鲁拜问。二月乙亥这天,跟向戌在刘地结盟。

【原文】

经　刘夏逆王后于齐。

【译文】

刘夏到齐国迎接王后。

【原文】

传　过我,故志之也。

【译文】

路过鲁国,所以记载这件事。

【原文】

经　齐侯伐我北鄙,围成。公救成,至遇。

【译文】

齐国攻打鲁国北部边境,围攻了成邑。襄公领兵援救成,到遇地(齐兵就退了)。

【原文】

经　季孙宿、叔孙豹帅师城成郛。

【译文】

季孙宿和叔孙豹率领军队修筑成邑的外城。

【原文】

经　秋,八月,丁巳,日有食之。

【译文】

秋季,八月丁巳日,出现日食。

【原文】

经　邾人伐我南鄙。

【译文】

邾国攻伐鲁国南部边邑。

【原文】

经　冬，十一月癸亥，晋侯周卒。

【译文】

冬天，十一月癸亥这天，晋悼公辞世。

襄公卷第十六（起十六年尽三十一年）

襄公十六年（公元前五百五十七年）

【原文】

经　十有六年春，王正月，葬晋悼公。

【译文】

襄公十六年春季，周历正月，安葬晋悼公。

【原文】

经　三月，公会晋侯、宋公、卫侯、郑伯、曹伯、莒子、邾子、薛伯、杞伯、小邾子于溴梁。戊寅，大夫盟。

【译文】

三月，襄公在溴梁会面晋侯、宋公、卫候、郑伯、曹伯、莒子、邾子、薛伯、杞伯、小邾子。戊寅日，大夫们立盟。

【原文】

传　溴梁之会，诸侯失正矣。诸侯会，而曰大夫盟，正在大夫也。诸侯在，而不曰诸侯之大夫，大夫不臣也。

【译文】

溴梁之会，表明诸侯丧失了政权。诸侯会面，却说大夫结盟，表明政权在大夫手。诸

侯在，却不说诸侯的大夫，表明大夫不行君臣道。

【原文】

经　晋人执莒子、邾子以归。

【译文】

晋国抓住莒、邾二国的国君，带回国。

【原文】

经　齐侯伐我北鄙。

【译文】

齐国侵略鲁国北部边境。

【原文】

经　夏，公至自会。

【译文】

夏天，襄公从溴梁回国，告祭祖庙。

【原文】

经　五月，甲子，地震。

【译文】

五月甲子这天，发生地震。

【原文】

经　叔老会郑伯、晋荀偃、卫宁殖、宋人伐许。

【译文】

叔老会同郑伯、晋卿荀偃、卫国的宁殖、宋人，一起攻打许国。

【原文】

经　秋，齐侯伐我北鄙，围成。

【译文】

秋季，齐国进攻鲁国北部边邑，围攻了成邑。

【原文】

经　大雩。

【译文】

举行盛大的求雨的祭祀。

【原文】

经　冬，叔孙豹如晋。

【译文】

冬天，叔孙豹到晋国去。

襄公十七年（公元前五百五十六年）

【原文】

经　十有七年春，王二月，庚午，邾子瞷卒。

【译文】

襄公十七年春季，周历二月庚午日，邾宣公逝世。

【原文】

经　宋人伐陈。

【译文】

宋国攻伐陈国。

【原文】

经　夏，卫石买帅师伐曹。

【译文】

夏季，卫国的石买率兵攻伐曹国。

【原文】

经　秋，齐侯伐我北鄙，围桃。齐高厚帅师伐我北鄙，围防。

【译文】

秋季，齐国攻打鲁国北部边境，包围桃地。齐卿高厚又率兵攻伐鲁国北部边境，包围了防地。

【原文】

经　九月，大雩。

【译文】

九月举行盛大的求雨祭祀。

【原文】

经　宋华臣出奔陈。

【译文】

宋国的华臣逃奔到陈国避难。

【原文】

经　冬,邾人伐我南鄙。

【译文】

冬天,邾国攻伐鲁国南部边邑。

襄公十八年(公元前五百五十五年)

【原文】

经　十有八年春,白狄来。

【译文】

襄公十八年春季,白狄人来鲁国友好交往。

【原文】

经　夏,晋人执卫行人石买。

【译文】

夏季,晋国抓住卫国的外交使臣石买。

【原文】

传　称行人,怨接于上也。

【译文】

称石买为使臣,表明怨仇是指向卫侯。

【原文】

经　秋,齐侯伐我北鄙。

【译文】

秋天，齐国侵犯鲁国北部边境。

【原文】

经　冬，十月，公会晋侯、宋公、卫侯、郑伯、曹伯、莒子、邾子、薛伯、杞伯、小邾子同围齐。

【译文】

冬天十月，襄公会同晋侯、宋公、卫侯、郑伯、曹伯、莒子、邾子、薛伯、杞伯、小邾子一同围攻齐国。

【原文】

传　非围而曰围。齐有大焉，亦有病焉。非大而足同焉，诸侯同罪之也，亦病矣。

【译文】

不该包围却包围了。齐是强大的国，也有罪过。不是大国，值得诸侯联合行动吗？诸侯一齐归罪于它，也就说明它有罪过。

【原文】

经　曹伯负刍卒于师。

【译文】

曹国国君负刍在军中去世。

【原文】

传　于师，闵之也。

【译文】

强调死在军中，是对曹伯表示哀怜。

【原文】

经　楚公子午帅师伐郑。

【译文】

楚公子午率兵攻郑国。

襄公十九年（公元前五百五十四年）

【原文】

经　十有九年春，王正月，诸侯盟于祝柯。晋人执邾子。

【译文】

襄公十九年春季，周历正月，诸侯在祝柯结盟。晋国抓住了邾君。

【原文】

经　公至自伐齐。

【译文】

襄公攻打齐归来，告祭祖庙。

【原文】

传　春秋之义，已伐而盟，复伐者则以伐致。盟不复伐者，则以会致。祝柯之盟，复伐齐与？曰，非也。然则何为以伐致也？曰，与人同事，或执其君，或取其地。

【译文】

春秋经记事的惯例是，讨伐后会盟，会盟后又讨伐，就拿攻伐的事告祭祖庙。如果会盟后不再攻伐，就拿会盟的事告祭祖庙。祝柯这次会盟，完后又讨伐齐国了吗？解释说，没有。那么为什么拿攻伐的事告祭祖庙呢？解释说，跟人一起行动，有的抓住邾君，有的夺得邾国的土地。

【原文】

经　取邾田，自漷水。

【译文】

鲁取得了漷河以北邾国的土地。

【原文】

传　轧辞也。其不日，恶盟也。

【译文】

（自漷水）是委婉地用词。不记载日期，是因为憎恶会盟。

【原文】

经　季孙宿如晋。

【译文】

鲁卿季孙宿前往晋国。

【原文】

经　葬曹成公。

【译文】

安葬曹成公。

【原文】

经　夏，卫孙林父师师伐齐。

【译文】

夏季，卫国的孙林父率兵攻伐齐国。

【原文】

经　秋，七月，辛卯，齐侯环卒。

【译文】

秋天，七月辛卯这天，齐灵公去世。

【原文】

经　晋士匄帅师侵齐，至谷，闻齐侯卒，乃还。

【译文】

晋国的士匄领兵攻打齐，到了谷地，听说齐侯去世的消息，就返回国。

【原文】

传　还者，事未毕之辞也。受命而诛生，死无所加其怒，不伐丧，善之也。善之则何为未毕也？君不尸小事，臣不专大名。善则称君，过则称己，则民作让矣。士匄外专君命，故非之也。然则为士匄者宜奈何？宜墠帷而归命乎介。

【译文】

返还，是事情没完结的意思。接受君命去惩戒活人。听说齐侯死了，不施加愤怒给齐，不攻伐有丧事的国家，这种做法很好。认为好为什么还说没办完事？国君不主持小事，大臣不能独占美名。好事就归于君王做的，错事归罪于自己，百姓就都讲谦让了。士匄在外擅自违叛君命，所以责备他。如此，那么士匄应该怎么做才对？应该平地做墠场祭祀，张设帷幕暂住，派副使回国请命。

【原文】

经　八月，丙辰，仲孙蔑卒。

【译文】

八月丙辰这天，鲁卿仲孙蔑辞世。

【原文】

经　齐杀其大夫高厚。

【译文】

齐国杀害了它的大夫高厚。

【原文】

经　郑杀其大夫公子嘉。

【译文】

郑国杀害了它的大夫公子嘉。

【原文】

经　冬，葬齐灵公。

【译文】

冬季，安葬齐灵公。

【原文】

经　城西郛。

【译文】

修筑鲁都西面的外道城墙。

【原文】

经　叔孙豹会晋士匄于柯。

【译文】

鲁卿叔孙豹在柯地会见晋卿士匄。

【原文】

经　城武城。

【译文】

在武城建城墙。

襄公二十年(公元前五百五十三年)

【原文】

经　二十年春,王正月,辛亥,仲孙速会莒人,盟于向。

【译文】

襄公二十年春季,周历正月辛亥日,仲孙速会见莒人,在向地立盟。

【原文】

经　夏,六月,庚申,公会晋侯、齐侯、宋公、卫侯、郑伯、曹伯、莒子、邾子、滕子、薛伯、杞伯、小邾子,盟于澶渊。

【译文】

夏天,六月庚申日,襄公跟晋侯、齐侯、宋公、卫侯、郑伯、曹伯、莒子、邾子、滕子、薛伯、杞伯、小邾子在澶渊结盟。

【原文】

经　秋,公至自会。

【译文】

秋季,襄公从结盟地回国,告祭祖庙。

【原文】

经　仲孙速帅师伐邾。

【译文】

仲孙速率军攻伐邾国。

【原文】

经　蔡杀其大夫公子湿,蔡公子履出奔楚。

【译文】

蔡国杀了自己的大夫公子湿,蔡公子履逃奔到楚国避难。

【原文】

经　陈侯之弟光出奔楚。

【译文】

陈侯的弟弟出逃到楚国。

【原文】

传　诸侯之尊，弟兄不能以属退。其弟云者，亲之也。亲而奔之，恶也。

【译文】

诸侯最尊贵，弟兄也不能跟他以兄弟关系相称，经文称其弟，表示与陈侯关系亲近。亲近还逃亡避难，怨恨陈侯。

【原文】

经　叔老如齐。

【译文】

叔老前往齐国。

【原文】

经　冬，十月，丙辰，朔，日有食之。

【译文】

冬天，十月丙辰日，初一，发生日食。

【原文】

经　季孙宿如宋。

【译文】

鲁卿季孙宿前往宋国。

襄公二十一年（公元前五百五十二年）

【原文】

经　二十有一年春，王正月，公如晋。

【译文】

襄公二十一年春季，周历正月，襄公到晋国去。

【原文】

经　邾庶其以漆、闾丘来奔。

【译文】

邾庶其带著漆、闾丘两处土地投奔鲁。

【原文】

传　以者，不以者也。来奔者不言出，举其接我者也。漆、闾丘不言及，大小敌也。

【译文】

拿的，是不能拿的东西（指土地）。说来奔而不说出奔，是因为他前来投奔鲁国。漆、闾丘中不用及字，因为两地大小相等。

【原文】

经　夏，公至自晋。

【译文】

夏天，襄公从晋返回国，告祭祖庙。

【原文】

经　秋，晋栾盈出奔楚。

【译文】

秋天，晋卿栾盈逃奔到楚国避难。

【原文】

经　九月，庚戌，朔，日有食之。

【译文】

九月庚戌这天，初一，出现日食。

【原文】

经　冬，十月，庚辰，朔，日有食之。

【译文】

冬天，十月庚辰这天，初一，出现日食。

【原文】

经　曹伯来朝。

【译文】

曹国国君来鲁朝拜。

【原文】

经　公会晋侯、齐侯、宋公、卫侯、郑伯、曹伯、莒子、邾子于商任。

【译文】

襄公跟晋侯、齐侯、宋公、卫侯、郑伯、曹伯、莒子、邾子在商任会见。

【原文】

经　庚子，孔子生。

【译文】

庚子这天，孔子出生。

襄公二十二年（公元前五百五十一年）

【原文】

经　二十有二年春，王正月，公至自会。

【译文】

襄公二十二年春季，周历正月，襄公从商任回国，告祭祖庙。

【原文】

经　夏，四月。

【译文】

夏季，四月。

【原文】

经　秋，七月，辛酉，叔老卒。

【译文】

秋季，七月辛酉日，叔老辞世。

【原文】

经　冬，公会晋侯、齐侯、宋公、卫侯、郑伯、曹伯、莒子、邾子、滕子、薛伯、杞伯、小邾子于沙随。

【译文】

冬季，襄公跟晋侯、齐侯、宋公、卫侯、郑伯、曹伯、莒子、邾子、滕子、薛伯、杞伯、小邾子在沙随会面。

【原文】

经　公至自会。

【译文】

襄公从沙随回国，行告祭祖庙之礼。

【原文】

经 楚杀其大夫公子追舒。

【译文】

楚国杀害了自己的大夫公子追舒。

襄公二十三年(公元前五百五十年)

【原文】

经 二十有三年春，王二月，癸酉，朔，日有食之。

【译文】

襄公二十三年春天，周历二月，癸酉日，初一，出现日食。

【原文】

经 三月，己巳，杞伯匄卒。

【译文】

三月己巳这天，杞孝公谢世。

【原文】

经 夏，邾畀我来奔。

【译文】

夏天，邾国的畀我逃到鲁国。

【原文】

经 葬杞孝公。

【译文】

安葬杞孝公。

【原文】

经 陈杀其大夫庆虎及庆寅。

【译文】

陈国杀害了大夫庆虎和庆寅。

【原文】

传　称国以杀，罪累上也。及庆寅，庆寅累也。

【译文】

举出国名说杀某某，表明罪恶牵扯到君王。经文记“及庆寅”，表明庆寅是受连累。

【原文】

经　陈侯之弟光自楚归于陈。

【译文】

陈侯的弟弟公子光从楚返回到陈。

【原文】

经　晋栾盈复入于晋，入于曲沃。

【译文】

晋国的栾盈又进入晋国，进入曲沃城。

【原文】

经　秋，齐侯伐卫，遂伐晋。

【译文】

秋天，齐侯攻打卫国，接着又攻伐晋国。

【原文】

经　八月，叔孙豹帅师救晋，次于雍渝。

【译文】

八月，叔孙豹领兵救助晋国，临时驻守在雍渝。

【原文】

传　言救后次，非救也。

【译文】

说是营救，后边又说驻守，不是真正地援救。

【原文】

经　己卯，仲孙速卒。

【译文】

己卯这天,鲁大夫仲孙速辞世。

【原文】

经　冬,十月,乙亥日,臧孙纥出奔邾。

【译文】

冬天,十月乙亥这天,臧孙纥逃到邾国。

【原文】

传　其日,正臧孙纥之出也。蘧伯玉曰:“不以道事其君者其出乎。”

【译文】

记载日子,表明臧孙纥逃亡是对的。蘧伯玉说:“不用事奉君长的礼道为国君做事,恐怕就要出逃吧。”

【原文】

经　晋人杀栾盈。

【译文】

晋国杀害了栾盈。

【原文】

传　恶之,弗有也。

【译文】

憎恨他,(好像晋国根本)没有这个人。

【原文】

经　齐侯袭莒。

【译文】

齐国偷袭莒国。

襄公二十四年(公元前五百四十九年)

【原文】

经　二十有四年春,叔孙豹如晋。

【译文】

二十四年春季，叔孙豹前往晋国。

【原文】

经　仲孙羯帅师侵齐。

【译文】

仲孙羯率军侵略齐国。

【原文】

经　夏，楚子伐吴。

【译文】

夏天，楚王攻打吴国。

【原文】

经　秋，七月，甲子，朔，日有食之，既。

【译文】

秋季，七月甲子这天，初一，出现日全食。

【原文】

经　齐崔杼帅师伐莒。

【译文】

齐国由崔杼率军攻伐莒国。

【原文】

经　大水。

【译文】

发生大水。

【原文】

经　八月，癸巳，朔，日有食之。

【译文】

八月癸巳这天，初一，出现日食。

【原文】

经　公会晋侯、宋公、卫侯、郑伯、曹伯、莒子、邾子、滕子、薛伯、杞伯、小邾子于夷仪。

【译文】

襄公跟晋侯、宋公、卫侯、郑伯、曹伯、莒子、邾子、滕子、薛伯、杞伯、小邾子在夷仪会盟。

【原文】

经 冬,楚子、蔡侯、陈侯、许男伐郑。

【译文】

冬季,楚王、蔡侯、陈侯和许男领兵攻打郑国。

【原文】

经 公至自会。

【译文】

襄公从夷仪回国,行告祭祖庙典礼。

【原文】

经 陈针宜咎出奔楚。

【译文】

陈国的针宜咎逃奔到楚国。

【原文】

经 叔孙豹如京师。

【译文】

鲁国的叔孙豹到京师去。

【原文】

经 大饥。

【译文】

闹大灾荒。

【原文】

传 五谷不升谓之大饥,一谷不升谓之嗛,二谷不升谓之饥,三谷不升谓之馑。四谷不升谓之康,五谷不升谓之大侵。大侵之礼,君食不兼味,台榭不涂,弛侯,廷道不除,百官布而不制,鬼神祷而不祀,此大侵之礼也。

【译文】

五种谷物都不收称为大饥,一种谷物不收称为歉,两种谷物不收称为饥,三种谷物不称为馑,四种谷物不收称为康,五种谷物不收又称为大侵。大饥之年,君王不吃两样菜,高台亭榭不再涂漆粉饰,废除宴射,宫廷内的路不必修缮,设百官不必举行仪式,对鬼神只祈祷不祭祀,这就是大饥之年的礼节。

襄公二十五年(公元前五百四十八年)

【原文】

经　二十有五年春,齐崔杼帅师伐我北鄙。

【译文】

襄公二十五年春季,齐国崔杼率兵攻伐鲁国北部边邑。

【原文】

经　夏,五月,乙亥,齐崔杼弑其君光。

【译文】

夏天,五月乙亥这天,齐国的崔杼杀了国君光。

【原文】

传　庄公失言,淫于崔氏。

【译文】

庄公说漏了话,暴露他与崔氏私通。

【原文】

经　公会晋侯、宋公、卫侯、郑伯、曹伯、莒子、邾子、滕子、薛伯、杞伯、小邾子于夷仪。

【译文】

襄公跟晋侯、宋公、卫侯、郑伯、曹伯、莒子、邾子、滕子、薛伯、杞伯、小邾子在夷仪会见。

【原文】

经　六月,壬子,郑公孙舍之帅师入陈。

【译文】

六月壬子这天,郑国的公孙舍之率兵攻入陈国。

【原文】

经　秋，八月，己巳，诸侯同盟于重丘。

【译文】

秋天，八月己巳日，诸侯在重丘结盟。

【原文】

经　公至自会。

【译文】

襄公从会盟地回国，告祭祖庙。

【原文】

经　卫侯入于夷仪。

【译文】

卫侯攻入夷仪。

【原文】

经　楚屈建帅师灭舒鸠。

【译文】

楚国的屈建率兵灭掉舒鸠国。

兽面纹三角形铜戈

【原文】

经　冬，郑公孙夏帅师伐陈。

【译文】

冬天，郑国的公孙夏率军攻伐陈国。

【原文】

经　十有二月，吴子谒伐楚，门于巢，卒。

【译文】

十二月，吴国国君攻打楚国，攻入巢邑的门就死了。

【原文】

传　以伐楚之事，门于巢，卒也。于巢者，外乎楚也。门于巢，乃伐楚也。诸侯不生名，取卒之名，加之伐楚之上者，见以伐楚卒也。其见以伐楚卒何也？古者大国过小邑，

小邑必饰城而请罪，礼也，吴子谒伐楚，至巢，入其门，门人射吴子，有矢创，反舍而卒。古者虽有文事，必有武备。非巢之不饰城而请罪，非吴子之自轻也。

【译文】

因为伐楚这件事，攻入巢邑的城门，吴王死了。“于巢”，表明是在楚国的外面。记“门于巢”，表明是伐楚路过巢邑。诸侯活着时不称名，死了称名。将吴王的名放在“伐楚”上面，可见是因为伐楚而死。怎么见得是因为伐楚而死？古时，大国之君经过小城，小城一定要把城门装饰一新，而且要请罪，这是礼节。吴王攻楚，到巢邑，进城门时，守门人射吴王，射伤了，回到住地就死了。古时，即使是办政事，也要有武装防备。责怪巢邑不打扫城门，不请罪；责备吴王太草率。

襄公二十六年（公元前五百四十七年）

【原文】

经　二十有六年春，王二月，辛卯，卫宁喜弑其君剽。

【译文】

襄公二十六年春天，周历二月，辛卯这天，卫国的宁喜杀死国君剽。

【原文】

传　此不正，其日何也？殖也立之，喜也君之，正也。

【译文】

这不对，为什么记下日子？父亲立下君，儿子也奉之为君，才是对的。

【原文】

经　卫孙林父入于戚以叛。

【译文】

卫国的孙林父进入戚地，反叛卫国献地给晋。

【原文】

经　甲午，卫侯衎复归于卫。

【译文】

甲午日，卫侯重新回到卫国。

【原文】

传　日归，见知弑也。

【译文】

记下衎回国的日子，可见他知道杀害国君的事。

【原文】

经　夏，晋侯使荀吴来聘。

【译文】

夏天，晋侯派遣荀吴来鲁国访问。

【原文】

经　公会晋人、郑良霄、宋人、曹人于澶渊。

【译文】

襄公跟晋人、郑国的良霄、宋人、曹人在澶渊会盟。

【原文】

经　宋公杀其世子痤。

【译文】

宋公杀害了自己的太子痤。

【原文】

经　晋人执卫宁喜。

【译文】

晋人抓住了卫国的宁喜。

【原文】

经　八月，壬午，许男宁卒于楚。

【译文】

八月壬午这天，许君在楚国去世。

【原文】

经　冬，楚子、蔡侯、陈侯伐郑。

【译文】

冬季，楚国、蔡国、陈国攻打郑国。

【原文】

经　葬许灵公。

【译文】

安葬许灵公。

襄公二十七年(公元前五百四十六年)

【原文】

经　二十有七年春,齐侯使庆封来聘。

【译文】

襄公二十七年春季,齐侯派庆封来鲁拜问。

【原文】

经　夏,叔孙豹会晋赵武、楚屈建、蔡公孙归生、卫石恶、陈孔奂、郑良霄、许人、曹人于宋。

【译文】

夏天,鲁国的叔孙豹同晋国赵武、楚国屈建、蔡公孙归生、卫国石恶、陈国孔奂、郑国良霄、还有许人、曹人在宋国盟会。

【原文】

经　卫杀其大夫宁喜。

【译文】

卫国杀害了大夫宁喜。

【原文】

传　称国以杀,罪累上也。宁喜弑君,其以累上之辞言之何也?尝为大夫,与之涉公事矣。宁喜由君弑君,而不以弑君之罪罪之者,恶献公也。

【译文】

举出国名说杀某某,表明罪恶连累到君王。宁喜杀了国君,为什么说连累到君王?他曾经当大夫,参与、牵扯到君王的事当中。宁喜被献公指使杀害殇公。不以弑君之罪判他,是因为厌恨献公呵。

【原文】

经　卫侯之弟专出奔晋。

【译文】

卫侯的弟弟逃亡到晋国。

【原文】

传　专，喜之徒也。专之为喜之徒何也？己虽急纳其兄，与人之臣谋弑其君，是亦弑君者也。专其曰弟何也？专有是信者，君赂不入乎喜而杀喜，是君不直乎喜也。故出奔晋，织绚邯郸，终身不言卫。专之去，合乎春秋。

【译文】

专，是宁喜一伙的。为什么说专是宁喜一伙的？专自己急于接受他的哥哥回国，就跟宁喜谋划杀害国君，这也就算弑君的人了。称他为弟是为什么？专是讲信用的人，献公不给宁喜财物，反而杀了喜，这是献公对宁喜理屈。所以专逃奔晋国，在邯郸编草鞋，一辈子不说卫国。专的离开，合乎春秋之义。

【原文】

经　秋，七月，辛巳，豹及诸侯之大夫盟于宋。

【译文】

秋季，七月辛巳日，叔孙豹在宋地和各诸侯的大夫结盟。

【原文】

传　湨梁之会，诸侯在而不曰诸侯之大夫，大夫不臣也，晋赵武耻之。豹云者，恭也。诸侯不在而曰诸侯之大夫，大夫臣也，其臣恭也。晋赵武为之会也。

【译文】

湨梁那次盟会，诸侯都参加了会，却不记诸侯的大夫，那是大夫不行臣之道，晋卿赵武对此感到羞辱。（这条经文）“豹及诸侯”的记载，是尊敬的意思。诸侯不在，却记诸侯的大夫，表明大夫行臣道，下臣很恭敬。晋卿赵武主持这次盟会。

【原文】

经　冬，十有二月，乙亥，朔，日有食之。

【译文】

冬天，十二月乙亥日，初一，出现日食。

襄公二十八年(公元前五百四十五年)

【原文】

经　二十有八年春,无冰。

【译文】

襄公二十八年春天,没有结冰。

【原文】

经　夏,卫石恶出奔晋。

【译文】

夏季,卫国的石恶逃到晋国避难。

【原文】

经　邾子来朝。

【译文】

邾国国君来鲁朝拜。

【原文】

经　秋,八月,大雩。

【译文】

秋天,八月,举行盛大的求雨祭祀。

【原文】

经　仲孙羯如晋。

【译文】

鲁仲孙羯前往晋国。

【原文】

经　冬,齐庆封来奔。

【译文】

冬天,齐国的庆封逃亡到鲁国来。

【原文】

经　十有一月，公如楚。

【译文】

十一月，襄公到楚国去。

【原文】

经　十有二月，甲寅，天王崩。

【译文】

十二月甲寅这天，周灵王驾崩。

【原文】

经　乙未，楚子昭卒。

【译文】

乙未日，楚康王谢世。

襄公二十九年（公元前五百四十四年）

【原文】

经　二十有九年春，王正月，公在楚。

【译文】

襄公二十九年春，周历正月，襄公在楚国。

【原文】

经　闵公也。

【译文】

哀怜襄公。

【原文】

经　夏，五月，公至自楚。

【译文】

夏季，五月，襄公从楚回国。

【原文】

传 喜之也。致君者，殆其往，而喜其反，此致君之意义也。

【译文】

为他欢喜。记载君王返回国，为他的外出而担忧，为他的返国而高兴，这就是记载君王回国的意义。

【原文】

经 庚午，卫侯衎卒。

【译文】

庚午这天，卫献公去世。

【原文】

经 阍杀吴子余祭。

【译文】

守城人杀死吴王。

【原文】

传 阍，门者也，寺人也。不称名姓，阍不得齐于人，不称其君，阍不得君其君也。礼，君不使无耻，不近刑人，不狎敌，不迩怨。贱人非所贵也。贵人非所刑也，刑人非所近也。举至贱而加之吴，吴子近刑人也。阍杀吴子余祭，仇人也。

【译文】

阍，是守城的人，是供使令的下人。不称呼他姓名，因为他不能和正常人同等地位。不称他的国君，因为阍者没有资格称国君为君。按礼，君王不能任用不知廉耻的人，不能接近受过刑的人，不能亲近敌人，不能接近仇人。下贱人没有高贵的德行，尊贵的人不能受刑，受刑的人不能亲近。提拔最卑贱的人放到吴国做事，表明吴王亲近了受过刑的人。门人杀了吴王，他是仇人呵。

【原文】

经 仲孙羯会晋荀盈、齐高止、宋华定、卫世叔仪、郑公孙段、曹人、莒人、邾人、滕人、薛人、小邾人，城杞。

【译文】

仲孙羯会同晋国的荀盈、齐国的高止、宋国的华定、卫世叔仪、郑公孙段、曹人、莒人、邾人、滕人、薛人、小邾人，商讨给杞国修筑城墙。

【原文】

传　古者，天子封诸侯，其地足以容其民，其民足以满城以自守也。杞危而不能自守，故诸侯之大夫，相帅以城之，此变之正也。

【译文】

古时候，天子分封诸侯，分封给诸侯的土地，足可以容纳下他的百姓，百姓满城居住，自己守住城池。杞国遇到危难，自己守不住城池。所以各诸侯国的大夫，一起率兵给杞国修城。这种权变的做法是合乎礼道的。

【原文】

经　晋侯使士鞅来聘。

【译文】

晋侯派遣士鞅来鲁访问。

【原文】

经　杞子来盟。

【译文】

杞文公来和鲁国立盟。

【原文】

经　吴子使札来聘。

【译文】

吴王派季札来鲁国聘问。

【原文】

传　吴其称子何也？善使延陵季子，故进之也。身贤，贤也。使贤，亦贤也。延陵季子之贤，尊君也。其名，成尊于上也。

【译文】

为什么称吴君为吴子？因为他善于任用延陵季子，所以晋升他为子爵。他自己贤明，是好事。能任用贤明的人，也是好事。延陵季子贤明，恭敬君王。称他的名，成全他恭敬君王的美德。

【原文】

经　秋，九月，葬卫献公。

【译文】

秋天，九月，安葬卫献公。

【原文】

经　齐高止出奔北燕。

【译文】

齐国的高止逃亡到北燕。

【原文】

传　其曰北燕，从史文也。

【译文】

称北燕，是根据史书的记载。

【原文】

经　仲孙羯如晋。

【译文】

鲁国的仲孙羯前往晋国。

襄公三十年（公元前五百四十三年）

【原文】

经　三十年春，王正月，楚子使薳罢来聘。

【译文】

襄公三十年春季，周历正月，楚子派薳罢来鲁访问。

【原文】

经　夏，四月，蔡世子般弑其君固。

【译文】

夏季，蔡国的太子杀死国君。

【原文】

传　其不日，子夺父政，是谓夷之。

【译文】

不记载日期,是因为儿子夺了父亲的君位,这就是夷狄了。

【原文】

经　五月,甲午,宋灾,宋伯姬卒。

【译文】

五月甲午这天,宋国发生火灾,宋伯姬去世。

【原文】

传　取卒之日加之灾上者,见以灾卒也。其见以灾卒奈何?伯姬之舍失火,左右曰:"夫人少辟火乎。"伯姬曰:"妇人之义,傅母不在,宵不下堂。"左右又曰;"少辟火乎。"伯姬曰:"妇人之义,保母不在,宵不下堂。"遂逮于火而死。妇人以贞为行者也。伯姬之妇道尽矣。详其事,贤伯姬也。

【译文】

把死的日期放在发生火灾的上面,可见是因为火灾而丧生。怎么是因为火灾而丧生?伯姬的宫室失火,伯姬身边的侍人说:"夫人稍微避避火吧。"伯姬说:"女人的规矩,保母不在身边,夜里不能走下厅堂。"身边的人又一次说:"夫人避一会儿火吧。"伯姬说:"女人的规矩,保母不在,夜里不能走下厅堂。"于是就赶上火灾被烧死了。女人把保持贞节作为行动准则,伯姬坚守女人的规矩。详细记载此事,因为赞美伯姬贤德。

【原文】

经　天王杀其弟佞夫。

【译文】

天子杀了自己弟弟佞夫。

【原文】

传　诸侯且不首恶,况于天子乎?君无忍亲之义。天子诸侯所亲者,唯长子母弟耳。天王杀其弟佞夫,甚之也。

【译文】

诸侯尚且不首当恶名,何况是天子呢?天子不能对亲属残忍。天子诸侯的亲属,只有长子和同母弟罢了。周景王杀害自己弟弟佞夫,太过分了。

【原文】

经　王子瑕奔晋。

【译文】

王子瑕逃到晋国避难。

【原文】

经　秋，七月，叔弓如宋葬共姬。

【译文】

秋季，七月，叔弓前往宋国安葬共姬。

【原文】

传　外夫人不书葬，此其言葬何也？吾女也，卒灾，故隐而葬之也。

【译文】

鲁国以外的诸侯夫人安葬不必记载，这次为什么记载？因为伯姬是鲁的妇子，死于火灾，所以哀痛地记载她的葬礼。

【原文】

经　郑良霄出奔许，自许人于郑，郑人杀良霄。

【译文】

郑国的良霄逃到许国，从许国又逃到郑国，郑国杀死良霄。

【原文】

传　不言大夫，恶之也。

【译文】

不称良霄为大夫，是憎恨他。

【原文】

经　冬，十月，葬蔡景公。

【译文】

冬季，十月，安葬蔡景公。

【原文】

传　不日卒而月葬，不葬者也。卒而葬之，不忍使父失民于子也。

【译文】

不记死的日期而记载安葬的月份，表明不是应该记载的安葬。记载安葬，是不忍心

让父亲在儿子前失掉民心。

【原文】

经　晋人、齐人、宋人、卫人、郑人、曹人、莒人、邾人、滕人、薛人、杞人、小邾人，会于澶渊，宋灾故。

【译文】

晋国、齐国等十二国在澶渊开会，是为宋国发生了火灾。

【原文】

传　会不言其所为，其曰宋灾故何也？不言灾故，则无以见其善也。其曰人何也？救灾以众，何救焉？更宋之所丧财也。澶渊之会，中国侵伐夷狄，夷狄不入中国，无侵伐八年，善之也。晋赵武、楚屈建之功也。

【译文】

不记会见做了什么，为什么说是为了宋国火灾的原因？不说宋国火灾的缘故，就不能看出这次会的好处。经文为什么称人？救灾靠众人，没有人怎么救灾。各国馈赠财物，补偿宋国的损失。澶渊这次会盟后，中原诸侯不再侵略夷狄，夷狄不再进攻中原，八年没有战争，太好了。是晋国的赵武和楚国屈建的努力。

襄公三十一年(公元前五百四十二年)

【原文】

经　三十有一年春，王正月。

【译文】

襄公三十一年春季，周历正月。

【原文】

经　夏，六月，辛巳，公薨于楚宫。

【译文】

夏季，六月辛巳这天，襄公死在楚宫。

【原文】

传　楚宫，非正也。

【译文】

死在楚宫，不合于礼制。

【原文】

经　秋，九月，癸巳，子野卒。

【译文】

秋季，九月癸巳日，太子野离世。

【原文】

传　子卒日，正也。

【译文】

太子去世记载日期是对的。

【原文】

经　己亥，仲孙羯卒。

【译文】

己亥这天，仲孙羯去世。

【原文】

经　冬，十月，滕子来会葬。

【译文】

滕国国君来参加襄公的葬礼。

【原文】

经　癸酉，葬我君襄公。

【译文】

癸酉这天，安葬鲁君襄公。

【原文】

经　十有一月，莒人弑其君密州。

【译文】

十一月，莒国人杀害了自己的国君密州。

昭公卷第十七(起元年尽十三年)

昭公元年(公元前五百四十一年)

【原文】

经　元年春,王正月,公即位。

【译文】

昭公元年春季,周历正月,昭公即位。

【原文】

传　继正即位,正也。

【译文】

正常地继承君位当国君,合于礼。

【原文】

经　叔孙豹会晋赵武、楚公子围、齐国弱、宋向戌、卫齐恶、陈公子招、蔡公孙归生、郑罕虎、许人、曹人于郭。

【译文】

鲁叔孙豹与晋国的赵武、楚公子围、齐卿国弱、宋卿向戌、卫国的齐恶,陈公子招、蔡公孙归生、郑国的罕虎、许人、曹人在郭地会面。

鲁昭公

【原文】

经　三月,取郓。

【译文】

三月,鲁夺取了郓城。

【原文】

经　夏,秦伯之弟针出奔晋。

【译文】

夏季,秦伯的弟弟逃奔到晋国。

【原文】

传　诸侯之尊,弟兄不得以属通。其弟云者,亲之也。亲而奔之,恶也。

【译文】

诸侯最尊贵,即使和亲弟兄也不能兄弟相称。经文称弟,表示关系亲近。亲近还出逃,是秦伯恶。

【原文】

经　六月,丁巳,邾子华卒。

【译文】

六月丁巳这天,邾国国君去世。

【原文】

经　晋荀吴帅师败狄于大原。

【译文】

晋国的荀吴率兵在太原战败狄兵。

【原文】

传　传曰,中国曰大原,夷狄曰大卤,号从中国,名从主人。

【译文】

中原诸侯国称它为大原,夷狄国称它大卤。地名随从中原诸侯国的方言,人名随从主人的读音。

【原文】

经　秋,莒去疾自齐入于莒,莒展出奔吴。

【译文】

秋季,莒国的去疾由齐国回到莒国。莒公子展逃奔到吴国。

【原文】

经　叔弓帅师疆郓田。

【译文】

叔弓领兵修建郓田的疆界。

【原文】

传　疆之为言犹竟也。

【译文】

疆就是疆界的意思。

【原文】

经　葬邾悼公。

【译文】

安葬邾悼公。

【原文】

经　冬,十有一月,己酉,楚子卷卒。

【译文】

冬季,十一月己酉这天,楚子去世。

【原文】

经　楚公子比出奔晋。

【译文】

楚公子比逃亡到晋国避难。

昭公二年(公元前五百四十年)

【原文】

经　二年春,晋侯使韩起来聘。

【译文】

昭公二年春天,晋侯派遣韩起来鲁访问。

【原文】

经　夏,叔弓如晋。

【译文】

夏天,叔弓到晋国去。

【原文】

经　秋,郑杀其大夫公孙黑。

【译文】

秋季,郑国杀害了它的大夫公孙黑。

【原文】

经　冬,公如晋,至河乃复。

【译文】

冬季,昭公到晋国去,到黄河边就返回了。

【原文】

传　耻如晋,故著有疾也。

【译文】

说到晋国去感到耻辱,所以声称有病而返。

【原文】

经　季孙宿如晋。

【译文】

季孙宿前往晋国。

【原文】

传　公如晋而不得入,季孙宿如晋而得入,恶季孙宿也。

【译文】

昭公去晋国没能进入,季孙宿到晋国就能进去。对季孙宿有所厌恶。

昭公三年(公元前五百三十九年)

【原文】

经　三年,春,王正月,丁未,滕子原卒。

【译文】

昭公三年,春季,周历正月,丁未日,滕成公去世。

【原文】

经　夏，叔弓如滕。

【译文】

夏季，叔弓去滕国。

【原文】

经　五月，葬滕成公。

【译文】

五月，安葬滕成公。

【原文】

经　秋，小邾子来朝。

【译文】

秋季，小邾子国君来鲁拜见。

【原文】

经　八月，大雩。

【译文】

八月，举行大规模的求雨祭祀。

【原文】

经　冬，大雨雹。

【译文】

冬季，下大雹子。

【原文】

经　北燕伯款出奔齐。

【译文】

北燕的国君出逃到齐国。

【原文】

传　其曰北燕，从史文也。

【译文】

称北燕国，是沿从史书的记载。

昭公四年(公元前五百三十八年)

【原文】

经 四年春,王正月,大雨雪。

【译文】

昭公四年春天,周历正月,下大雪。

【原文】

经 夏,楚子、蔡侯、陈侯、郑伯、许男、徐子、滕子、顿子、胡子、沈子、小邾子、宋世子佐、淮夷会于申。

【译文】

夏季,楚子、蔡侯、陈侯、郑伯、许男、徐子、滕子、顿子、胡子沈子、小邾子、宋太子佐、淮夷,在申国盟会。

【原文】

经 楚人执徐子。

【译文】

楚国逮捕了徐国国君。

【原文】

经 秋,七月,楚子,蔡侯、陈侯、许男、顿子、胡子、沈子、淮夷伐吴,执齐庆封,杀之。遂灭厉。

【译文】

秋天,七月,楚、蔡、陈、许、顿、胡、沈、淮八国君领兵进攻吴国,捉住齐国的庆封,杀死。随后灭掉厉国。

【原文】

传 此入而杀,其不言入何也?庆封封乎吴锺离,其不言伐锺离何也?不与吴封也。庆封其以齐氏何也?为齐讨也。灵王使人以庆封令于军中曰:"有若庆封弑君者乎?"庆封曰:"子一息,我亦且一言。"曰:"有若楚公子围弑其兄之子而代之为君者乎?"军人粲然皆笑。庆封弑其君而不以弑君之罪罪之者,庆封不为灵王服也。不与楚讨也。春秋之义,用贵治贱,用贤治不肖,不以乱治乱也。孔子曰:"怀恶而讨,虽死不服,其斯之谓与。"

遂，继事也。

【译文】

这是进入吴国杀害的。为什么不说进入吴呢？庆封被封在吴附属的锺离。为什么不说讨伐锺离？不赞许吴国封他呵。为什么称齐国的庆封？因为齐国攻伐他。楚灵王让人牵着庆封在军中示众说："有像庆封这样杀害自己君王的吗？"庆封说："停一下，我只说一句。"说："有像楚公子围，杀了侄儿取替君位的吗？"军中人都高兴地大笑。庆封弑君却没以弑君之罪判他。庆封没服楚灵王，不赞同楚灵王的声讨。春秋的惯例是用高贵的治服低贱的，用有德治服无德的，而不是以乱治乱。孔子说："自己有坏名声，去声讨别人。别人即使丢掉脑袋也不会服的，大概指的就是这件事吧。"遂，表示接连着另一事。

【原文】

经 九月，取缯。

【译文】

九月，夺取了缯邑。

【原文】

经 十有二月，乙卯，叔孙豹卒。

【译文】

十二月乙卯这天，鲁卿叔孙豹去世。

昭公五年（公元前五百三十七年）

【原文】

经 五年春，王正月，舍中军。

【译文】

昭公五年春天，周历正月，废除中军。

【原文】

传 贵复正也。

【译文】

贵在恢复正道。

【原文】

经　楚杀其大夫屈申。

【译文】

楚国杀了他的大夫屈申。

【原文】

经　公如晋。

【译文】

昭公前往晋国。

【原文】

经　夏，莒牟夷以牟娄及防、兹来奔。

【译文】

夏季，莒国大夫牟夷带着牟娄和防、兹三处土地投奔鲁国。

【原文】

传　以者，不以者也。来奔者，不言出。及防、兹，以大及小也。莒无大夫，其曰牟夷何也？以其地来也。以其地来，则何以书也？重地也。

【译文】

拿的，是不能拿的东西。说来奔。不说出奔。经文记“及防、兹”，是由大到小的言辞。莒国没有天子任命的大夫。为什么称他牟夷？因为他带着土地逃奔到鲁国。带着土地来，为什么就记载？看重土地。

【原文】

经　秋，七月。公至自晋。

【译文】

秋天，七月，昭公从晋回国，举告祭祖庙仪式。

【原文】

经　戊辰，叔弓帅师败莒于贲泉。

【译文】

戊辰这天，叔弓领兵在贲泉战败莒国。

【原文】

传　狄人谓贲泉失台，号从中国，名从主人。

【译文】

夷狄人把贲泉叫作失台。地名尊从中原诸侯国的叫法，人名随便从主人的读音。

【原文】

经　秦伯卒。

【译文】

秦景公去世。

【原文】

经　冬，楚子，蔡侯、陈侯、许男、顿子、沈子、徐人、越人伐吴。

【译文】

冬天，楚王、蔡侯、陈侯、许男、顿子、沈子、徐人、越人攻打吴国。

昭公六年（公元前五百三十六年）

【原文】

经　元年，春，王正月，杞伯益姑卒。

【译文】

昭公六年，春季，周历正月，杞文公去世。

【原文】

经　葬秦景公。

【译文】

安葬秦景公。

【原文】

经　季孙宿如晋。

【译文】

季孙宿前往晋国。

【原文】

经　葬杞文公。

【译文】

安葬杞文公。

【原文】

经　宋华合比出奔卫。

【译文】

宋国的华合比出逃到卫国。

【原文】

经　秋，九月，大雩。

【译文】

秋季，九月，举行大规模的求雨祭祀。

【原文】

经　冬，楚薳罢帅师伐吴。

【译文】

冬天，楚国的薳罢率兵攻伐吴国。

【原文】

经　叔弓如楚。

【译文】

叔弓前往楚国。

【原文】

经　齐侯伐北燕。

【译文】

齐国攻打北燕国。

昭公七年(公元前五百三十五年)

【原文】

经　七年春,王正月,暨齐平。

【译文】

昭公七年春,周历正月,和齐国达成协议。

【原文】

传　平者,成也。暨犹暨暨也。暨者,不得已也。以外及内曰暨。

【译文】

平,是达成协议的意思。暨就是坚决果断之义。而这条经文的暨,是不得已之义。记载外国同鲁国如何如何,中间用暨字。

【原文】

经　三月,公如楚。

【译文】

三月,昭公到楚国去。

【原文】

经　叔孙婼如齐莅盟。

【译文】

叔孙婼到齐国结盟。

【原文】

传　莅,位也。内之前定之辞谓之莅,外之前定之辞谓之来。

【译文】

莅,是到位的意思。鲁国按先前决定的结盟叫莅盟。如果是外国按预先的约定来签约叫来盟。

【原文】

经　夏,四月,甲辰,朔,日有食之。

【译文】

夏季,四月甲辰这天,初一,出现日食。

【原文】

经　秋，八月，戊辰，卫侯恶卒。

【译文】

秋季，八月戊辰这天，卫侯去世。

【原文】

传　乡曰卫齐恶，今曰卫侯恶，此何为君臣同名也？君子不夺人名，不夺人亲之所名，重其所以来也。王父名子也。

【译文】

先前记载有卫国的齐恶，现在又记载卫侯恶，为什么君臣用相同的名呢？有德的人不剥夺别人的名，不夺别人亲人给命的名，重视名字的由来。齐恶是祖父给他的命名。

【原文】

经　九月，公至自楚。

【译文】

九月，昭公从楚国归来，行告祭祖庙之礼。

【原文】

经　冬，十有一月，癸未，季孙宿卒。

【译文】

冬季，十一月癸未日，鲁卿季孙宿谢世。

【原文】

经　十有二月，葬卫襄公。

【译文】

十二月安葬卫襄公。

昭公八年（公元前五百三十四年）

【原文】

经　八年春，陈侯之弟招杀陈世子偃师。

【译文】

昭公八年春天，陈侯的弟弟杀死太子。

【原文】

传　乡曰陈公子招，今曰陈侯之弟招何也？曰，尽其亲，所以恶招也。两下相杀不志乎春秋，此其志何也？世子云者，唯君之贰也。云可以重之存焉志之也。诸侯之尊，兄弟不得以属通。其弟云者，亲之也。亲而杀之，恶也。

【译文】

先前称陈公子招，现在为什么称陈侯之弟招？是把亲属关系全列举出来，用以表明招数很坏。两下互相杀戮，春秋经不予记载，这次为什么记载？太子，只有他才是君王的继承人，被杀了应该慎重地予以记载。诸侯是一国之尊，即使是同母弟也不能与之兄弟相称。称弟，表明关系亲近。亲还杀太子，说明招数太坏。

【原文】

经　夏，四月，辛丑，陈侯溺卒。

【译文】

夏季，四月辛丑这天，陈哀公去世。

【原文】

经　叔弓如晋。

【译文】

鲁叔弓前往晋国。

【原文】

经　楚人执陈行人干徵师，杀之。

【译文】

楚国抓住陈国的使臣干徵师，杀了。

【原文】

传　称人以执大夫，执有罪也。称行人，怨接于上也。

【译文】

记人抓了某某大夫，表明抓的是有罪的人。称他使臣，表明怨恨连累到君王。

【原文】

经　陈公子留出奔郑。

【译文】

陈公子留逃到郑国去避难。

【原文】

经 秋,蒐于红。

【译文】

秋季,在红地狩猎练兵。

【原文】

传 正也。因蒐狩以习用武事,礼之大者也。艾兰以为防,置旃以为辕门,以葛覆质以为槷。流旁握,御轚者不得入。车轨尘,马候蹄,揜禽旅。御者不失其驰,然后射者能中。遇防弗逐,不从奔之道也。面伤不献,不成禽不献。禽虽多,天子取三十焉,其余与士众,以习射于射宫。射而中,田不得禽,则得禽。田得禽而射不中,则不得禽。是以知古之贵仁义而贱勇力也。

【译文】

(在红地打猎)是对的。古时用狩猎的方式演习武功,这是一种大礼。演练场(即围猎场)周围一圈种植的是艾兰香草。出入口处,仰起两辆车,车辕相向连接,做成辕门,插上红旗作为标志。门中的质木橛用葛草包上,以防损伤了马蹄。辕门的宽度可以让车出入。车轴头距离门框四寸宽。车轴头撞上门的不得进去。车马扬起的尘土只在轨辙上。战马四蹄高抬,后蹄踏上前蹄的印儿,围住众猎物。赶车人有节奏地驾车,这样射手才能射中。被追者越过了艾兰树墙,便不再追逐。箭伤严重,看不清面目的猎物不能献祭,没长成的小猎物不能献祭。即使射得的禽兽很多,天子只取三十隻,其余的分给众人,用以在射宫里演习射礼。射中了,即使涉猎时没得到的也分给禽兽。狩猎时得到了,按射礼却射不中,这时就得不到禽兽。因此得知,古人崇尚仁义而不崇尚武力。

【原文】

经 陈人杀其大夫公子过。

【译文】

陈国杀了自己的大夫公子过。

【原文】

经 大雩。

【译文】

举行大规模的求雨祭祀。

【原文】

经　冬，十月，壬午，楚师灭陈，执陈公子招，放之于越，杀陈孔奂。

【译文】

楚军灭掉陈国，捉住陈公子招，把他流放到越地，杀了孔奂。

【原文】

传　恶楚子也。

【译文】

憎恨楚灵王（的做法）。

【原文】

经　葬陈哀公。

【译文】

安葬陈哀公。

【原文】

传　不与楚灭，闵之也。

【译文】

不赞同楚国灭陈国，怜悯陈哀公。

昭公九年（公元前五百三十三年）

【原文】

经　九年春，叔弓会楚子于陈。

【译文】

昭公九年春季，鲁卿叔弓在陈地会见楚灵王。

【原文】

经　许迁于夷。

【译文】

许国往到夷地。

【原文】

经　夏，四月，陈火。

【译文】

夏天，四月，阵国发生火灾。

【原文】

传　国曰灾，邑曰火。火不志，此何以志？闵陈而存之也。

【译文】

国发生火灾称作灾，城邑发生火灾称作火。对“火”不记载，这次为什么记？哀怜陈国，祈望它保存下来。

【原文】

经　秋，仲孙貜如齐。

【译文】

仲孙貜到齐国去。

【原文】

经　冬，筑郎囿。

【译文】

在郎地修筑园囿。

昭公十年（公元前五百三十二年）

【原文】

经　十年春，王正月。

【译文】

昭公十年春季，周历正月。

【原文】

经　夏，齐栾施来奔。

【译文】

夏季，齐国的栾施投奔鲁国。

【原文】

经　秋，七月，季孙意如、叔弓、仲孙貜帅师伐莒。

【译文】

秋季，七月，季孙意如、叔弓和仲孙貜领兵攻打莒国。

【原文】

经　戊子，晋侯彪卒。

【译文】

戊子这天，晋平公去世。

【原文】

经　九月，叔孙婼如晋，葬晋平公。

【译文】

九月，鲁卿叔孙婼来到晋国，参加晋平公的葬礼。

【原文】

经　十有二月，甲子，宋公成卒。

【译文】

十二月甲子这天，宋平公离世。

昭公十一年（公元前五百三十一年）

【原文】

经　十有一年春，王二月，叔弓如宋，葬宋平公。

【译文】

昭公十一年春这天，周历二月，鲁卿叔弓去宋国，参加宋平公的葬礼。

【原文】

经　夏，四月，丁巳，楚子虔诱蔡侯般杀之于申。

【译文】

夏天，四月，丁巳日，楚君在申地诱捕并杀害了蔡侯。

【原文】

传　何为名之？夷狄之君诱中国之君，故谨而名之也。称时称月称日称地，谨之也。

【译文】

为什么称他们的名？夷狄国的国君诱骗杀害中原诸侯的国君，所以慎重地记载他们的名字。记季节记月份记日子记地点，是表示郑重看待这件事。

【原文】

经　楚公子弃疾帅师围蔡。

【译文】

楚公子弃疾率兵进攻蔡国。

【原文】

经　五月，甲申，夫人归氏薨。

【译文】

五月甲中日，夫人归民辞世。

【原文】

经　大蒐于比蒲。

【译文】

在比蒲大规模地狩猎。

【原文】

经　仲孙貜会邾子，盟于祲祥。

【译文】

鲁卿仲孙貜会见邾国国君，在祲祥结盟。

【原文】

经　秋，季孙意如会晋韩起、齐国弱、宋华亥、卫北宫佗、郑罕虎、曹人、杞人于厥慭。

【译文】

秋季，季孙意如和晋国的韩起，齐卿国弱、宋卿华亥、卫国的北宫佗、郑国的罕虎，曹人、杞人在厥慭盟会。

【原文】

经　九月，己亥，葬我小君齐归。

【译文】

九月己亥这天,安葬鲁夫人齐归。

【原文】

经　冬,十有一月,丁酉,楚师灭蔡,执蔡世子友以归,用之。

【译文】

冬季,十一月丁酉这天,楚军灭掉蔡国,抓住蔡国太子带回楚国,用他祭典。

【原文】

传　此子也。其曰世子何也?不与楚杀也。一事注乎志,所以恶楚子也。

【译文】

记载此人应称子。为什么称太子?因为不赞同楚灵王杀害他,所以把这一事专门记载下来,用以对楚灵王表示憎恶。

昭公十二年(公元前五百三十年)

【原文】

经　十有二年春,齐高偃帅师纳北燕伯于阳。

【译文】

昭公十二年春天,齐国的高偃率兵送北燕的国君到阳邑。

【原文】

传　纳者,内不受也。燕伯之不名何也?不以高偃挈燕伯也。

【译文】

纳,表示国内拒绝接受。为什么不记燕伯的名?是不愿高偃护送(一个有罪的)燕伯。

【原文】

经　三月,壬申,郑伯嘉卒。

【译文】

三月,壬申这天,郑简公谢世。

【原文】

经　夏,宋公使华定来聘。

【译文】

夏季，宋公派华定来鲁朝问。

【原文】

经　公如晋，至河乃还。

【译文】

昭公前往晋国，到黄河边就返回了。

【原文】

传　季孙氏不使遂乎晋也。

【译文】

季孙氏不让昭公进入晋这件事成行。

【原文】

经　五月，葬郑简公。

【译文】

五月，安葬郑简公。

嵌错宴乐攻战纹铜壶

【原文】

经　楚杀其大夫成虎。

【译文】

楚国杀死了自己的大夫成虎。

【原文】

经　秋，七月。

【译文】

秋季，七月。

【原文】

经　冬，十月，公子慭出奔齐。

【译文】

冬天，十月，鲁公子慭投奔到齐国。

【原文】

经　楚子伐许。

【译文】

楚国进攻许国。

【原文】

经　晋伐鲜虞。

【译文】

晋国攻打鲜虞。

【原文】

传　其曰晋，狄之也。其狄之何也？不正其与夷狄交伐中国，故狄称之也。

【译文】

记下晋国，把它看作夷狄。为什么看作夷狄？它跟夷狄国一齐攻打中原诸侯国是不应当的，所以用狄称呼它。

昭公十三年（公元前五百二十九年）

【原文】

经　十有三年春，叔弓帅师围费。

【译文】

昭公十三年春季，鲁卿叔弓领兵围攻费城。

【原文】

经　夏，四月，楚公子比自晋归于楚，弑其君虔于乾溪。

【译文】

夏天，四月，楚公子从晋国返回楚国，在乾溪杀死楚国国君虔。

【原文】

传　自晋，晋有奉焉尔。归而弑。不言归，言归，非弑也。归一事也，弑一事也，而遂言之，以比之归弑。比不弑也。弑君者日，不日，不弑也。

【译文】

记“自晋”，表明晋国帮助他回国。回国而后弑君。不说归，因为说归，就不能说杀。

回国是一件事，弑君又是一件事，接着记载，就会认为是公子比杀死国君。公子比没有杀国君。国君被杀要记载日子，不记日子，就说明国君不是被人杀死的。

【原文】

经 楚公子弃疾杀公子比。

【译文】

楚公子弃疾杀死了比。

【原文】

传 当上之辞也。当上之辞者，谓不称人以杀，乃以君杀之也。讨贼以当上之辞，杀非弑也。比之不弑有四。取国者，称国以弑。楚公子弃疾杀公子比，比不嫌也。春秋不以嫌代嫌，弃疾主其事，故嫌也。

【译文】

是指君王的意思。指君王，就是指经文不记某人杀某，乃是以君王的身份杀的。攻讨作乱的人是以君王身份，表示杀的不是杀君的人。公子比没有杀国君的依据有四条。如果为夺得一国而杀君，经文记载时，就举出国名。经文记“楚公子弃疾杀公子比”，仍称比为公子，表明比没有杀君的嫌疑。春秋经不让有杀君之嫌的取代有嫌的，弃疾主持杀了没有杀君的人，他倒有夺君位的嫌疑。

【原文】

经 秋，公会刘子、晋侯、齐侯、宋公、卫侯、郑伯、曹伯、莒子、邾子、滕子、薛伯、杞伯、小邾子于平丘。

【译文】

秋季，昭公和刘子、晋侯、齐侯、宋公、卫侯、郑伯、曹伯、莒子、邾子、滕子、薛伯、杞伯、小邾子在平丘会盟。

【原文】

经 八月，甲戌，同盟于平丘，公不与盟。

【译文】

八月甲戌这天，诸侯在平丘会盟对付楚国。鲁昭公没参盟。

【原文】

传 同者，有同也，同外楚也。公不与盟者，可以与而不与，讥在公也。其日，善是盟也。

【译文】

文用同字，表明诸侯有相同的对手，联合对付楚国。昭公没能参与结盟。可以参与而不参与，讥讽昭公。记载日期，是认为这次结盟很成功。

【原文】

经 晋人执季孙意如以归。

【译文】

晋人扣押了季孙意如，把他带回国。

【原文】

经 公至自会。

【译文】

昭公从平丘返回国，告祭祖庙。

【原文】

经 蔡侯庐归于蔡。陈侯吴归于陈。

【译文】

蔡侯回到蔡国，陈侯回到陈国。

【原文】

传 善其成之会而归之，故谨而日之。此未尝有国也，使如失国辞然者，不与楚灭也。

【译文】

认为这次盟会成全了陈、蔡，让二君回国，所以慎重地记载日期。这二君没有过自己的国家，经文的记载却让他们像丢掉了国家的样子，是表示不赞同楚国灭掉陈蔡。

【原文】

经 冬，十月，葬蔡灵公。

【译文】

冬季，十月，安葬蔡灵公。

【原文】

传 变之不葬有三，失德不葬，弑君不葬，灭国不葬。然且葬之，不与楚灭，且成诸侯之事也。

【译文】

春秋经改变惯例，不记载安葬的诸侯有三种情况，没君德的不记，杀君王的不记，被灭国的不记。却记载蔡灵公的葬礼，是因为不赞同楚灭蔡国，同时也为成全诸侯平丘之会做的善举。

【原文】

经　公如晋，至河乃复。

【译文】

昭公前往晋国，到黄河边就返回了。

【原文】

经　吴灭州来。

【译文】

吴国攻灭州来。

昭公卷第十八（起十四年尽三十二年）

昭公十四年（公元前五百二十八年）

【原文】

经　十有四年春，意如至自晋。

【译文】

昭公十四年春天，季孙意如从晋国返回到鲁国，告祭祖庙。

【原文】

传　大夫执则致，致则名。意如恶，然而致，见君臣之礼也。

【译文】

大夫出国，如果被逮捕，回国后要告祭祖庙，这样的要记载名字。季孙意如很恶劣，但是也要记他告祭祖庙。这是为表现君臣之礼义。

【原文】

经　三月，曹伯滕卒。

【译文】

三月，曹武公去世。

【原文】

经　夏，四月。

【译文】

夏天，四月。

【原文】

经　秋，葬曹武公。

【译文】

秋天，安葬曹武公。

【原文】

经　八月，莒子去疾卒。

【译文】

八月，莒国国君去疾离世。

【原文】

经　冬，莒杀其公子意恢。

【译文】

冬季，莒国杀死它的公子意恢。

【原文】

传　言公子而不言大夫，莒无大夫也。莒无大夫而曰公子意恢，意恢贤也。曹莒皆无大夫，其所以无大夫者，其义异也。

【译文】

称公子而不称大夫，因为莒国没有天子任命的大夫。莒国没有天子任命的大夫而称公子意恢，是因为意恢贤明。曹国莒国都没有天子任命的大夫，其原因不同。

昭公十五年（公元前五百二十七年）

【原文】

经　十有五年春，王正月，吴子夷末卒。

【译文】

昭公十五年春天,周历正月,吴君夷末去世。

【原文】

经　二月,癸酉,有事于武宫,籥入,叔弓卒,去乐,卒事。

【译文】

二月癸酉日,在武宫举行祭祀仪式,籥舞刚开始,叔弓猝死。撤掉音乐,继续祭祀,直到完毕。

【原文】

传　君在祭乐之中,闻大夫之丧,则去乐卒事,礼也。君在祭乐之中,大夫有变,以闻,可乎?大夫国体也。古之人重死,君命无所不通。

【译文】

君王在祭祀听乐当中,听说大夫去世了,撤掉音乐把祭祀进行完毕,这合乎礼。君王在祭祀当中,大夫有了急变,还让他听到乐音,可以吗?大夫是国的股肱呵。古人重视死亡,君王的命令没有达不到的地方。

【原文】

经　夏,蔡朝吴出奔郑。

【译文】

夏天,蔡国的朝吴逃到郑国去。

【原文】

经　六月,丁巳,朔,日有食之。

【译文】

六月丁巳这天,初一,出现日食。

【原文】

经　秋,晋荀吴帅师伐鲜虞。

【译文】

秋天,晋国的荀吴带兵攻打鲜虞。

【原文】

经　冬,公如晋。

【译文】

冬季，昭公到晋国去。

昭公十六年（公元前五百二十六年）

【原文】

经　十有六年春，齐侯伐徐。

【译文】

十六年春季，齐国攻打徐国。

【原文】

经　楚子诱戎蛮子杀之。

【译文】

楚平王诱骗戎蛮的国君，杀死了他。

【原文】

经　夏，公至自晋。

【译文】

昭公从晋国返回，行告祭祖庙之礼。

【原文】

经　秋，八年，己亥，晋侯夷卒。

【译文】

八月己亥这天，晋昭公去世。

【原文】

经　九月，大雩。

【译文】

九月，举行大规模的求雨祭祀。

【原文】

经　季孙意如如晋。

【译文】

季孙意如前往晋国。

【原文】

经　冬,十月,葬晋昭公。

【译文】

冬季,十月,安葬晋昭公。

昭公十七年(公元前五百二十五年)

【原文】

经　十有七年春,小邾子来朝。

【译文】

昭公十七年春季,小邾国国君来鲁朝见。

【原文】

经　夏,六月,甲戌,朔,日有食之。

【译文】

夏天,六月甲戌日,初一,发生日食。

【原文】

经　秋,郯子来朝。

【译文】

秋天,郯国国君来鲁朝访。

【原文】

经　八月,晋荀吴帅师灭陆浑戎。

【译文】

八月,晋卿荀吴率军灭掉陆浑戎国。

【原文】

经　有星孛于大辰。

【译文】

有彗星侵扫到大辰星宿。

【原文】

传　一有一亡曰有。于大辰者,滥于大辰也。

【译文】

“有指”时有时无的有。“于大辰”,是说彗星侵扫到大辰星宿。

【原文】

经　楚人及吴战于长岸。

【译文】

楚国跟吴国在长岸交战。

【原文】

传　两夷狄曰败,中国与夷狄亦曰败。楚人及吴战于长岸,进楚子,故曰战。

【译文】

楚国和夷狄交战,要如实记载楚国的失败。中原诸侯国和楚国打仗,也要记录楚国的战败。楚国跟吴国在长岸交战(楚败),为了提升楚王,所以称交战。

昭公十八年(公元前五百二十四年)

【原文】

经　十有八年春,王三月,曹伯须卒。

【译文】

昭公十八年春季,周历三月,曹平公去世。

【原文】

经　夏,五月,壬午、宋、卫、陈、郑灾。

【译文】

夏天,五月,壬午这天,宋、卫、陈、郑四国发生火灾。

【原文】

传　其志,以同日也。其日,亦以同日也。或曰:“人有谓子产曰:‘某日有灾。’子产

曰：‘天者神，子恶知之？’”是人也，同日为四国灾也。

【译文】

记载，因为火灾发生在同一天。记日子，也是因为在同一天。有人说：“有人对子产说：‘某天发生火灾。’子产说：‘天是神，您怎么能知道呢？”’这个人说对了，同一天会有四个国家发生火灾。

【原文】

经　六月，邾人入鄅。

【译文】

六月，邾国攻入鄅国。

【原文】

经　秋，葬曹平公。

【译文】

秋季，安葬曹平公。

【原文】

经　冬，许迁于白羽。

【译文】

冬季，许国迁移到白羽。

昭公十九年（公元前五百二十三年）

【原文】

经　十有九年春，宋公伐邾。

【译文】

昭公十九年春季，宋国攻伐邾国。

【原文】

经　夏，五月，戊辰，许世子弑其君买。

【译文】

夏天，五月戊辰这天，许国太子杀死国君。

【原文】

传 日弑,正卒也。正卒则止不弑也。不弑而曰弑,责止也。止曰:“我与夫弑者。”不立乎其位,以与其弟虺,哭泣歠饣粥,嗌不容粒,未逾年而死。故君子即止自责而责之。

【译文】

记载被弑的日期,表明是正常死亡。正常死亡就说明太子止没有弑君。没弑君却记载弑君,是责怪太子止。止说:“我跟那些弑君的太子同罪。”没接受君位,把君位让给了他的弟弟虺,哭泣得喉咙都肿了,喝稠粥都咽不下去,没过一年就死去了。所以君子就太子能自责这一点要求人们(学习)。

【原文】

经 己卯,地震。

【译文】

己卯这天发生地震。

【原文】

经 秋,齐高发帅师伐莒。

【译文】

秋季,齐国高发领兵讨伐莒国。

【原文】

经 冬,葬许悼公。

【译文】

冬天,安葬许悼公。

【原文】

传 日卒时葬,不使止为弑父也。曰,子既生,不免于水火,母之罪也。羁贯成童,不就师傅,父之罪也。就师学问无方,心志不通,身之罪也。心志既通,而名誉不闻,友之罪也。名誉既闻,有司不举,有司之罪也。有司举之,王者不用,王者之过也。许世子不知尝药,累及许君也。

【译文】

许悼公去世记日期,安葬记季节,是为了表明不让太子止承担弑父的罪名。孩子出生后,被水火弄伤了,是母亲的罪责。梳上发髻到了童年,还不拜师学习,是父亲的罪责。到老师那儿,学习没方法,心志不开窍,是自己的罪过。头脑已开窍(学得很好),可是名

声不高，是朋友的罪过。有了名声。管事人不举荐，是管事人的罪过。管事人举荐，而君王不任用，是君王的过失。许太子不懂先尝药的重要性，这罪责连累到许君。

昭公二十年（公元前五百二十二年）

【原文】

经　二十年春，王正月。

【译文】

昭公二十年春天，周历正月。

【原文】

经　夏，曹公孙会自梦出奔宋。

【译文】

夏季，曹国的公孙会逃奔到宋国。

【原文】

传　自梦者，专乎梦也。曹无大夫，其曰公孙何也？言其以贵取之，而不以叛也。

【译文】

经文记"自梦"，表明梦地为公孙会专断独有。曹国没有天子委任的大夫，称他公孙，是说他因地位尊贵取得土地，不能带着土地叛逃。

【原文】

经　秋，盗杀卫侯之兄辄。

【译文】

秋天，强盗杀死卫侯的哥哥辄。

【原文】

传　盗，贱也。其曰兄，母兄也。目卫侯，卫侯累也。然则何为不为君也？有天疾者，不得入乎宗庙。辄者何也？曰"两足不能相过"，齐谓綦，楚谓之踂，卫谓之辄。

【译文】

强盗。是卑贱人。称兄，表明是同母所生的兄长。指卫侯，是说连累到卫侯。是兄为什么没成为国君？因他天生有残疾，不能进入宗庙。辄是什么病？两只脚不能互相平行走路，齐国把这种病叫綦，楚国叫踂，卫国叫辄。

【原文】

经　冬，十月，宋华亥、向宁、华定出奔陈。

【译文】

冬天，十月，宋国的华亥、向宁和华定出逃到陈国。

【原文】

经　十有一月，辛卯，蔡侯庐卒。

【译文】

十一月辛卯这天，蔡平公离世。

昭公二十一年（公元前五百二十一年）

【原文】

经　二十有一年春，王三月，葬蔡平公。

【译文】

昭公二十一年春季，周历三月，安葬蔡平公。

【原文】

经　夏，晋侯使士鞅来聘。

【译文】

夏天，晋侯派士鞅来鲁行聘问之礼。

【原文】

经　宋华亥、向宁、华定自陈入于宋南里以叛。

【译文】

宋国的华亥、向宁、华定从陈国攻入宋国的南部边区背叛宋。

【原文】

传　自陈，陈有奉焉尔。入者，内弗受也。其曰宋南里，宋之南鄙也。以者，不以者也。叛，直叛也。

【译文】

经文记"自陈"，表明是陈国帮助的。用入字，表示陈国拒绝他们。称宋南里，是宋国

南部边邑。用以字,表示不该凭藉(南里)的意思。用叛字,表示只是背叛。(没有作乱)

【原文】

经　秋,七月,壬午,朔,日有食之。

【译文】

秋季,七月壬午这天,初一,发生日食。

【原文】

经　八月,乙亥,叔辄卒。

【译文】

八月乙亥这天,叔辄辞世。

【原文】

经　冬,蔡侯东出奔楚。

【译文】

冬天,蔡侯逃亡到楚国。

【原文】

传　东者,东国也。何为谓之东也?王父诱而杀焉,父执而用焉。奔而又奔之。曰东,恶之而贬之也。

【译文】

东,就是东国。为什么称他为东呢?他的祖父被诱捕而杀死,父亲被抓而且做了牺牲品。(几代人)逃而又逃,称名,是对他表示憎恨和贬斥。

【原文】

经　公如晋,至河乃复。

【译文】

昭公前往晋国,到黄河边就返回了。

昭公二十二年(公元前五百二十年)

【原文】

经　二十有二年春,齐侯伐莒。

【译文】

昭公二十二年春季，齐国攻伐莒国。

【原文】

经　宋华亥、向宁、华定自宋南里出奔楚。

【译文】

宋国华亥、向宁、华定从宋国南里出逃到楚国。

【原文】

传　自宋南里者。专也。

【译文】

经文记“自宋南里”，表明那儿被三个大夫控制了。

【原文】

经　大蒐于昌间。

【译文】

在昌间狩猎习武。

【原文】

传　秋而曰蒐。此春也，其曰蒐何也？以蒐事也。

【译文】

秋季打猎叫蒐。这是春季，为什么称蒐？这是用打猎方式练兵习武。

【原文】

经　夏，四月，乙丑，天王崩。

【译文】

夏天，四月乙丑这天，周景王驾崩。

【原文】

经　六月，叔鞅如京师，葬景王。

【译文】

六月，叔鞅前往京师，参加景王的葬礼。

【原文】

经　王室乱。

【译文】

周王室发生内乱。

【原文】

传　乱之为言,事未有所成也。

【译文】

王宫发生内乱,立新王的事没有成功。

【原文】

经　刘子、单子以王猛居于皇。

【译文】

刘子、单子带着王子猛出居在皇地。

【原文】

传　以者,不以者也,王猛嫌也。

【译文】

用以字,表示不该带的意思。王子猛有争国之嫌疑。

【原文】

经　秋,刘子、单子以王猛入于王城。

【译文】

秋天,刘子、单子带王子猛进入王城。

【原文】

传　以者,不以者也。入者,内弗受也。

【译文】

用以字,表示不该带的意思。用入字。表示王室的人不愿他们进去。

【原文】

经　冬,十月,王子猛卒。

【译文】

冬季,十月,王子猛去世。

【原文】

传　此不卒者。其曰卒,失嫌也。

【译文】

这个人,不该记载他的死亡消息。记下他的死,争国之嫌就消失了。

【原文】

经　十有二月,癸酉,朔,日有食之。

【译文】

十二月癸酉这天,初一,出现日食。

昭公二十三年(公元前五百一十九年)

【原文】

经　二十有三年春,王正月,叔孙婼如晋。

【译文】

昭公二十三年春季,周历正月,叔孙婼到晋国去。

【原文】

经　癸丑,叔鞅卒。

【译文】

癸丑这天,鲁卿叔鞅去世。

【原文】

经　晋人执我行人叔孙婼。

【译文】

晋国捉住了鲁国的使臣叔孙婼。

【原文】

经　晋人围郊。

【译文】

晋国围攻了周的郊邑。

【原文】

经　夏,六月,蔡侯东国卒于楚。

【译文】

夏天，六月，蔡悼公死于楚国。

【原文】

经　秋，七月，莒子庚与来奔。

【译文】

秋天，七月，莒国国君庚与逃亡到鲁国。

【原文】

经　戊辰，吴败顿、胡、沈、蔡、陈、许之师于鸡甫，胡子髡、沈子盈灭。获陈夏齧。

【译文】

戊辰日，吴在鸡甫击败顿等六国军队，胡国国君髡，沈国国君盈被杀，陈国大夫夏齧被擒获。

【原文】

传　中国不言败，此其言败何也？中国不败，胡子髡、沈子盈其灭乎？其言败释其灭也。获者，非与之辞也，上下之称也。

【译文】

对中原诸侯国不记战败，这次为什么记？因为胡国君髡和沈国君盈被杀死了，记败，是为了解释他们的去世。用获字，不是称赞的意思，是因为君臣（被擒获）有不同称说。

【原文】

经　天王居于狄泉。君氏立王子朝。

【译文】

天子居住在狄泉，尹氏拥王子朝为天子。

【原文】

传　始王也。其曰天王，因其居而王之也。立者，不宜立者也。朝之不名何也？别嫌乎尹氏之朝也。

【译文】

刚开始称王。称天王，就在居住的地方称王。用立字，表明是不就当立的人。为什么不直接称名而称王子朝？是为了区别于尹氏之朝。

【原文】

经　八月，乙未，地震。

【译文】

八月乙未这天，发生地震。

【原文】

经　冬，公如晋，至河，有疾，乃复。

【译文】

冬季，昭公到晋国去，到黄河边，得病，就返回了。

【原文】

传　疾不志，此其志何也，释不得入乎晋也。

【译文】

有病不予以记载，这次为什么记载？是解释昭公没进入晋国的原因。

昭公二十四年（公元前五百一十八年）

【原文】

经　二十有四年春，王二月，丙戌，仲孙玃卒。

【译文】

昭公二十四年春天，周历二月，丙戌日，付孙玃去世。

【原文】

经　婼至自晋。

【译文】

叔孙婼从晋国返回鲁，告祭祖庙。

【原文】

传　大夫执则致，致则挈，由上致之也。

【译文】

大夫被扣押后，回国要告祭祖庙，国君领着到祖庙前，由国君告祖。

【原文】

经　夏，五月，乙未，朔，日有食之。

【译文】

夏天，五月乙未这天，初一，发生日食。

【原文】

经　秋，八月，大雩。

【译文】

秋季，八月，举行大规模的求雨祭祀。

【原文】

经　丁酉，杞伯郁釐卒。

【译文】

丁酉这天，杞平公离世。

【原文】

经　冬，吴灭巢。

【译文】

冬天，吴国灭掉巢国。

【原文】

经　葬杞平公。

【译文】

安葬杞平公。

昭公二十五年（公元前五百一十七年）

【原文】

经　十二有五年春，叔孙婼如宋。

【译文】

昭公二十五年春季，鲁卿叔孙婼前往宋国。

【原文】

经　夏，叔倪会晋赵鞅、宋乐大心、卫北宫喜、郑游吉、曹人、邾人、滕人、薛人、小邾人于黄父。

【译文】

夏天，叔倪与晋赵鞅、宋乐大心、卫北宫喜、郑游吉、曹人、邾人、滕人、薛人、小邾人在黄父盟会。

【原文】

经　有鸜鹆来巢。

【译文】

有八哥鸟飞来筑巢。

【原文】

传　一有一亡曰有。来者，来中国也。鸜鹆穴者而曰巢。或曰，增之也。

【译文】

对时有时无的东西才强调有。来，表示来到中原国家。八哥鸟住的地方称巢。有的说，这是后来增的。

【原文】

经　秋，七月，上辛，大雩。季辛，又雩。

【译文】

秋天，七月，上旬的辛日，举行盛大的求雨仪式。下旬的辛日，又举行盛大的求雨仪式。

【原文】

传　季者，有中之辞也。又，有继之辞也。

【译文】

季，表示有中间的意思。又，表示接着再做的意思。

【原文】

经　九月，己亥，公孙于齐，次于阳州，齐侯唁公于野井。

【译文】

九月己亥这天，昭公逃亡到齐国，停留在阳州，齐侯到野井慰问昭公。

【原文】

传　孙之为言犹孙也,讳奔也。次,止也。弔失国曰唁,唁公不得入于鲁也。

【译文】

孙就是指逃亡。用孙字是为了避讳说逃亡。次,是临时停留下来。慰问失去国家的人叫唁,是慰问昭公不能进入鲁国。

【原文】

经　冬,十月,戊辰,叔孙婼卒。

【译文】

冬天,十月戊辰这天,鲁卿叔孙婼去世。

【原文】

经　十有一月,己亥,宋公佐卒于曲棘。

【译文】

十一月己亥日,宋公死于曲棘。

【原文】

传　防公也。

【译文】

为了昭公的事拜访。

【原文】

经　十有二月,齐侯取郓。

【译文】

十二月,齐侯占领郓城。

【原文】

传　取,易辞也。内不言取。以其为公取之,故易言之也。

【译文】

用取字,表示轻而易举就占领了。对鲁的城邑不能说取。因为齐侯是为了昭公而攻取郓城,所以说很容易就占领了。

昭公二十六年(公元前五百一十六年)

【原文】

经　二十有六年春,王正月,葬宋元公。

【译文】

昭公二十六年春季,周历正月,安葬宋元公。

【原文】

经　三月,公至自齐,居于郓。

【译文】

三月,昭公从齐返回鲁,住在郓邑。

【原文】

传　公次于阳州,其曰至自齐何也?以齐侯之见公,可以言至自齐也。居于郓者,公在外也。至自齐,道义不外公也。

【译文】

昭公暂停驻在阳州,为什么说从齐国返回?因为齐侯见到了昭公,可以说从齐回国。居住在郓邑,表示昭公在鲁都之外。从齐回来,按礼义,不能把昭公看待在外。

【原文】

经　夏,公围成。

【译文】

夏季,昭公包围成邑。

【原文】

传　非国不言围。所以言围者,以大公也。

【译文】

不是对一个国家不必说围。这里说围的原因,是为强调昭公威势仍很强大。

【原文】

经　秋,公会齐侯、莒子、邾子、杞伯,盟于鄟陵。

【译文】

秋季,昭公在鄟陵与齐侯、莒子、邾子、杞伯会盟。

【原文】

经　公至自会，居于郓。

【译文】

昭公从会盟地回国，居住在郓城。

【原文】

经　九月，庚申，楚子居卒。

【译文】

九月庚申这天，楚平王离世。

【原文】

经　冬，十月，天王入于成周。尹氏、召伯、毛伯以王子朝奔楚。

【译文】

冬季，十月，天子回到成周，尹氏、召伯、毛伯领着王子朝逃亡到楚国。

【原文】

传　周有入无出也。远矣，非也。奔，直奔也。

【译文】

对周天子记进不记出。他们逃到遥远的楚国，责怪他们外逃。经文记"奔"，表示径直逃跑的意思。

昭公二十七年（公元前五百一十五年）

【原文】

经　二十有七年春，公如齐。

【译文】

昭公二十七年春季，昭公到齐国去。

【原文】

经　公至自齐，居于郓。

【译文】

昭公从齐回鲁，停留在郓城。

【原文】

传　公在外也。

【译文】

昭公还是在国都之外。

【原文】

经　夏，四月，吴弑君僚。

【译文】

夏天，四月，吴公子杀死了自己的国君。

【原文】

经　楚杀其大夫郤宛。

【译文】

楚人杀死了自己的大夫郤宛。

【原文】

经　秋，晋士鞅、宋乐祁犁、卫北宫喜、曹人、邾人、滕人，会于扈。

【译文】

秋季，晋卿士鞅同宋卿乐祁犁、卫卿北宫喜、曹人、邾子、滕人在扈地盟会。

【原文】

经　冬，十月，曹伯午卒。

【译文】

冬季，十月，曹悼公死去了。

【原文】

经　邾快来奔。

【译文】

邾快逃奔到鲁国来。

【原文】

经　公如齐。

【译文】

昭公前往齐国。

【原文】

经　公至自齐，居于郓。

【译文】

昭公从齐回国，居住在郓城。

昭公二十八年（公元前五百一十四年）

【原文】

经　二十有八年春，王三月，葬曹悼公。

【译文】

昭公二十八年春季，周历三月，安葬曹悼公。

【原文】

经　公如晋，次于乾侯。

【译文】

昭公到晋国去，临时停留在乾侯。

带盖单耳铜鍪

【原文】

传　公在外也。

【译文】

昭公在国都以外（等候接见）。

【原文】

经　夏，四月，丙戌，郑伯宁卒。

【译文】

夏天，四月丙戌这天，郑定公离世。

【原文】

经　六月，葬郑定公。

【译文】

六月，安葬郑定公。

【原文】

经　秋，七月，癸巳，滕子宁卒。

【译文】

秋季，七月癸巳这天，滕悼公离世。

【原文】

经　冬，葬滕悼公。

【译文】

冬季，安葬滕悼公。

昭公二十九年（公元前五百一十三年）

【原文】

经　二十有九年春，公至自乾侯，居于郓。齐侯使高张来唁公。

【译文】

昭公二十九年春季，昭公从乾侯回国，住在郓城。齐侯派遣高张来慰问昭公。

【原文】

传　唁公不得入于鲁也。

【译文】

对昭公不能进入国都表示慰问。

【原文】

经　公如晋，次于乾侯。

【译文】

昭公前往晋国，暂时临留在乾侯。

【原文】

经　夏，四月，庚子，叔倪卒。

【译文】

夏季，四月庚子这天，叔倪去世。

【原文】

传　季孙意如曰："叔倪无病而死，此皆无公也，是天命也，非我罪也。"

【译文】

季孙意如说："叔倪没有得重病却死去，这都是因为没有国君呵。这是上天的旨意，不是我的罪过。"

【原文】

经　秋，七月。

【译文】

秋天，七月。

【原文】

经　冬，十月，郓溃。

【译文】

冬季，十月，郓城人溃散。

【原文】

传　溃之为言，上下不相得也。上下不相得则恶矣，亦讥公也。昭公出奔，民如释重负。

【译文】

百姓逃散，就是指上上下下不融合。上上下下不融合就糟了，这也是乏斥昭公。昭公逃出国都，百姓像放下了沉重的包袱似的。

昭公三十年（公元前五百一十二年）

【原文】

经　三十年春，王正月，公在乾侯。

【译文】

昭公三十年春天，周历正月，昭公在乾侯。

【原文】

传　中国不存公。存公故也。

【译文】

昭公在国中住不下去，暂时寄居在晋国。

【原文】

经　夏，六月，庚辰，晋侯去疾卒。

【译文】

夏季，六月庚辰这天，晋顷公辞世。

【原文】

经　秋，八月，葬晋顷公。

【译文】

秋天，八月，安葬晋顷公。

【原文】

经　冬，十有二月，吴灭徐，徐子章羽奔楚。

【译文】

冬天的十二月，吴国灭掉徐国，徐国君王逃奔到楚国。

昭公三十一年（公元前五百一十一年）

【原文】

经　三十有一年春，王正月，公在乾侯。

【译文】

昭公三十一年春季，周历正月，昭公住在乾侯。

【原文】

经　季孙意如会晋荀栎于适历。

【译文】

季孙意如在适历与晋卿荀栎会面。

【原文】

经　夏，四月，丁巳，薛伯谷卒。

【译文】

夏天,四月丁巳日,薛献公辞世。

【原文】

经　晋侯使荀栎唁公于乾侯。

【译文】

晋侯派遣荀栎到乾侯去慰问鲁昭公。

【原文】

传　唁公不得入于鲁也。曰:“既为君言之矣,不可者意如也。”

【译文】

对昭公不能进入鲁国表示慰问。说:“已经为您说话了,季孙意如不允许。”

【原文】

经　秋,葬薛献公。

【译文】

秋季,安葬薛献公。

【原文】

经　冬,黑肱以滥来奔。

【译文】

冬季,黑肱从滥国逃奔鲁国。

【原文】

传　其不言邾黑肱何也?别乎邾也。其不言滥子何也?非天子所封也。来奔,内不言叛也。

【译文】

为什么不称呼邾黑肱?不把他视为邾国人。为什么不称呼滥子,因为他不是天子命封的诸侯。逃到鲁国来,鲁国(当然)不说他叛逃。

【原文】

经　十有二月,辛亥,朔,日有食之。

【译文】

十二月辛亥日,初一,发生日食。

昭公三十二年(公元前五百一十年)

【原文】

经 三十有二年春,王正月,公在乾侯。

【译文】

昭公三十二年春季,周历正月,昭公住在乾侯。

【原文】

经 取阚。

【译文】

(昭公)攻取了阚邑。

【原文】

经 夏,吴伐越。

【译文】

夏季,吴国讨伐越国。

【原文】

经 秋,七月。

【译文】

秋季,七月。

【原文】

经 冬,仲孙何忌会晋韩不信、齐高张、宋仲几、卫世叔申、郑国参、曹人、莒人、薛人、杞人、小邾人城成周。

【译文】

冬天,仲孙何忌会同晋国的韩不信、齐国的高张、宋仲几、卫国的世叔申、郑国参、曹人、莒人、薛人、杞人,小邾人在成周修筑城墙。

【原文】

传 天子微,诸侯不享觐。天子之在者,惟祭与号。故诸侯之大夫,相帅以城之,此变之正也。

【译文】

周天子衰微,诸侯不纳贡不朝见。天子剩存的,只有祭祀和王号了。诸侯的大夫一个接一个来京都修缮城墙,这种变通的做法是对的。

【原文】

经 十有二月,己未,公薨于乾侯。

【译文】

十二月己未这天,昭公死于乾侯。

定公卷第十九(起元年尽十五年)

定公元年(公元前五百零九年)

【原文】

经 元年春,王。

【译文】

定公元年春季,周王。

【原文】

传 不言正月,定无正也。定之无正何也?昭公之终,非正终也。定之始,非正始也。昭无定终,故定无正始。不言即位,丧在外也。

鲁定公

【译文】

不记正月,因为定公(不是正月即位)没有正月?定公为什么没有正月?昭公的去世,不是属于正常死亡。定公开始即位,不是属于正当即位。昭公没有正终,所以定公没有正始。不记即位,因昭公死于外国。

【原文】

经 三月,晋人执宋仲几于京师。

【译文】

三月,晋国大夫在京师擒获宋仲几。

【原文】

传　此其大夫,其曰人何也?微之也。何为微之?不正其执人于尊者之所也,不与大夫之伯讨也。

【译文】

晋人是位卿大夫,为什么称人?慢待他。为什么慢待他?他在京师擒人是不对的,不赞成一个大夫以霸主身份讨伐人。

【原文】

经　夏,六月,癸亥,公之丧至自乾侯。

【译文】

夏季,六月癸亥日,昭公的灵柩从乾侯运回到鲁国。

【原文】

经　戊辰,公即位。

【译文】

戊辰这天,定公即位。

【原文】

传　殡,然后即位也。定无正,见无以正也。踰年不言即位,是有故公也。言即位,是无故公也。即位,授受之道也。先君无正终,则后君无正始也。先君有正终,则后君有正始也。戊辰,公即位,谨之也。定之即位,不可以不察也。公即位,何以日也?戊辰之日,然后即位也。癸亥,公之丧至自乾侯,何为戊辰之日然后即位也?正君乎国,然后即位也。沈子曰:"正棺乎两楹之间,然后即位也。"内之大事日。即位,君之大事也,其不日何也?以年决者,不以日决也。此则其日何也?著之也。何著焉?踰年即位,厉也。于厉之中,又有义焉。未殡,虽有天子之命犹不敢,况临诸臣乎?周人有丧,鲁人有丧,周人弔,鲁人不弔。周人曰:"固吾臣也,使大可也。"鲁人曰:"吾君也,亲之者也,使大夫则不可也。"故周人弔,鲁人不弔,以其下成康为未久也。君至尊也,去父之殡而往弔,犹不敢,况未殡而临诸臣乎?

【译文】

先君遗体入殓,然后新君即位。对定公不记正月,足见其不是在正月即位。过了年

还不记即位,这是因为先君去世有缘故。记载即位,这说明先君死没有特殊原因。即位,有个先君授与君位,后君接受君位的礼仪。先君不是正终,那么后君就不能正常即位。先君是正终,后君就正常即位。经文记“戊辰,公即位”,这是郑重地记此事。定公即位,不能不郑重。定公即位为什么记日期?因为他是戊辰日之后即位的。癸亥日,昭公的灵柩从乾侯运回鲁国,为什么戊辰日之后才即位呢?要在国中确正君位,然后才能即位。沈子说:“在正厅的两根楹柱中间摆上灵位,入殓后才能即位。”鲁国的大事要记日期。即位,是君王的大事,怎么能不记日期?即位以年来记,不记日期。这次为什么记日期?是为明显地记下特殊状况。为什么要这样?因为过一年才即位,危险,在危险中又有一定的礼义。先君未入殓,即使有天子的命令还不敢即位呢,何况是私自即位?如果周有丧事,鲁君也有丧事。周可以弔丧,鲁就不可以。周人说:“鲁本来就是我的君臣吗,派个人去弔唁就可以了。”鲁人说:“周是我们的天子,是亲人,派大夫去是不可以的。”所以说周人可以弔唁,鲁就不可以,因为距离成王、康王时代还很近(古礼还未变)。天子地位最尊贵,离开父亲的灵柩去弔唁,尚且还不敢呢,何况一般诸侯,怎么敢先君没入殓就即位呢?

【原文】

经　秋,七月,癸已,葬我君昭公。

【译文】

秋天,七月癸巳这天,安葬鲁昭公。

【原文】

经　九月,大雩。

【译文】

九月,举行盛大的求雨祭祀。

【原文】

传　雩月,雩之正也。秋大雩,非正也。冬大雩,非正也。秋大雩,雩之为非正何也。毛泽未尽,人力未竭,未可以雩也。雩月,雩之正也。月之为雩之正何也?其时穷,人力尽,然后雩,雩之正也。何谓其时穷人力尽?是月不雨,则无及矣。是年不艾,则无食矣,是谓其时穷,人力尽也。雩之必待其时穷人力尽何也?雩者,为旱求者也。求者,请也。古之人重请,何重乎请?人之所以为人也,让也。请道去让也,则是舍其所以为人也,是以重之。焉请哉?请乎应上公,古之神人有应上公者,通乎阴阳。君亲帅诸大夫道之而以请焉。夫请者,非可诒托而往也,必亲之者也。是以重之。

【译文】

举行求雨的祭祀记载月份,是对的。秋季举行大规模的雩祭,是不对的。冬季举行

大规模的雩祭,也是不对的。秋季举行求雨祭祀为什么不对?因为草木还有水分,人们还在用力耕耘,没有必要求雨。举行雩祭记载月份为什么是对的?如果时机没了,人力竭尽了,然后举行祭祀,这祭祀是对的。什么叫时机没了,人力竭尽了?这月不下雨,就来不及了。这年不收获,就没粮食了,这就叫时机没了,人力竭尽了。举行雩祭为什么必须等下雨的时机没了,人力用尽了?雩祭,是为天旱求雨的祭祀。求,就是请。古人很看重请的礼节。为什么重视请的礼节?人称为人的原因,就是因为人讲礼谦让,如果丢了谦让,这就丢掉了做人的准则,所以重视请。怎么请呢?求雨应向上天请求。古时的神人有能应答上天的,通达阴阳。君主要亲自带领群臣在道上求雨。请,不能推给委托别人去,必须君王亲自求请。因此说很重要。

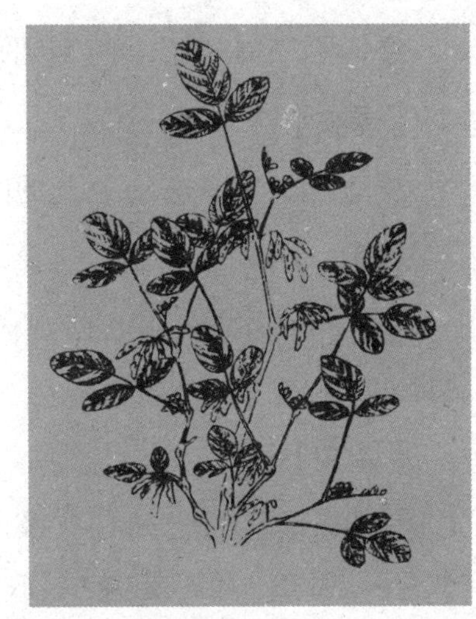
菽

【原文】

经 立炀宫。

【译文】

修建炀公庙。

【原文】

传 立者,不宜立者也。

【译文】

用立字,表示不该立的意思。

【原文】

经 冬,十月,陨霜杀菽。

【译文】

冬季十月,下霜冻伤了豆叶。

【原文】

传 未可以杀而杀,举重。可杀而不杀,举轻。其曰菽,举重也。

【译文】

不应伤的农作物却伤了,说明霜情很严重。该伤作物的季节却没伤害,说明霜情较轻。记载豆类受伤害,说明霜情严重。

定公二年(公元前五百零八年)

【原文】

经　二年春,王正月。

【译文】

定公二年春天,周历正月。

【原文】

经　夏,五月,壬辰,雉门及两观灾。

【译文】

夏季,五月壬辰这天,宫廷的南门和两边的观楼发生火灾。

【原文】

传　其不曰雉门灾及两观何也?自两观始也。不以尊者亲灾也。先言雉门,尊尊也。

【译文】

为什么不记载为"雉门灾及两观"?火是从两观开始发生的,不让"雉门"二字同"灾"字联系在一起。把"雉门"放在"及"字之前,是表示尊重尊者。

【原文】

经　秋,楚人伐吴。

【译文】

秋天,楚国攻打吴国。

【原文】

经　冬,十月,新作雉门及两观。

【译文】

冬天十月,重建雉门和两观。

【原文】

传　言新,有旧也。作,为也,有加度也,此不正。其以尊者亲之何也?虽不正也,于美犹可也。

【译文】

用新字,表明有旧的。作,是重建的意思,又有所扩大,这是不合礼的。为什么让雉门二字紧接着作字?重修虽然不对,从美观上讲还可以。

定公三年(公元前五百零七年)

【原文】

经　三年春,王正月,公如晋,至河乃复。

【译文】

定公三年春天,周历正月,定公去晋国,到黄河边就返回了。

【原文】

经　三月,辛卯,邾子穿卒。

【译文】

三月辛卯这天,邾庄公离世。

【原文】

经　秋,葬邾庄公。

【译文】

秋季,安葬邾庄公。

【原文】

经　冬,仲孙何忌及邾子盟于拔。

【译文】

冬季,仲孙何忌在拔地和邾君结盟。

定公四年(公元前五百零六年)

【原文】

经　四年春,王二月,癸巳,陈侯吴卒。

【译文】

定公四年春天,周历二月癸巳日,陈惠公去世。

【原文】

经　三月，公会刘子、晋侯、宋公、蔡侯、卫侯、陈子、郑伯、许男、曹伯、莒子、邾子、顿子、胡子、滕子、薛伯、杞柏、小邾子、齐国夏于召陵，侵楚。

【译文】

三月，定公会同刘子、晋侯、宋公、蔡侯、卫侯、陈子、郑伯、许男、曹伯、莒子、邾子、顿子、胡子、滕子、薛伯、杞伯、小邾子、齐卿国夏在召陵开会，（商讨）进攻楚国。

【原文】

经　夏，四月，庚辰，蔡公孙姓帅师灭沈，以沈子嘉归，杀之。

【译文】

夏季，四月庚辰这天，蔡国的公孙姓率兵灭了沈国，把沈君擒住带回国杀死。

【原文】

经　五月，公及诸侯盟于皋鼬。

【译文】

五月，定公同诸侯在皋鼬立盟。

【原文】

传　一事而再会。公志于后会也。后志疑也。

【译文】

为一件事开两次盟会。定公对后一次盟会有想法。记载后一次盟会，表明大家有疑虑。

【原文】

经　杞伯成卒于会。

【译文】

杞悼公在会中去世。

【原文】

经　六月，葬陈惠公。

【译文】

六月，安葬陈惠公。

【原文】

经　许迁于容城。

【译文】

许国迁徙到容城。

【原文】

经　秋,七月,公至自会。

【译文】

秋季,七月,定公从会盟地回国,行告祭祖庙之礼。

【原文】

经　刘卷卒。

【译文】

刘卷死了。

【原文】

传　此不卒而卒者,贤之也。环内诸侯也,非列土诸侯。此何以卒也?天王崩,为诸侯主也。

【译文】

这个人死不必记载,经文却记载了他的死,是让为他贤明仁德。他是京畿内的诸侯,不是天子命封的诸侯。为什么记载他的死?天子死后,由他为诸侯主事。

【原文】

经　葬杞悼公。

【译文】

安葬杞悼公。

【原文】

经　楚人围蔡。

【译文】

楚国围攻了蔡国。

【原文】

经　晋士鞅、卫孔圉帅师伐鲜虞。

【译文】

晋卿士鞅和卫卿孔圄率兵讨伐鲜虞国。

【原文】

经 葬刘文公。

【译文】

安葬刘文公。

【原文】

经 冬,十有一月,庚午,蔡侯以吴子及楚人战伯举,楚师败绩。楚囊瓦出奔郑。庚辰,吴入楚。

【译文】

冬季,十一月庚午日,蔡侯依靠吴王的帮助在伯举跟楚国交战,楚国失败,囊互逃到郑国。庚辰日,吴兵攻入楚国。

【原文】

传 吴其称子何也?以蔡侯之以之,举其贵者也。蔡侯之以之,则其举贵者何也?吴信中国而攘夷狄,吴进矣。其信中国而攘夷狄奈何?子胥父诛于楚也,挟弓持矢而干阖庐。阖庐曰:“大之甚,勇之甚。”为是欲兴师而伐楚。子胥谏曰:“臣闻之,君不为匹夫兴师。且事君犹事父也,亏君之义,复父之仇。臣弗为也。”于是止。蔡昭公朝于楚,有美裘。正是日,囊瓦求之,昭公不与,为是拘昭公于南郢,数年然后得归。归乃用事乎汉,曰:“苟诸侯有欲伐楚者,寡人请为前列焉。”楚人闻之而怒,为是兴师而伐蔡。蔡求救于吴。子胥曰:“蔡非有罪,楚无道也。君若有忧中国之心,则若此时可矣。”为是兴师而伐楚。何以不言救也?救大也。日入,易无楚也。易无楚者,坏宗庙,徙陈器,挞平王之墓。何以不言灭也?欲存楚也。其欲存楚奈何?昭王之军败而逃,父老送之,曰:“寡人不肖,亡先君之邑,父老反矣,何忧无君,寡人且用此入海矣。”父老曰:“有君如此其贤也,以众不如吴,以必死不如楚。”相与击之,一夜而三败吴人,复立。何以谓之吴也?狄之也。何谓狄之也?君居其君之寝,而妻其君之妻。大夫居其大夫之寝,而妻其大夫之妻,盖有欲妻楚王之母者,不正。乘败人之绩,而深为利,居人之国,故反其狄道也。

【译文】

对吴王为什么称子?因为蔡侯用了这称呼,称他尊贵的称呼。蔡侯为什么这么称他尊贵的称呼?因为吴王让蔡国伸张了正义而攻败了楚国。吴王提升了。吴国怎么让蔡国伸张了正义而战败了楚?伍子胥父亲被楚王杀害,他带着弓箭投奔吴王。吴王说:“太孝了！太勇敢了！”为此，想立即兴兵攻楚。伍子胥劝谏说：“我听说，君王不能为一个普通百姓出兵。再说，侍奉君王像事奉父亲一样，歉了君的恩义而为父亲报仇，我不能这么做。”就劝阻了吴王。蔡昭公去朝见楚王，他有件非常好看的皮袄。这天正好令尹囊瓦在，他要这件皮袄，昭公不给，为此把蔡昭公扣留在南郢，几年后才放回去。蔡昭公回国路经汉水时，向河神祈祷：“假如有讨伐楚国的诸侯，我请求给它当前锋。”楚王听到后非常生气，为这事起兵攻打蔡国。蔡国向吴求救。伍子胥对吴王说：“蔡没有罪，是楚国无道。您如果为中原国担忧，像这种时候可以出兵。”为此吴起兵讨伐楚国。为什么不说救蔡？因为从大处说是救了中原诸侯国。记载攻入楚国的日期，为表示轻易地就没了楚国。没了楚国，指损坏了宗庙，搬走了陈列的宝器，鞭挞楚平王的尸体。为什么不说灭了楚国？想让楚国保存在下来。怎么让楚国存在下来？楚昭王的军队溃退时，父老们送王。昭王说：“我不才，失掉了父辈的城邑。父老们回去吧！还愁没君王吗？我将由这跳海了。”父老们说：“君王像这样贤明呵！论军队我们不如吴国强大，论拼死的决心，他们不如楚国。”大家一起奋击，一夜之间就战败吴军，保住了楚国。为什么称吴人？是把它看作夷狄。为什么看作夷狄？（因为吴军入楚）吴王睡到了楚王床上，占有了楚王的妻子。吴国大夫住上了楚大夫的居室，占有了楚国大夫的妻，大概还有想抢夺楚王母亲为妻的，不合于礼。乘人战败之机，住在别人的国家，大饱私囊。所以说吴又返回它夷狄那一套做法了。

定公五年（公元前五百零五年）

【原文】

经　五年春，王正月，辛亥，朔，日有食之。

【译文】

定公五年春天，周历正月辛亥日，初一，发生日食。

【原文】

经　夏，归粟于蔡。

【译文】

夏季，馈赠粮食给蔡国。

【原文】

传　诸侯无粟，诸侯相归粟，正也。孰归之？诸侯也。不言归之者，专辞也。义迩也。

【译文】

诸侯缺乏粮食,别的诸侯赠给它,这是对的。谁赠给了蔡国粮食?是诸侯。不记给主名的,是专指鲁国。这道理很浅近。

【原文】

经　于越入吴。

【译文】

越国进攻吴国。

【原文】

经　六月,丙申,季孙意如卒。

【译文】

六月丙申这天,季孙意如离世。

【原文】

经　秋,七月,壬子,叔孙不敢卒。

【译文】

秋天,七月壬子日,叔孙不敢辞世。

【原文】

经　冬,晋士鞅帅师围鲜虞。

【译文】

冬季,晋国的士鞅率军围攻了鲜虞国。

定公六年(公元前五百零四年)

【原文】

经　六年春,王正月,癸亥,郑游速帅师灭许,以许男斯归。

【译文】

定公六年春天,周历正月,癸亥日,郑游速率领军队灭掉许国,把许国国君擒回郑国。

【原文】

经　二月,公侵郑。

【译文】

二月，定公攻伐郑国。

【原文】

经　公至自侵郑。

【译文】

定公从郑回国，行告祭祖庙之礼。

【原文】

经　季孙斯、仲孙何忌如晋。

【译文】

鲁卿季孙斯和仲孙何忌一同前往晋国。

【原文】

经　秋，晋人执宋行人乐祁犁。

【译文】

秋天，晋国抓住了宋国的使臣乐祁犁。

【原文】

经　冬，城中城。

【译文】

冬季，修固内城城墙。

【原文】

传　城中城者，三家张也。或曰，非外民也。

【译文】

修筑内城，是因为三家在扩建势力范围。也有的说，是为提防外民入侵。

【原文】

经　季孙斯、仲孙忌帅师围郓。

【译文】

季孙斯和仲孙何忌率军围攻郓城。

定公七年(公元前五百零三年)

【原文】

经　七年春,王正月。

【译文】

定公七年的春季,周历正月。

【原文】

经　夏,四月。

【译文】

夏天,四月。

【原文】

经　秋,齐侯、郑伯盟于鹹。

【译文】

秋天,齐侯和郑伯在鹹地订立盟约。

【原文】

经　齐人执卫行人北宫结以侵卫。

【译文】

齐国捉住卫国的外交使臣北宫结,凭借他侵犯卫国。

【原文】

传　以,重辞也,卫人重北宫结。

【译文】

以,是一个表示重要的凭借条件的词,卫国很看重北宫结。

【原文】

经　齐侯、卫侯盟于沙。

【译文】

齐侯和卫侯于沙地结盟。

【原文】

经　大雩。

【译文】

举行大规模的求雨祭祀。

【原文】

经　齐国夏帅师伐我西鄙。

【译文】

齐卿国夏带兵进攻鲁国西部的边邑。

【原文】

经　九月,大雩。

【译文】

九月,举行盛大的求雨仪式。

【原文】

经　冬,十月。

【译文】

冬季,十月。

定公八年(公元前五百零二年)

【原文】

经　八年春,王正月,公侵齐。

【译文】

定公八年春天,周历正月,定公带兵攻齐。

【原文】

经　公至自侵齐。

【译文】

定公从齐返回国,举行告祭祖庙典礼。

【原文】

经　二月，公侵齐。

【译文】

二月，定公率兵攻伐齐国。

【原文】

经　三月，公至自侵齐。

【译文】

三月定公从齐回鲁，告祭祖庙。

【原文】

传　公如，往时致月，危致也。往月致时，危往也。往月致月，恶之也。

【译文】

诸侯出行，如果去时记载季节，归国时记载月份，表明归国存在危难。如果去时记月份，归国时记季节，表明去时存在危难。如果去时记月份，归来时也记月份，是对出行人表示厌恶。

【原文】

经　曹伯露卒。

【译文】

曹靖公逝世。

【原文】

经　夏，齐国夏帅师伐我西鄙。

【译文】

夏天，齐卿国夏带兵讨伐鲁国西部边境。

【原文】

经　公会晋师于瓦。

【译文】

定公到瓦地向晋军求助援救。

【原文】

经　公至自瓦。

【译文】

定公从瓦地返回国家。告祭祖庙。

【原文】

经　秋，七月，戊辰，陈侯柳卒。

【译文】

秋季，七月戊辰日，陈怀公辞世。

【原文】

经　晋士鞅帅师侵郑，遂侵卫。

【译文】

晋国的士鞅带兵侵略郑国，接着又侵略卫国。

【原文】

经　葬曹靖公。

【译文】

安葬曹靖公。

【原文】

经　九月，葬陈怀公。

【译文】

九月，安葬陈怀公。

【原文】

经　季孙斯、仲孙何忌帅师侵卫。

【译文】

季孙斯和仲孙何忌带兵进攻卫国。

【原文】

经　冬，卫侯、郑伯盟于曲濮。

【译文】

冬天，卫侯和郑伯在曲濮结盟。

【原文】

经　从祀先公。

【译文】

按顺着合礼的位次祭祀先公。

【原文】

传　贵复正也。

【译文】

赞赏定公恢复了正确的祭祀位次。

【原文】

经　盗窃宝玉大弓。

【译文】

盗窃宝玉和大弓。

【原文】

传　宝玉者,封圭也。大弓者,武王之戎弓也。周公受赐,藏之鲁。非其所以与人而与人,谓之亡。非其所取而取之,谓之盗。

【译文】

宝玉是周公接受命封时得到的圭玉。大弓是周武王的征战使用弓。周公得到的赏赐,收藏在鲁国。不是用以送人的东西却送给人,这叫丢失。不是应该拿的东西却拿了,这叫偷盗。

定公九年(公元前五百零一年)

【原文】

经　九年春,王正月。

【译文】

定公九年春季,周历正月。

【原文】

经　夏,四月,戊申,郑伯虿卒。

【译文】

夏天,四月戊申日,郑献公去世。

【原文】

经　得宝玉,大弓。

【译文】

得到宝玉大弓。

【原文】

传　其不地何也?宝玉大弓在家则羞,不目羞也。恶得之,得之堤下。或曰,阳虎以解众也。

【译文】

为什么不记载得到宝玉大弓的地点?宝玉和大弓私藏在大夫家里是耻辱,不愿意看到这种耻辱。在哪儿得到?在堤岸下。有人说,阳虎为缓阻众怒送还了。

【原文】

经　六月,葬郑献公。

【译文】

六月,安葬郑献公。

【原文】

经　秋,齐侯、卫侯次于五氏。

【译文】

秋季,齐侯和卫侯暂时安扎军队在五氏。

【原文】

经　秦伯卒。

【译文】

秦国国君去世。

【原文】

经　冬,葬秦哀公。

【译文】

冬季,安葬秦哀公。

定公十年(公元前五百年)

【原文】

经　十年春,王三月,及齐平。

【译文】

定公十年春天,周历三月,鲁国跟齐国议和。

【原文】

经　夏,公会齐侯于颊谷。

【译文】

夏季,定公在颊谷会见齐侯。

【原文】

经　公至自颊谷。

【译文】

定公从颊谷会见后返回,告祭祖庙。

【原文】

传　离会不致,何为致也?危之也。危之则以地致何也?为危之也。其危奈何?曰,颊谷之会,孔子相焉。两君就坛,两相相揖。齐人鼓噪而起,欲以执鲁君。孔子历阶而上,不尽一等,而视归乎齐侯。曰:“两君合好,夷狄之民何为来为?”命司马止之。齐侯逡巡而谢曰:“寡人之过也。”退而属其二三大夫曰:“夫人率其君与之行古人之道。二三子独率我而入夷狄之俗,何为?”罢会,齐人使优施舞于鲁君之幕下。孔子曰:“笑君者,罪当死。”使司马行法焉,首足异门而出。齐人来归郓、讙、龟阴之田者,盖为此也。因是以见虽有文事,必有武备。孔子于颊谷之会见之矣。

【译文】

离开会盟地不必记“至”。这次为什么记呢?因为这次会存在危险。危险就以地点告祭祖庙是为什么呢?因为相当危险。怎么样危险?颊谷之会,孔子当赞礼人。两国国君登上土台,两国的赞礼人互相行礼。齐人起哄,想捉鲁君。孔子一步一级登上去,只差一级没登,视死如归地看着齐景公说:“两国国君友好相见,为什么夷狄样的人到这里?”并命令司马官挡住齐人。齐侯退却谢罪说:“这是我的错。”退下后对群臣说:“那个人带着国君行古人的礼义,你们为什么偏偏领我用夷狄人的恶俗?”停止开会。齐国又让优人

在定公的帐下跳舞。孔子说:“逗弄君王的人,有罪应杀。”便命令司马官执行军法,砍掉优施的头扔出大门外。齐国归还了郓城、讙地和龟阴,大概就为这次会。因此知道,即使是会盟之类的事,也一定要有武力准备。孔子由颊谷之会得出了这个道理。

【原文】

经　晋赵鞅帅师围卫。

【译文】

晋卿赵鞅带兵进攻卫国。

【原文】

经　齐人来归郓、讙、龟阴田。

【译文】

齐国把郓、讙、龟阴的土地归还给鲁国。

【原文】

经　叔孙州仇、仲孙何忌帅师围郈。

【译文】

鲁卿叔孙州仇和仲孙何忌率兵围攻郈城。

【原文】

经　秋,叔孙州仇,仲孙何忌帅师围郈。

【译文】

秋季,叔孙州仇和仲孙何忌带兵包围郈城。

【原文】

经　宋乐大心出奔曹。

【译文】

宋国的乐大心逃往曹国。

【原文】

经　宋公子地出奔陈。

【译文】

宋国公子地逃亡到陈国。

【原文】

经　冬，齐侯、卫侯、郑游速会于安甫。

【译文】

冬天，齐侯、卫侯和郑游速在安甫会见。

【原文】

经　叔孙州仇如齐。

【译文】

叔孙州仇前往齐国。

【原文】

经　宋公之弟辰，暨宋仲佗、石彄出奔陈。

【译文】

宋公的弟弟辰和仲佗、石彄逃奔到陈国。

定公十一年（公元前四百九十九年）

【原文】

经　十有一年春，宋公之弟辰及仲佗、石彄、公子地自陈入于萧以叛。

【译文】

定公十一年春，宋公的弟弟辰和仲佗、石彄、公子地从陈国进入萧城叛乱。

【原文】

传　未失其弟也。以尊及卑也。自陈，陈有奉焉尔。入者，内弗受也。以者，不以也。叛，直叛也。

【译文】

宋公没有失去自己的弟弟。记载时是由尊者到卑者。用入字，表示萧邑拒绝接受。以表示不应用以字。叛，是直接反叛的意思。

【原文】

经　夏，四月。

【译文】

夏季，四月。

【原文】

经　秋，宋乐大心自曹入于萧。

【译文】

秋季，宋国的乐大心从曹国进入萧邑。

【原文】

经　冬，及郑平，叔还如郑莅盟。

【译文】

冬季，鲁国跟郑国议和，叔还到郑国去会盟。

定公十二年（公元前四百九十八年）

【原文】

经　十有二年春，薛伯定卒。

【译文】

定公十二年春天，薛襄公辞世。

【原文】

经　夏，葬薛襄公。

【译文】

夏天，安葬薛襄公。

【原文】

经　叔孙州仇帅师堕郈。

【译文】

叔孙州仇带兵毁掉郈城。

【原文】

传　堕犹取也。

【译文】

毁掉郈城就如同攻取了郈城。

铜钲

【原文】

经　卫公孟彄帅师伐曹。

【译文】

卫国大夫公孟彄率军讨伐曹国。

【原文】

经　季孙斯、仲孙何忌帅师堕费。

【译文】

季孙斯和仲孙何忌率兵毁掉费城。

【原文】

经　秋，大雩。

【译文】

秋天，举行大规模的求雨祭祀。

【原文】

经　冬，十月，癸亥，公会齐侯盟于黄。

【译文】

冬季，十月癸亥这天，定公和齐侯在黄地结盟。

【原文】

经　十有一月，丙寅，朔，日有食之。

【译文】

十一月丙寅这天，初一，发生日食。

【原文】

经　十有二月，公围成。

【译文】

十二月，定公围攻成城。

【原文】

传　非国，言围。围成，大公也。

【译文】

不是国不必用围字。说围攻成邑，是为扩张定公的武装力量。

【原文】

经　公至自围成。

【译文】

定公包围成城后行告祭祖庙典礼。

【原文】

传　何以致？危之也。何危尔？边乎齐也。

【译文】

围成回来为什么还行告祭祖庙之礼？因为很危险。为什么危险？因为成邑跟齐国很近。

定公十三年（公元前四百九十七年）

【原文】

经　十有三年春，齐侯次于垂葭。

【译文】

定公十三年春天，齐侯（领兵）临时驻扎在垂葭这个地方。

【原文】

经　夏，筑蛇渊囿。

【译文】

夏季，建筑了蛇渊园。

【原文】

经　大蒐于比蒲。

【译文】

在比蒲大规模地打猎。

【原文】

经　卫公孟彄帅师伐曹。

【译文】

卫国的公孟彄率兵讨伐曹国。

【原文】

经　秋，晋赵鞅入于晋阳以叛。

【译文】

秋天，晋国的赵鞅攻入晋阳城叛乱晋侯。

【原文】

传　以者，不以者也。叛，直叛也。

【译文】

以，表示不应加以字。叛，径直反叛的意思。

【原文】

经　冬，晋荀寅、士吉射入于朝歌以叛。

【译文】

冬季，晋国大夫荀寅和士吉射攻入朝歌城背叛晋侯。

【原文】

经　晋赵鞅归于晋。

【译文】

晋国赵鞅回到晋国。

【原文】

传　此叛也，其以归言之何也？贵其以地反也。贵其以地反，则是大利也。非大利也，许悔过也。许悔过，则何以言叛也？以地正国也。以地正国，则何以言叛？其人无君命也。

【译文】

这个人反叛了，为什么又记他回国？是看重他带着土地返回。看重他带着土返回，这是很大的利益。不只是为这利益，也表示允许人悔改过错。允许改正错误，为什么还说反叛？因为土地是国家的。土地是国家的，为什么说他反叛？因为他进入晋阳并未得到君王的命令。

【原文】

经　薛弑其君比。

【译文】

薛国杀死了自己的国君比。

定公十四年(公元前四百九十六年)

【原文】

经　十有四年春,卫公叔戍来奔,晋赵阳出奔宋。

【译文】

定公十四年春天,卫国的公叔戍逃奔鲁国,赵阳逃奔宋国。

【原文】

经　二月,辛巳,楚公子结、陈公孙佗人帅师灭顿,以顿子牂归。

【译文】

二月辛巳这天,楚公子结和陈国的公孙佗人率兵灭掉顿国,把顿国国君抓回楚国。

【原文】

经　夏,卫北宫结来奔。

【译文】

夏季,卫国的北宫结逃亡到鲁国。

【原文】

经　五月,于越败吴于槜李。

【译文】

五月,越国在槜李战败吴国。

【原文】

经　吴子光卒。

【译文】

吴王光谢世。

【原文】

经　公会齐侯、卫侯于牵。

【译文】

定公在牵地会见齐侯和卫侯。

【原文】

经　公至自会。

【译文】

定公返回国，拜祭祖庙。

【原文】

经　秋，齐侯、宋公会于洮。

【译文】

秋天，齐侯和宋公在洮地会面。

【原文】

经　天王使石尚来归脤。

【译文】

天子派遣石尚给定公送祭祀用的生肉。

【原文】

传　脤者何也？俎实也，祭肉也，生曰脤，熟曰膰。其辞石尚，士也。何以知其士也？天子之大夫不名，石尚欲书春秋，谏曰："久矣，周之不行礼于鲁也，请行脤。"贵复正也。

【译文】

脤是什么？是盛在祭器中的祭肉，生的叫脤，做熟了叫膰。经文中记的石尚，是周王室的士。怎么知道他是士？因为天子的大夫不记名。石尚想于春秋经记载他的名，就进谏天子说："周朝好久没跟鲁国施行礼仪了，请让我向鲁公赠送祭肉。"经文记下他，是称赞他恢复了正常的礼仪。

【原文】

经　卫世子蒯聩出奔宋。

【译文】

卫太子蒯聩出逃到宋国。

【原文】

经　卫公孟彄出奔郑。

【译文】

卫国的公孟彄出逃到郑国。

【原文】

经　宋公之弟辰自萧来奔。

【译文】

宋公的弟弟辰从萧城逃奔到鲁国来。

【原文】

经　大蒐于比蒲。

【译文】

在比蒲盛大的行猎。

【原文】

经　邾子来会公。

【译文】

邾国国君前往比蒲会见定公。

【原文】

经　城莒父及霄。

【译文】

在莒父和霄邑修建城墙。

定公十五年(公元前四百九十五年)

【原文】

经　十有五年春,王正月,邾子来朝。

【译文】

定公十五年春季,周历正月,邾国国君来朝见定公。

【原文】

经　鼷鼠食郊牛,牛死,故卜牛。

【译文】

鼷鼠啃食郊牛,郊牛死了。占卜,改用另一头牛祭祀。

【原文】

传　不敬莫大焉。

【译文】

表明君王对神灵的不敬,没有什么比神灵更大了。

【原文】

经　二月,辛丑,楚子灭胡,以胡子豹归。

【译文】

二月辛丑这天,楚王灭掉胡国,把胡国国君豹带回楚国。

【原文】

经　夏,五月,辛亥,郊。

【译文】

夏天,五月辛亥这天,举行郊祭。

【原文】

经　壬申,公死于高寝。

【译文】

壬申日,定公在高寝去世。

【原文】

传　高寝,非正也。

【译文】

定公死在高寝,不合于礼制。

【原文】

经　郑罕达帅师伐宋。

【译文】

郑国的罕达率军攻打宋国。

【原文】

经　齐侯、卫侯次于渠蒢。

【译文】

齐侯和卫侯临时驻扎军队在渠蒢。

【原文】

经　邾子来奔丧。

【译文】

邾国国君来参加定公丧礼。

【原文】

传　丧急，故以奔言之。

【译文】

丧事紧急，所以用奔字表达它。

【原文】

经　秋，七月，壬申，弋氏卒。

【译文】

秋季，七月壬申这天，弋氏逝世。

【原文】

传　妾辞也，哀公之母。

【译文】

经文记弋氏去世表明是妾，但她是哀公的母亲。

【原文】

经　八月，庚辰，朔，日有食之。

【译文】

八月庚辰这天，初一，出现日食。

【原文】

经　九月，滕子来会葬。

【译文】

九月，滕国国君来参加定公的葬礼。

【原文】

经　丁巳，葬我君定公，雨，不克葬。戊午，日下稷，乃克葬。

【译文】

丁巳日，安葬鲁定公，因为下雨不能葬。戊午日，太阳西下的时候，才安葬。

【原文】

传 葬既有日，不为雨止，礼也。雨不克葬，丧不以制也。乃，急辞也，不足乎日之辞也。

【译文】

安葬已经确定了日期，就不能因为下雨而中止，这是礼。下雨了，不能安葬，表明丧事没按礼制进行。乃，表示急促的言辞，时间不够用的意思。

【原文】

经 辛巳，葬定弋。

【译文】

辛巳日，安葬定公夫人弋氏。

【原文】

经 冬，城漆。

【译文】

冬天，在漆邑修建城墙。

哀公卷第二十（起元年尽十四年）

哀公元年（公元前四百九十四年）

【原文】

经 元年，春，王正月，公即位。

【译文】

哀公元年，春天，周历正月，哀公即位。

【原文】

经 楚子、陈侯、随侯、许男围蔡。

鼷鼠

【译文】

楚王、陈侯、随侯和许君率军围攻蔡国。

【原文】

经　鼷鼠食郊牛角，改卜牛。夏，四月，辛巳，郊。

【译文】

鼷鼠啃食了郊祭选用的牛的角，另占卜改用其他的牛。夏天，四月辛巳这天，举行郊祭。

【原文】

传　此该之变而道之也。于变之中，又有言焉。鼷鼠食郊牛角，改卜牛，志不敬也。郊牛日展觓角而知伤，展道尽矣。郊自正月至于三月，郊之时也。夏四月郊，不时也。五月郊，不时也。夏之始可以承春，以秋之末承春始，盖不可矣。九月用郊，用者，不宜用者也。郊三卜，礼也。四卜，非礼也。五卜，强也。卜免牲者，吉则免之，不吉则否。牛伤，不言伤之者，伤自牛作也，故其辞缓。全曰牲，伤曰牛，未牲曰牛。其牛一也，其所以为牛

者异。有变而不郊,故卜免牛也。已牛也,其尚卜免之何也?礼,与其亡也,宁有,尝置之上帝矣,故卜而后免之,不敢专也。卜之不吉,则如之何?不免。安置之?系而待。六月上甲,始庀牲,然后左右之。予之所言者,牲之变也,而曰我一该郊之变而道之何也?我以六月上甲始先庀牲,十月上甲始系牲,十一月,十二月,牲虽有变,不道也。待正月,然后言牲之变,此乃所以该郊。郊,享道也,贵其时,大其礼,其养牲虽小,不备可也。子不志三月卜郊何也?自正月至于三月,郊之时也。我以十二月下辛,卜正月上辛,如不从,则以正月下辛,卜二月上辛。如不从,则以二月下辛卜三月上辛。如不从,则不郊矣。

【译文】

这里概括说说郊祭的变通情况,在变通之中,有值得解说的。选作郊祭用的牛被小鼠啃食了,就要占卜,改用其他的牛。记载它,是为表明君王不敬神灵。郊牛的角每天都要查看,全面地查看。郊祭是从正月到三月举行。四用就不合乎季节了,五月也不合时宜。(不过)夏季的开始(四、五月)连着春末,(还不算太过时)。如果用秋末接着春天的开头,大概不可以。九月举行郊祭不可以。用,是不应用的意思。郊祭要占卜三次,才合于礼。四次,不合于礼。卜五次,就更勉强了。如果祭祀用的牲受了伤,要占卜可不可以免掉用牲。占卜吉利就免,不吉利就不应免。有时,郊牛被啃食了,经文不记(如宣公三年经文),那因为是牛自己弄伤的,所以经文措辞也缓和。郊祭用的牛没有受伤时称牲,受了伤称牛,没有选为郊祭用的亦称牛。一样的牛,用以称呼它的名称不一样。有了变动不能郊祭,就得占卜是否不用牛做祭祀的牺牲。牛已有伤不能用了,为什么还占卜是否不用牛呢?占卜,合于礼。与其不占卜,宁可占一下好,放到神灵那儿决定吧。所以应占卜而后决定是否不用牛,不能擅自决定。如果占卜不吉利,就不能免掉用牲。怎么处置受伤的牛呢?把它拴起来等候处置。六月上旬的甲日,才备选出新牛做祭祀用的牲,然后再处置受伤的牛。我以上所说的,是牲牛的变化情况。而前面,我说过要全面说郊祭的变通情况,是什么呢?在六月上旬的甲日准备好祭祀用的牲,十月上旬的甲日把选好的牲牛拴起来,好好饲养。十一月,十二月,牲如有变化,当然要卜选替换,自不待说。等到正月,才着重说说牲牛有变故的情况,这就是全面说了郊祭。郊祭,是奉上牺牲让天神享用。季节很重要,礼仪要盛大。至于养的牲,即使小点也可以。你不知道三月占卜郊祭是什么意思吧?从正月到三月是郊祭的季节。在十二月下旬的辛日占卜正月上旬的辛日。如果还不吉利,再在一月下旬的辛日占卜二月上旬的辛日。如果不吉利,就在二月下旬的辛日占卜三月上旬的辛日。如果还不吉利,就不应举行郊祭了。

【原文】

经　秋,齐侯、卫侯伐晋。

【译文】

秋季，齐侯和卫侯率兵攻打晋国。

【原文】

经　冬，仲孙何忌帅师伐邾。

【译文】

冬天，鲁卿仲孙何忌率兵进攻邾国。

哀公二年（公元前四百九十三年）

【原文】

经　二年春，王二月，季孙斯、叔孙州仇、仲孙何忌帅师伐邾，取漷东田及沂西田。癸巳，叔孙州仇、仲孙何忌及邾子盟于句绎。

【译文】

哀公二年春天，周历二月，季孙斯、叔孙州仇和仲孙何忌带兵攻伐邾国，得到漷水以东和沂水以西的土地。癸巳日，在句绎结盟。

【原文】

传　漷东，未尽也。沂西，未尽也。三人伐而二人盟何也？各盟其得也。

【译文】

经文记“漷东”，表明漷水附近的土地没有全数取得。记“沂西”，表明沂水附近的土地没有全部取得。三个人领兵讨伐，却两个人结盟，是为什么呢？说是各自为自己所得结盟。

【原文】

经　夏，四月，丙子，卫侯元卒。

【译文】

夏季，四月丙子日，卫灵公辞世。

【原文】

经　滕子来朝。

【译文】

滕国国君来鲁朝见。

【原文】

经　晋赵鞅帅师纳卫世子蒯聩于戚。

【译文】

晋国赵鞅率兵护送卫国太子进入戚邑。

【原文】

传　纳者,内弗受也。帅师而后纳者,有伐也。何用弗受也,以辄不受也。以辄不受父之命,受之王父也。信父而辞王父,则是不尊王父也。其弗受,以尊王父也。

【译文】

用纳字,表明卫国拒绝接受他。领兵护送他回国,说明是经过攻打才进入。卫国由于什么不接受蒯聩回国？因为辄不接受他。辄不听父命,而接受祖父之命。如果辄信任父亲不听祖父的遗命,这就是不尊敬祖父。辄不让父回国,是尊从祖父。

【原文】

经　秋,八月,甲戌,晋赵鞅帅师及郑罕达战于铁,郑师败绩。

【译文】

秋季,八月甲戌这天,晋卿赵鞅率军跟郑国的罕达在铁地交战,郑军被击败。

【原文】

经　冬,十月,葬卫灵公。

【译文】

冬天,十月,安葬卫灵公。

【原文】

经　十有一月,蔡迁于州来,蔡杀其大夫公子驷。

【译文】

十一月,蔡国迁徙到州来。蔡国杀死了自己的大夫公子驷。

哀公三年(公元前四百九十二年)

【原文】

经　三年春,齐国夏、卫石曼姑帅师围戚。

【译文】

哀公三年春,齐国的国夏和卫国石曼姑率兵围攻戚邑。

【原文】

传　此卫事也,其先国夏何也?子不围父也。不系戚于卫者,子不有父也。

【译文】

这是卫国的事,为什么先记载国夏?因为儿子不能包围父亲。不把戚地跟卫国联系起来,是表示儿子不想有这么个父亲。

【原文】

经　夏,四月,甲午,地震。

【译文】

夏天,四月甲午日,发生了地震。

【原文】

经　五月,辛卯,桓宫、僖宫灾。

【译文】

五月辛卯这天,桓公的庙和僖公的庙发生火灾。

【原文】

传　言及,则祖有尊卑。由我言之,则一也。

【译文】

如果用了“及”字,就表明祖宗有尊卑区别了。从我的角度说,祖宗的地位是的。

【原文】

经　季孙斯、叔孙州仇帅师城启阳。

【译文】

季孙斯和叔孙州仇率军在启阳修建城墙。

【原文】

经　宋乐髡帅师伐曹。

【译文】

宋国的乐髡率军攻打曹国。

【原文】

经　秋，七月，丙子，季孙斯卒。

【译文】

秋季，七月丙子这天，鲁卿季孙斯去世。

【原文】

经　蔡人放其大夫公孙猎于吴。

【译文】

蔡国把他的大夫公孙猎放逐到吴国。

【原文】

经　冬，十月，癸卯，秦伯卒。

【译文】

冬季，十月癸卯这天，秦惠公去世。

【原文】

经　叔孙州九，仲孙何忌帅师围邾。

【译文】

叔孙州仇和仲孙何忌率军围攻邾国。

哀公四年（公元前四百九十一年）

【原文】

经　四年春，王二月，庚戌，盗弑蔡侯申。

【译文】

哀公四年春，周历二月，庚戌日，强盗杀害了蔡侯。

【原文】

传　称盗以弑君，不以上下道道也。内其君而外弑者，不以弑道道也。春秋有三盗，微杀大夫谓之盗，非所取而取之谓之盗，辟中国之正道以袭利谓之盗。

【译文】

说盗贼杀害了国君，这不是用上君下臣的关系记述的，是用外杀内的关系记述的，不用下杀上的关系记的。春秋经记有三种情况称作盗，小民杀大夫叫盗；不该取得的硬要取得叫盗；用夷狄人的手段偷得名利的叫盗。

【原文】

经　蔡公孙辰出奔吴。

【译文】

蔡国的公孙辰出逃到吴国。

【原文】

经　葬秦惠公。

【译文】

安葬秦惠公。

【原文】

经　宋人执小邾子。

【译文】

宋国擒获了小邾国的国君。

【原文】

经　夏，蔡杀其大夫公孙姓、公孙霍。

【译文】

夏季，蔡国杀死了自己的大夫公孙姓和公孙霍。

【原文】

经　晋人执戎蛮子赤归于楚。

【译文】

晋国抓住戎蛮的国君赤，把他押送给楚国。

【原文】

经　城西郛。

【译文】

鲁国在西部修缮外城。

【原文】

经　六月，辛丑，亳社灾。

【译文】

六月，辛丑这天，亳城的土地庙发生火灾。

【原文】

传　亳社者，亳之社也。亳，亡国也。亡国之社以为庙，屏戒也。其屋亡国之社，不得上达也。

【译文】

亳社，就是亳城的土神庙。亳社，是亡国的国都。亳社要立在别的庙之外，以为屏障。亳社上顶有覆盖，不能通达上天。

【原文】

经　秋，八月，甲寅，滕子结卒。

【译文】

秋季，八月甲寅这天，滕顷公去世。

【原文】

经　冬，十有二月，葬蔡昭公。

【译文】

冬天的十二月，安葬蔡昭公。

【原文】

经　葬滕顷公。

【译文】

安葬滕顷公。

哀公五年（公元前四百九十年）

【原文】

经　五年春，城毗。

【译文】

哀公五年春季，鲁国在毗地修筑城墙。

【原文】

经　夏，齐侯伐宋。

【译文】

夏季，齐国攻打宋国。

【原文】

经　晋赵鞅帅师伐卫。

【译文】

晋卿赵鞅带兵进攻卫国。

【原文】

经　秋，九月，癸酉，齐侯杵臼卒。

【译文】

秋天，九月癸酉日，齐景公辞世。

【原文】

经　冬，叔远如齐。

【译文】

冬季，叔远前往齐国。

【原文】

经　闰月，葬齐景公。

【译文】

闰月，安葬齐景公。

【原文】

传　不正其闰也。

【译文】

记闰月是不合于礼制的。

哀公六年（公元前四百八十九年）

【原文】

经　六年春，城邾瑕。

【译文】

六年春季,鲁国在邾瑕修建城墙。

【原文】

经　晋赵鞅帅师伐鲜虞。

【译文】

晋卿赵鞅率兵攻打鲜虞国。

【原文】

经　吴伐陈。

【译文】

吴国讨伐陈国。

【原文】

经　夏,齐国夏及高张来奔。

【译文】

夏季,齐卿国夏和高张逃亡到鲁国。

【原文】

经　叔还会吴于柤。

【译文】

叔还在柤地会见吴王。

【原文】

经　秋,七月,庚寅,楚子轸卒。

【译文】

秋天,七月庚寅这天,楚昭王离世。

【原文】

经　齐阳生入于齐。

【译文】

齐公子阳生返回齐国。

【原文】

经　齐陈乞弑其君荼。

【译文】

齐国的陈乞弑杀国君荼。

【原文】

传 阳生入而弑其君,以陈乞主之何也?不以阳生君荼也。其不以阳生君荼何也?阳生正,荼不正。不正则其曰君何也?荼虽不正,已受命矣。入者,内弗受也。荼不正,何用弗受?以其受命,可以言弗受也。阳生其以国氏何也?取国于荼也。

【译文】

阳生回国杀了自己的君王,为什么认为陈乞是主谋?不愿意让阳生把荼当作君。为什么?因为阳生应为君,荼不应为君。为什么还称荼为君呢?因为他已经得到任命了。用入字,表示国内拒绝接受。荼不该为君,为什么拒绝阳生?因为荼已受命当了国君,可以说不接受。为什么阳生以国名(齐)做姓?因为他从荼那儿得到了齐国。

【原文】

经 冬,仲孙何忌帅师伐邾。

【译文】

冬天,仲孙何忌率军攻伐邾国。

【原文】

经 宋向巢帅师伐曹。

【译文】

宋国的向巢带兵攻打曹国。

哀公七年(公元前四百八十八年)

【原文】

经 七年春,宋皇瑗帅师侵郑。

【译文】

哀公七年春天,宋国的皇瑗率军侵略郑国。

【原文】

经 晋魏曼多帅师侵卫。

【译文】

晋大夫魏曼多领兵侵犯卫国。

【原文】

经　夏，公会吴于缯。

【译文】

夏季，哀公在缯地会见吴王。

【原文】

经　秋，公伐邾，八月己酉，入邾，以邾子益来。

【译文】

秋季，哀公攻打邾国。八月己酉这天，进入邾国，把邾国国君擒到鲁国。

【原文】

传　以者，不以者也。益之名，恶也。春秋有临天下之言焉，有临一国之言焉，有临一家之言焉。其言来者，有外鲁之辞焉。

【译文】

用以字，表示不该把邾国国君擒回鲁国。称邾君的名，是表示憎恶他。春秋经记事，有拥有整个天下的语气，有拥有一国的语气，有拥有一个家族的语气。用“来”，有从外来鲁的意思。

【原文】

经　宋人围曹。

【译文】

宋国包围曹国。

【原文】

经　冬，郑驷弘帅师救曹。

【译文】

冬天，郑大夫驷弘率兵救助曹国。

哀公八年(公元前四百八十七年)

【原文】

经　八年春,王正月,宋公入曹,以曹伯阳归。

【译文】

哀公八年春季,周历正月,宋公攻入曹国,把曹伯捉回宋国。

【原文】

经　吴伐我。

【译文】

吴国进攻鲁国。

【原文】

经　夏,齐人取讙及阐。

【译文】

夏季,齐国占领讙,阐二地。

【原文】

传　恶内也。

【译文】

愤恨鲁国的做法。

【原文】

经　归邾子益于邾。

【译文】

让邾国国君君益回国。

【原文】

传　益之名,失国也。

【译文】

称邾君的名,是因为他丢掉了国家。

【原文】

经　秋，七月。

【译文】

秋季，七月。

【原文】

经　冬，十有二月，癸亥，杞伯过卒。

【译文】

冬天，十二月癸亥这天，杞僖公离世。

【原文】

经　齐人归欢及阐。

【译文】

齐国把讙城和阐城送还给鲁国。

哀公九年（公元前四百八十六年）

【原文】

经　九年春，王二月，葬杞僖公。

【译文】

哀公九年春季，周历二月，安葬杞僖公。

【原文】

经　宋皇瑗帅师取郑师于雍丘。

【译文】

宋国皇瑗带兵在雍丘击败接收了郑国军队。

【原文】

传　取，易辞也。以师而易取，郑病矣。

【译文】

取，表示很容易的意思。宋国很轻易地得到了军队，是由于郑国太无能了。

【原文】

经　夏，楚人伐陈。

【译文】

夏季，楚国进攻陈国。

【原文】

经　秋，宋公伐郑。

【译文】

秋季，宋国讨伐郑国。

【原文】

经　冬，十月。

【译文】

冬天，十月。

哀公十年（公元前四百八十五年）

【原文】

经　十年春，王二月，邾子益来奔。

【译文】

哀公十年春天，周历二月，邾隐公逃回鲁国。

【原文】

经　公会吴伐齐。

【译文】

哀公会同吴国讨伐齐国。

【原文】

经　三月，戊戌，齐侯阳生卒。

【译文】

三月戊戌这天，齐悼公谢世。

【原文】

经　夏，宋人伐郑。

【译文】

夏季，宋国讨伐郑国。

【原文】

经　晋赵鞅帅师侵齐。

【译文】

晋国的赵鞅率军侵犯齐国。

【原文】

经　五月，公至自伐齐。

【译文】

五月，哀公攻打齐归来，向祖庙行祭告之礼。

【原文】

经　葬齐悼公。

【译文】

安葬齐悼公。

【原文】

经　卫公孟彄自齐归于卫。

【译文】

卫国的公孟彄从齐国返回卫国。

【原文】

经　薛伯夷卒。

【译文】

薛惠公谢世。

【原文】

经　秋，葬薛惠公。

【译文】

秋季，安葬薛惠公。

【原文】

经　冬，楚公子结帅师伐陈。

【译文】

冬季，楚国的公子结率军讨伐陈国。

【原文】

经　吴救陈。

【译文】

吴国营救陈国。

哀公十一年（公元前四百八十四年）

【原文】

经　十有一年春，齐国书帅师伐我。

【译文】

哀公十一年春季，齐卿国书带兵攻打鲁国。

【原文】

经　夏，陈辕颇出奔郑。

【译文】

夏季，陈国的辕颇逃奔到郑国去。

【原文】

经　五月，公会吴伐齐。甲戌，齐国书帅师及吴战于艾陵。齐师败绩，获齐国书。

【译文】

五月，哀公会同吴国攻齐。甲戌这天，齐卿国书率军跟吴军在艾陵交战。齐军战败，国书被俘获。

【原文】

经　秋，七月，辛酉，滕子虞毋卒。

【译文】

秋天，七月辛酉这天，滕隐公去世。

【原文】

经　冬，十有一月，葬滕隐公。

【译文】

冬天的十一月，安葬滕隐公。

【原文】

经　卫世叔齐出奔宋。

【译文】

卫国的世叔齐逃亡到宋国。

哀公十二年（公元前四百八十三年）

【原文】

经　十有二年春，用田赋。

【译文】

哀公十二年春天，实行按田亩收税制度。

【原文】

传　古者公田什一，用田赋，非正也。

【译文】

古时耕种公田征收十分之一的田税。按田亩数征收赋税，是不对的。

【原文】

经　夏，五月，甲辰，孟子卒。

【译文】

夏天，五月甲辰这天，鲁昭公夫人去世。

【原文】

传　孟子者何也，昭公夫人也。其不言夫人何也？讳取同姓也。

【译文】

孟子是谁？是昭公夫人。为什么不说是夫人？避讳说娶了同姓女。

【原文】

经　公会吴于橐皋。

【译文】

哀公在橐皋与吴王会面。

【原文】

经　秋，公会卫侯、宋皇瑗于郧。

【译文】

秋季，哀公在郧地会见卫侯和宋国的皇瑗。

【原文】

经　宋向巢帅师伐郑。

【译文】

宋国大夫向巢带兵攻伐郑国。

【原文】

经　冬，十月二月，螽。

【译文】

冬天，十二月，蝗虫成灾。

哀公十三年（公元前四百八十二年）

【原文】

经　十有三年春，郑罕达帅师取宋师于嵒。

【译文】

哀公十三年春季，郑国的罕达率军在嵒地击败接收宋国的军队。

【原文】

传　取，易辞也。以师而易取，宋病矣。

【译文】

取，表示很容易的意思。把宋军很容易得到了，是由于宋军太无能了。

【原文】

经　夏，许男成卒。

【译文】

夏季，许元公辞世。

【原文】

经　公会晋侯及吴子于黄池。

【译文】

哀公在黄池会见晋侯和吴国国君。

【原文】

传　黄池之会，吴子进乎哉，遂子矣。吴，夷狄之国也，祝发文身，欲因鲁之礼，因晋之权而请冠端而袭。其籍于成周，以尊天王，吴进矣。吴，东方之大国也，累累致小国以会诸侯，以合乎中国。吴能为之，则不臣乎，吴进矣。王，尊称也。子，卑称也，辞尊称而居卑称，以会乎诸侯，以尊天王。吴王夫差曰："好冠来。"孔子曰："大矣哉！夫差未能言冠而欲冠也。"

【译文】

黄池这次会，吴王提升了，于是称吴子。吴，是蛮夷之类的国家，剪去头发，身上纹上花纹，想学习鲁国的礼节，夺晋国的权势，穿上成套的黑色礼服，戴上帽子，依靠周王朝，尊奉周天子，吴王提升了。吴，是东方大国，屡次招徕小国，会盟诸侯，迎合中原诸侯国。吴能进入大国之林，就不称臣了，吴国提升了。王，是最高贵的称呼，子，是卑于王的称呼。吴不称王而称子，以此来会盟诸侯，恭敬周天子。吴王夫差说："美好的帽子拿来。"孔子说："大胆呵！夫差还说不出冠帽的差别却想戴冠帽。"

【原文】

经　楚公子申帅师伐陈。

【译文】

楚国公子申率军攻打陈国。

【原文】

经　于越入吴。

【译文】

越国攻进吴国。

【原文】

经　秋,公至自会。

【译文】

秋季,哀公从黄池返回,拜祭祖庙。

【原文】

经　晋魏曼多帅师侵卫。

【译文】

晋国的魏曼多带兵侵犯卫国。

【原文】

经　葬许元公。

【译文】

安葬许元公。

【原文】

经　九月,螽。

【译文】

九月,蝗虫成灾。

【原文】

经　冬,十有一月,有星孛于东方。

【译文】

冬季,十一月,在东方出现了彗星。

【原文】

经　盗杀陈夏区夫。

【译文】

强盗杀害了陈国的夏区夫。

【原文】

经　十有二月,螽。

【译文】

十二月,蝗虫成灾。

哀公十四年（公元前四百八十一年）

【原文】

经　十有四年春，西狩获麟。

【译文】

哀公十四年春季，在西部狩猎，猎得麒麟。

【原文】

传　引取之也。狩地，不地不狩。非狩而曰狩，大获麟，故大其适也。其不言来，不外麟于中国也。其不言有，不使麟不恒于中国也。

【译文】

麒麟是被圣人吸引来，才得以猎获的。打猎要记载地点，不记地点就表明没打猎。没打猎而记打猎，猎到麒麟是件大事，所以就从大的角度记载了狩猎的方向。不用“来”字，是拒绝说麒麟是中原诸侯国区域的祥瑞之物。不用“有”字，是不愿意说中原诸侯国不经常有麒麟。